汽车电子开发实践丛书

# 汽车电子设计：
# 鲁棒性设计

高宜国　编著

机械工业出版社

本书以汽车电子硬件为背景，层层递进地引入失效物理场分析、元件选型、应力分析、参数趋势分析、降额设计和最坏情况电路分析等内容。通过这些内容，读者将深入了解如何分析、预测和解决汽车电子系统中的故障和挑战。在每个章节中，还加入了丰富的示例和案例研究，以帮助读者更好地理解和应用所学内容。

本书适合对汽车电子硬件以及技术感兴趣的读者，无论是开发者、设计者、科研工作者还是刚入门的技术人员，均可将本书作为学习参考用书。本书还适合有相关知识背景的从业人员进行深入学习。

**图书在版编目（CIP）数据**

汽车电子设计：鲁棒性设计 / 高宜国编著.

北京：机械工业出版社，2025.5. -- （汽车电子开发实践丛书）. -- ISBN 978-7-111-78406-7

Ⅰ. U463.602

中国国家版本馆CIP数据核字第2025A45612号

机械工业出版社（北京市百万庄大街22号　邮政编码100037）

策划编辑：王兴宇　　　　　　　　　　责任编辑：王兴宇　韩　静

责任校对：孙明慧　赵　童　景　飞　　责任印制：单爱军

保定市中画美凯印刷有限公司印刷

2025年7月第1版第1次印刷

169mm×239mm·17印张·319千字

标准书号：ISBN 978-7-111-78406-7

定价：139.90元

电话服务　　　　　　　　　　　网络服务

客服电话：010-88361066　　　机　工　官　网：www.cmpbook.com

　　　　　010-88379833　　　机　工　官　博：weibo.com/cmp1952

　　　　　010-68326294　　　金　书　网：www.golden-book.com

**封底无防伪标均为盗版**　　　机工教育服务网：www.cmpedu.com

# 自　序

亲爱的读者：

我怀着极大的兴奋与激情，荣幸地向您介绍我的作品《汽车电子设计：鲁棒性设计》。作为一本专注于汽车电子领域鲁棒性设计的指南，本书旨在为汽车行业的从业人员和学生提供实用性、全面性的知识和工具。通过本书，我希望能够帮助读者们在汽车电子设计中注重鲁棒性，为汽车电子系统的稳定性和可靠性做出贡献。

本书的主要内容围绕失效物理场分析、元件选型、应力分析、参数趋势分析、降额设计和最坏情况电路分析等章节展开。通过这些章节，读者将深入了解如何分析、预测和解决汽车电子系统中的故障和挑战。在每个章节中，都详细介绍了相关的概念、原理和方法，并提供了丰富的示例和案例研究，以帮助读者更好地理解和应用所学内容。

本书主要面向汽车行业从业人员，包括汽车电子工程师、设计师、技术人员以及相关领域的研究人员和学生。对于从业人员而言，本书将作为他们的参考书籍和实用指南，帮助他们在实际工作中解决各种与鲁棒性设计相关的问题。对于学生而言，本书将作为一本教材，帮助他们系统地学习和理解汽车电子设计的关键概念和方法。

本书的特色在于其全面性和实用性。我努力确保每个章节都涵盖了与鲁棒性设计相关的关键主题，同时，提供了大量的实例和案例研究，以便读者更好地理解和应用所学内容。此外，本书还提供了丰富的图片和表格，以辅助读者更好地理解和应用所学的知识。

我相信，通过阅读本书，读者将能够加深对于汽车电子设计和鲁棒性设计的见解，并掌握解决实际问题所需的技能和知识。这将使读者能够在竞争日益激烈的汽车行业中脱颖而出，并为汽车电子系统的稳定性和可靠性做出重要贡献。

此外，本书的出版也可能带来一系列积极的影响。首先，它将提高从业人员对鲁棒性设计重要性的认识，促使他们在实际项目中更加注重该方面的设计。其次，本书的出版将推动学术界对汽车电子设计领域的研究和发展，为该领域的进一步探索提供基础。

　　最后，我要衷心感谢所有在本书的写作过程中给予我支持和鼓励的人们。没有他们的帮助，这本书将无法完成。同时，我也要感谢您作为读者的支持和关注，希望本书能够对您在汽车电子设计领域的工作和学习带来积极的影响。

　　愿本书成为您设计和开发汽车电子系统的得力助手，为您的职业生涯和学术研究增添新的动力！

# 前　　言

在当今汽车行业，电子系统已不再是简单的辅助组件，而是车辆核心功能的关键。随着车辆智能化和电气化的不断推进，汽车电子系统的复杂性和重要性日益增加。这些系统不仅需要应对极端的环境条件，还要承受来自电磁干扰、温度波动、机械振动等多重考验。在这样的背景下，鲁棒性设计成为确保汽车电子系统可靠性和安全性的关键。

本书旨在为汽车行业的工程师、设计师、研究人员以及学生提供一个全面的鲁棒性设计指南。本书将深入探讨汽车电子系统中鲁棒性设计的多个关键领域，包括：

**失效物理场分析**：分析导致电子系统失效的物理原因，如热效应、电迁移、介质击穿等，以及这些失效模式如何影响系统的整体性能。

**元件选型**：讨论如何根据汽车电子系统的具体要求选择合适的电子元件，包括选型考虑因素、选型步骤、选型准则。

**应力分析**：评估电子系统在不同应力条件下的性能，包括电应力、热应力、机械应力、电磁应力等，并探讨如何通过设计减轻这些应力的影响。

**参数趋势分析**：研究电子元件参数随时间、温度、电压等变化的影响，以及这些变化如何影响系统的性能和可靠性。

**降额设计**：介绍如何通过降低元件的工作应力来提高系统的可靠性，包括降额因子的选择、降额策略的实施和降额设计的验证。

**最坏情况电路分析**：分析在最不利条件下电路的行为，包括极端温度、最大负载、最坏电源条件等，以确保系统在任何情况下都能正常工作。

本书不仅提供了理论知识，还结合了实际案例分析，展示了如何在实际设计中应用这些鲁棒性设计原则。通过详细的图表、实例和设计指南，旨在帮助读者理解和掌握汽车电子系统的鲁棒性设计方法。

我们相信，无论是经验丰富的工程师，还是刚刚步入汽车电子领域的新手，都能从本书中获得宝贵的知识和见解。随着汽车行业不断向更智能、更安全、更环保的方向发展，鲁棒性设计的重要性将愈发凸显。本书将为这一领域的专业人士提供宝贵的指导和启发，帮助他们设计出更加可靠和安全的汽车电子系统。

让我们一起翻开这本书，探索汽车电子鲁棒性设计的奥秘，为我们的行业带来更多的创新和进步。

# 目　　录

# 第 1 章

## 失效物理场分析

电子组件的鲁棒性（也称为健壮性）在现代科技领域中至关重要。随着电子组件在各个行业和领域的广泛应用，如通信、医疗、航空航天、汽车等，对电子组件的鲁棒性要求也越来越高。鲁棒性是指电子组件在各种条件下的稳定性、可靠性和耐久性。

电子组件失效是鲁棒性设计中的一个核心问题，其直接影响设备的性能、安全性和寿命。因此，深入研究电子组件失效的物理机制是提高设备鲁棒性的关键。了解失效的物理机制可以帮助设计者理解失效的原因和过程，从而采取相应的措施来降低失效风险。

电子组件失效可以由多种物理机制引起，如热失效、机械失效、电磁失效、化学失效等。热失效是指由于温度过高导致的材料热疲劳、热应力、热膨胀等问题。机械失效是指由于振动、冲击、应力集中等因素引起的机械疲劳、断裂、变形等问题。电磁失效是指由于电磁干扰、电磁辐射等因素引起的电路故障、干扰等问题。化学失效是指由于腐蚀、电化学反应等因素引起的材料腐蚀、氧化等问题。

在研究电子组件失效的物理机制时，需要进行实验和模拟分析。通过实验可以观察和记录失效过程中的物理变化，如温度变化、应力变化等。通过模拟分析可以建立数学模型和计算模型，预测失效的行为和时间。这些实验和模拟分析结果可以帮助设计者理解失效的机制，从而优化组件的设计和材料选择。

除了研究失效的物理机制，还可以通过预测失效物理场来提高设备的鲁棒性。预测失效物理场是基于建立的模型和理论，通过对组件在不同条件下的响应进行推演和计算，来预测组件的失效行为。通过预测失效物理场，可以提前识别潜在的问题，采取相应的预防措施，提高电子组件的鲁棒性和寿命。

# 1.1 概述

　　失效物理场的研究致力于揭示电子组件失效的根本原因，通过分析设备在不同工作条件下的物理场变化，找出失效的关键环节和机制。在过去的几十年里，失效物理场的研究得到了广泛的关注和发展。通过对失效物理场的深入探究，研究人员可以更好地理解电子组件失效的基本原理和分类类型，从而为组件的设计、制造和维修提供指导和支持。

　　失效物理场研究的核心目标是发现电子组件失效的本质原因。通过实验、模拟和数学建模等手段，研究人员可以分析电子组件在各种工作条件下的物理场变化，如温度、电流、电压、应力等，以及这些物理场变化与组件失效之间的关联。通过这些研究，研究人员可以了解失效的机制和过程，包括热失效、机械失效、电磁失效等。例如，研究人员可以通过模拟分析电子组件在高温环境下的热失效行为，以预测组件的寿命和可靠性。

　　失效物理场的研究不仅可以揭示失效的根本原因，还可以帮助研究人员对电子组件的设计和制造提供指导。通过了解失效的物理机制，研究人员可以优化组件的结构设计、材料选择和制造工艺，提高组件的鲁棒性和可靠性。例如，在高温环境下工作的电子组件的设计中，可以采用散热结构、高温材料和保护措施，以提高组件的耐高温性能。

　　此外，失效物理场的研究还可以为组件的维修和故障诊断提供支持。通过对失效物理场的分析，可以确定失效的关键环节和机制，帮助工程师快速准确地确定故障原因，并采取相应的维修措施。例如，在电路板故障诊断中，可以通过测量和分析电路板上的电流、电压和功耗等物理场变化，以确定故障的位置和原因。

## 1.1.1 失效物理场的定义和基本原理

　　物理场变化涉及电子组件的物理特性，如电流、电压、温度等，以及材料的力学性能、电磁特性等。失效物理场的研究通过实验、模拟和理论分析等方法，研究这些变化与组件失效之间的关系。

　　一种常见的失效物理场是热失效。当电子组件在工作过程中产生过多的热量时，温度会升高，导致材料热膨胀、应力集中等问题。这些热失效现象可能导致材料的疲劳、断裂、氧化等，最终导致组件失效。因此，研究热失效的物理机制，包括热传导、热膨胀、热应力等，对于提高组件的鲁棒性至关重要。

　　另一种常见的失效物理场是机械失效。电子组件在运行过程中可能受到振动、冲击、应力集中等机械因素的影响，导致材料的疲劳、断裂、变形等问题。研究机械失效的物理机制，包括材料的弹性变形、塑性变形、断裂行为等，可以帮助研究人员了解组件在不同机械环境下的失效行为，从而选择合适的材料和设计结构，提高组件的鲁棒性。

此外，电磁失效也是失效物理场的重要研究方向之一。电子组件在工作过程中可能受到电磁辐射、电磁干扰等因素的影响，导致电路故障、干扰等问题。研究电磁失效的物理机制，包括电磁场的传播、电磁辐射的能量损耗等，可以帮助研究人员了解电子组件在不同电磁环境下的性能和稳定性，从而提高组件的抗电磁干扰能力。

## 1.1.2　失效物理场与电子组件鲁棒性的关系

失效物理场与电子组件的鲁棒性密切相关。了解失效物理场的形成机制可以帮助工程师预测和评估组件的寿命和鲁棒性。通过深入研究失效物理场，工程师可以发现潜在的故障源，并采取相应的控制和改进措施，提高电子组件的鲁棒性和性能。

首先，了解失效物理场的形成机制可以帮助工程师预测和评估电子组件的寿命。通过分析组件在不同工作条件下的物理场变化，如温度、电流、电压等，以及这些变化与失效之间的关联，工程师可以建立寿命模型和预测方法。这样，他们可以根据组件的使用环境和工作条件，预测组件的寿命，并采取相应的维护和替换措施，以延长组件的使用寿命。

其次，通过深入研究失效物理场，工程师可以发现潜在的故障源。失效物理场的研究可以帮助他们分析失效的关键环节和机制，找出可能导致组件失效的原因。例如，通过研究组件在高温环境下的热失效机制，工程师可以确定是否存在热量过载的问题，进而采取散热措施来降低温度。通过研究组件的机械失效机制，工程师可以检测和改善组件的结构设计，以提高其抗振动和抗冲击能力。通过研究电磁失效机制，工程师可以采取电磁屏蔽和抗干扰措施，以提高组件的电磁兼容性。

最后，深入研究失效物理场可以帮助工程师采取相应的控制和改进措施，提高电子组件的鲁棒性和性能。通过了解失效的物理机制和关键环节，工程师可以优化组件的设计和制造过程，选择合适的材料和工艺，以提高组件的可靠性和耐用性。例如，在设计高温环境下工作的电子组件时，可以采用耐高温材料和散热结构，以提高组件的耐温性能。在设计机械应力较大的组件时，可以改善结构设计和材料选择，以提高组件的抗振动和抗冲击能力。通过对失效物理场的研究，工程师可以针对具体的失效机制采取相应的控制和改进措施，从而提高电子组件的鲁棒性和可靠性。

### 1.1.3　失效物理场的分类和常见类型

失效物理场可以根据失效的类型和机制进行分类。常见的失效类型包括电学失效、热学失效、机械失效和化学失效。

在电学失效中，电子组件的电气特性会发生变化，如电阻增加、短路或开路等。这可能是由于材料的电导率变化、电子迁移或氧化等引起的。电学失效可能导致组件无法正常工作或损坏。

热学失效涉及组件的温度变化和热量扩散。若电子组件在工作过程中产生过多的热量，可能导致温度升高，从而引发热学失效。例如，高温下的材料热膨胀可能导致应力集中和结构破坏。热学失效的研究可以帮助工程师了解组件在不同温度下的热传导和热膨胀行为，从而设计合适的散热系统和材料选型，提高组件的热稳定性。

机械失效涉及组件的结构破裂、应力集中或材料疲劳等。电子组件在运行过程中可能受到振动、冲击或扭转等机械应力的影响，导致材料的应力集中，从而引发机械失效。机械失效的研究可以帮助工程师了解组件的强度和刚度特性，选择合适的材料和结构设计，提高组件的抗振动和抗冲击能力。

化学失效涉及组件的材料腐蚀、氧化或化学反应等。电子组件在工作环境中可能暴露在潮湿、酸碱等腐蚀性介质中，导致材料的腐蚀或氧化。化学失效的研究可以帮助工程师了解组件材料的化学稳定性，选择耐腐蚀的材料，采取防护措施，提高组件的耐久性和稳定性。

了解失效物理场的分类和常见类型可以帮助研究人员识别不同类型的失效机制，并制定相应的测试方法和分析技术。这为进一步研究组件失效的根本原因提供了基础，并为组件的鲁棒性改进和故障分析提供了重要的参考依据。

首先，根据失效物理场的分类和常见类型，研究人员可以识别不同类型的失效机制。例如，电学失效可能涉及电气特性的变化和故障，热学失效可能与温度变化和热传导有关，机械失效可能涉及结构破裂和应力集中，化学失效可能与材料的腐蚀和氧化有关。通过了解这些失效类型，研究人员可以根据组件的具体情况和工作条件，识别可能影响组件性能和可靠性的失效机制。

其次，了解失效物理场的分类和常见类型可以帮助研究人员制定相应的测试方法和分析技术。针对不同类型的失效机制，研究人员可以选择合适的实验和测试方法来模拟和检测失效现象。例如，在电学失效的研究中，研究人员可以进行电性能测试、电阻测量、热分析等实验，以评估组件的电气特性和故障情况。在热学失效的研究中，研究人员可以使用热成像、热散射等技术来观察和分析组件的温度分布和热传导情况。在机械失效的研究中，研究人员可以进行应力分析、振动测试、疲劳实验等，以评估组件的结构强度和耐久性。在化学失效的研究中，研究人员可以使用化学分析、材料测试等方法，以评估组件材料的化学稳定性和耐腐蚀性。

最后，通过了解失效物理场的分类和常见类型，研究人员可以进一步研究组件失效的根本原因。失效物理场的分类为研究人员提供了一个框架，帮助研究人员理解不同类型的失效机制是如何影响组件性能和可靠性的，并进一步研究失效机制的根本原因，包括组件材料的性质、工作环境的影响、设计和制造的缺陷等方面，如图 1-1 所示。通过深入研究失效机制的根本原因，研究人员可以为组件的鲁棒性改进提供指导和支持，帮助工程师采取相应的控制和改进措施，以提高组件的性能和可靠性。

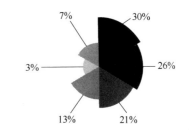

● 电容 ● PCB ● 半导体 ● 焊点 ● 连接器 ● 其他

图 1-1　功率电子系统失效的分布

### 1.1.4　失效的影响

当一个产品失效时，无论是对制造商还是对客户来说，都会带来各种成本和损失。这些成本和损失涉及上市时间、保修费用、市场份额、声誉、赔偿责任、人身伤害、任务失败、修理或更换费用以及各种间接成本，如图 1-2 所示。因此，对于制造商和客户来说，确保产品的可靠性和预防失效非常重要，以减少这些成本和损失的发生。

（1）失效对制造商的影响　对制造商来说，失效的影响有如下几方面：

上市时间可能延误：产品失效可能导致制造商需要花费更多的时间来解决问题、修复缺陷或重新设计产品。延误上市时间可能会对销售和收入产生负面影响。

保修费用会增加：如果产品在保修期内失效，制造商需要承担维修或替换产品的费用。这些费用可能包括元件成本、人工费用、运输费用等。

市场份额会下降：产品失效可能导致客户对该制造商的信任度下降。这可能会导致客户转向竞争对手的产品，从而降低制造商的市场份额。

玷污公司的声誉，并阻止新的客户：产品失效可能会对制造商的声誉造成负面影响。这可能导致现有客户的流失，并阻止新的客户选择该制造商的产品。

由产品故障引起的损害索赔会增加：如果产品失效导致人身伤害、财产损失或其他损害，制造商可能需要承担赔偿责任并支付相应的损害赔偿金。

（2）失效对客户的影响　对客户来说，失效的影响有如下几方面：

人身伤害：如果产品失效导致人身伤害，客户可能需要承受医疗费用、康

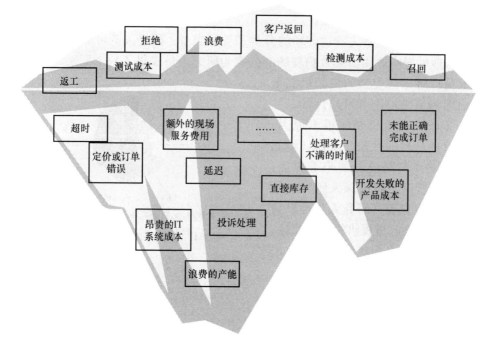

图 1-2　产品失效导致的各种间接成本

复费用以及由此引起的痛苦和损失。

任务失败：如果产品失效导致客户无法完成任务、提供服务或发挥某种能力，客户可能会面临业务中断、客户满意度下降等问题。

修理或更换费用：客户可能需要支付修理或更换失效产品的费用。这包括维修费用、元件成本、人工费用等。

间接成本：产品失效可能会导致客户面临各种间接成本，如保险费用的增加（因为产品失效可能增加保险风险）、声誉受损（因为客户可能对该制造商的信任度下降）以及市场损失（因为客户可能转向竞争对手的产品）等。

## 1.1.5　失效物理场分析的重要性

失效物理场分析在电子组件的鲁棒性评估和改进过程中具有重要的作用和意义。

失效物理场分析的重要性体现在以下几方面：

深入了解失效机制：失效物理场分析可以揭示电子组件失效的具体物理机制。通过研究失效样品和分析故障现象，可以确定故障的根本原因，从而更好地了解组件故障的发生和发展过程，如图 1-3 所示。

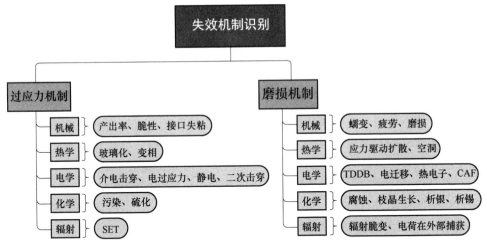

图 1-3 失效机制识别

提高可靠性预测能力：失效物理场分析可以为鲁棒性评估提供重要的信息和数据。通过了解失效机制和影响因素，可以更准确地预测组件的寿命和故障率，从而提供更可靠的产品设计和运维决策依据。

指导控制策略和改进措施：失效物理场分析结果可以指导制定控制策略和改进措施，以降低故障风险并提高电子组件的鲁棒性。通过了解失效机制，可以优化设计、改进制造工艺、优化化学环境等，从而减少故障发生的可能性。

提高故障排除效率：失效物理场分析有助于快速准确地确定故障的根本原因。通过对失效样品进行分析，可以指导故障排除过程，减少排查范围，缩短故障修复时间，提高电子组件的可用性和维修效率。

促进技术创新和产品发展：失效物理场分析可以为技术创新和产品发展提供重要的指导和支持。通过了解失效机制，可以推动新材料、新工艺和新技术的应用，以改进产品设计，提升产品性能和鲁棒性。

降低成本和提高客户满意度：失效物理场分析可以帮助降低故障维修成本和产品召回成本。通过了解失效机制，可以针对性地制定维修计划和预防措施，提高电子组件的鲁棒性，降低客户维修投诉率，提高客户满意度。

## 1.1.6 失效物理场分析的收益

失效物理场分析对于电子组件的鲁棒性评估和改进具有重要的影响和益处。

确定失效机制：通过失效物理场分析，可以确定导致电子组件失效的具体物理机制。这有助于深入理解故障的根本原因，并帮助工程师采取相应的措施来避免或减少类似失效的发生。

提高鲁棒性评估：失效物理场分析可以为鲁棒性评估提供有价值的信息。通过了解失效机制和影响因素，可以更准确地评估电子组件的寿命和故障率，从而为产品设计和运维决策提供依据。

优化设计和制造：失效物理场分析结果可指导电子组件的优化设计和制造过程。例如，通过了解电子元件失效的物理机制，可以优化材料选择、结构设计、工艺参数等，提高产品的鲁棒性和性能。

指导控制策略：失效物理场分析为制定控制策略和改进措施提供指导。通过了解失效机制和影响因素，可以制定合理的控制策略，如优化化学环境、加强维护和检修、改进环境控制等，以降低故障风险并提高电子组件的鲁棒性。

提高故障诊断能力：失效物理场分析有助于提高故障诊断的准确性和效率。通过对失效样品进行分析，可以确定故障的根本原因，并为故障排除提供准确的指导，从而减少故障修复时间和维修成本。

促进行业发展：失效物理场分析结果可以为电子行业的技术创新和产品发展提供重要的指导。通过了解失效机制和影响因素，可以推动新材料、新工艺和新技术的应用，提升整个电子行业的鲁棒性水平和竞争力。

## 1.2　失效物理场的测试方法和技术

### 1.2.1　加速测试与鲁棒性测试

为了研究失效物理场并评估电子组件的鲁棒性，加速测试和鲁棒性测试是常用的方法之一。这些测试方法可以帮助研究人员了解组件在不同工作环境和条件下的性能和可靠性。

加速测试是一种将组件置于加速环境中的测试方法，通过模拟组件在现实使用条件下可能遭遇的极端或恶劣环境，加速组件的失效过程。常见的加速环境包括高温、高湿度、高压、振动等。通过将组件置于这些环境下，研究人员可以迅速观察到组件的失效模式和机制。这有助于研究人员评估组件在不同工作环境下的耐受能力，并为组件的设计和制造提供改进的方向。

加速测试可以提供短时间内组件在恶劣环境下的失效情况，从而加快失效物理场的研究。通过观察组件在加速环境中的电气特性变化、结构破裂、材料腐蚀等情况，研究人员可以深入了解失效机制的根本原因。这些测试结果可以为工程师提供指导，帮助他们改进组件的设计、材料选型和制造工艺，提高组件的鲁棒性和可靠性。

与加速测试相比，鲁棒性测试是一种更长期的测试方法，通过长时间运行和观察组件的性能变化来评估其鲁棒性。这种测试方法更接近实际使用条件，可以帮助研究人员了解组件在长期使用过程中的性能衰减和失效机制。通过长时间的观察和分析，研究人员可以确定组件的寿命和可靠性，并识别可能影响组件性能的因素。鲁棒性测试可以为工程师提供重要的数据和信息，帮助他们改进组件的设计、制造和维护方法，以提高组件的性能和可靠性。

## 1.2.2 失效物理场的模拟与建模技术

为了更好地理解失效物理场的机制和行为，模拟和建模技术被广泛应用。这些技术可以帮助研究人员深入研究失效物理场，并为组件的设计和可靠性评估提供重要的支持。

模拟技术是一种利用计算机仿真和数值方法来模拟失效物理场的技术，如图 1-4 所示为人体放电模型。通过建立物理场的数学模型和方程，模拟技术可以模拟组件在不同条件下的响应和失效过程。这些数值模型可以通过计算机程序进行求解，从而得到失效物理场的定量信息。

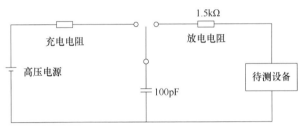

图 1-4　人体放电模型

在静电放电（ESD）模拟中，研究人员可以构建电磁场方程和边界条件，通过数值计算方法模拟电路板在 ESD 事件中的电磁场分布和电流路径。这些模拟结果可以帮助研究人员理解 ESD 事件中的关键物理参数和效应，如电荷积累、电场强度和电流密度的分布，以及它们对电子组件的影响。通过分析这些模拟结果，可以为电路板的 ESD 防护设计提供定量的依据，优化电路板的布局和材料选择，从而提高电路板对 ESD 事件的抵抗能力和可靠性。

建模技术则利用测试数据和统计分析，建立失效物理场的统计模型和概率模型。通过收集和分析大量的失效数据，研究人员可以建立失效物理场的统计模型，例如概率密度函数、累积分布函数等。这些模型可以用于预测组件失效的概率和寿命，并为鲁棒性评估和设计优化提供指导。例如，在电子元件的可靠性评估中，研究人员可以利用失效数据建立可靠性模型，预测元件的失效率和失效时间分布。这些模型可以帮助研究人员评估组件在实际使用过程中的可靠性，并为设计和制造提供优化建议。

模拟和建模技术可以相互补充，共同为失效物理场的研究和评估提供支持。模拟技术通过数值模拟，可以模拟失效物理场中的细节和局部效应，提供定量的信息。建模技术则通过统计分析，可以从大量的失效数据中提取规律和趋势，为鲁棒性评估和设计优化提供指导。这些技术的应用可以帮助研究人员更好地理解失效物理场的机制和行为，提高组件的性能和可靠性。

### 1.2.3 监测与分析失效物理场的工具和技术

为了监测和分析失效物理场的行为和变化，需要使用各种工具和技术。这些工具和技术可以帮助研究人员获取组件在实际使用条件下的物理参数、表面状况、内部结构和化学变化等信息，从而深入了解失效物理场的特征和机制。

传感器和监测组件是常用的工具，可以用于实时监测组件的温度、电压、电流等物理参数。通过在组件上安装适当的传感器，研究人员可以获取组件在不同工作条件下的参数变化，以及可能导致失效的异常情况。这些监测数据可以帮助研究人员判断组件的可靠性和鲁棒性，并进行及时的故障诊断和预防。

图像分析技术可以用于检测组件表面的裂纹、热点和变形等异常现象。通过使用高分辨率的图像采集设备和图像处理算法，研究人员可以获取组件表面的细节信息。这些图像数据可以帮助研究人员分析组件的结构完整性和工作状态，发现潜在的故障点，并进行适当的维护和修复。

显微镜技术，如扫描电镜和透射电镜，可以提供对组件内部结构和材料的高分辨率观察。通过使用这些显微镜技术，研究人员可以观察组件的微观结构、材料组成和缺陷情况。这些观察结果可以帮助研究人员了解失效物理场中的微观机制和材料行为，指导组件的设计和制造。

谱学分析和化学分析等技术可以用于分析组件中的化学变化和材料组成。通过使用光谱仪、质谱仪等仪器，研究人员可以获取组件中不同化学元素的光谱或质谱数据。这些数据可以帮助研究人员分析组件的材料组成、化学反应和化学变化，从而了解失效物理场中的化学机制和影响因素。

### 1.2.4 失效物理场的分析方法和流程

制定失效物理场的分析方法和流程是为了深入了解失效机制和影响因素，以便设计相应的控制策略和改进措施。下面是失效物理场分析通用方法和流程：

收集失效样品和失效数据：收集发生故障的电子组件样品和相关失效数据，包括失效模式、失效时间、环境条件等。

观察和记录失效现象：对失效样品进行外观观察，记录失效的外部特征和现象，如物理损坏、烧毁、腐蚀等。

失效物理场分析方法选择：根据失效现象和样品特点，选择适当的分析方法，如金相分析、扫描电子显微镜（SEM）观察、能谱分析、电学测试等。

进行物理分析和测试：对失效样品进行物理分析，如金属组织分析、元素分析、表面形貌观察等，以确定失效的物理特征和机制。

进行电学分析和测试：对失效样品进行电学性能测试，如电阻测试、电容测试、绝缘电阻测试等，以评估失效对电子元件功能的影响。

数据分析和结果解释：分析收集到的物理和电学测试数据，从中识别出失效物理场的机制和影响因素，并解释失效的原因和路径。

建立失效物理场模型：基于分析结果，建立失效物理场的模型，包括物理模型、统计模型或基于机器学习的模型，用于预测和评估失效行为。

控制策略和改进措施：根据失效物理场的分析结果，制定相应的控制策略和改进措施，包括材料选择、设计优化、环境控制、预防性维护等。

实施控制策略和改进措施：根据制定的控制策略和改进措施进行实施和验证，并监测其效果和鲁棒性改进。

持续监测和优化：进行失效物理场的持续监测和评估，根据新的数据和故障情况，优化控制策略和改进措施。

以上是一般的失效物理场分析方法和流程，实际的分析可能会根据具体的失效样品和研究对象进行调整和扩展。该流程有助于深入了解失效机制，并为提高电子组件的鲁棒性和性能提供指导。

# 1.3　电子组件失效的物理机制

为了描述和量化相关环境负荷的条件，可以采取以下步骤：

识别环境负荷：首先确定可能影响电子元件可靠性的特定环境负荷。这些负荷可能包括温度、湿度、振动、冲击、灰尘、湿气和腐蚀性气体等。

确定每个负荷的范围和严重性：确定负荷后，要确定每个负荷的范围和严重性。例如，对于温度，应指定预期的操作和存储温度范围。对于湿度，应指定相对湿度范围。对于振动和冲击，应指定负荷的振幅、频率和持续时间。

考虑每个负荷的持续时间和频率：除了范围和严重性外，还要考虑每个负荷的持续时间和频率。例如，如果电子元件将经历温度循环，应指定循环次数和每次循环的持续时间。

评估负荷组合：重要的是要考虑电子元件在其工作环境中可能遇到的负荷组合。某些负荷可能会相互作用，导致组件加速退化或失效。评估潜在的相互作用及其对组件可靠性的影响。

评估对组件可靠性的影响：根据相关负荷条件，评估对电子组件可靠性的潜在影响。这可以通过参考相关的行业标准、指南或组件数据表来完成，这些标准、指南或组件数据表可以提供有关组件在特定环境条件下的预期性能和可靠性的信息。

缓解措施计划：一旦描述和量化了相关负荷的条件，就可以计划采取适当的缓解措施。这可能包括选择具有更高规格的组件、实施保护措施（例如保形涂层、封装），或改进设计系统，以最大限度地减少对环境负荷的暴露。

需要注意的是，如图 1-5 所示，环境负荷可能会因电子元件的应用和安装位置而有很大差异。因此，彻底了解运行环境并考虑组件将要承受的特定条件以确保其可靠性至关重要。

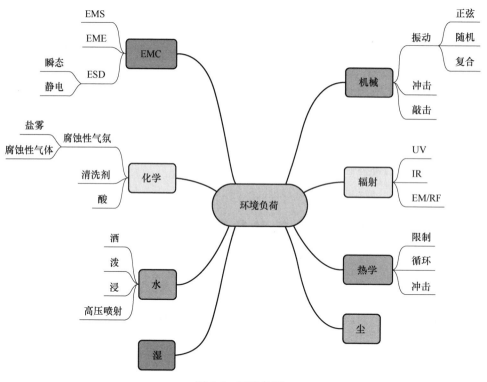

图 1-5　环境负荷

## 1.3.1　电学失效

电学失效是电子组件中常见的失效机制之一。它涉及电子元件的电气特性的变化，如电阻值的增加、电流的过电流、短路等。这些变化可以由多种因素引起，包括材料老化、过电压、过电流、电磁干扰等。电学失效的结果可能导致组件的功能丧失、性能下降甚至完全无法使用。

首先，材料老化是导致电学失效的常见原因之一。随着时间的推移，电子元件中的材料可能会发生物理和化学变化，导致电气特性的变化。例如，金属导线和焊点可能会发生氧化、腐蚀和疲劳，导致电阻值的增加和漏电流的产生。绝缘材料也可能会老化和破损，导致电流的短路和绝缘性能的下降。因此，在电子元件的设计和制造过程中，需要选择耐老化的材料，并进行可靠性测试和寿命评估，以确保元件的长期稳定性。

其次，过电压和过电流也可能引起电学失效。过电压和过电流可能导致元件内部的电场和电流密度超过设计规格，从而引起电阻值的突变、电流和电压的改变。例如，在电源系统中，突发的过电压脉冲可能对电子元件造成损害，如图 1-6 所示。为了防止过电压和过电流对电子元件的影响，可以通过电压稳压器、电流限制器和过电流保护器等电路保护措施来限制电压和电流的幅度，并确保元件工作在安全范围内。

图 1-6　过电压失效

此外，电磁干扰也可能导致电学失效。电磁干扰包括电磁辐射和电磁耦合，这可能来自其他电子设备、电源线、无线电波等。电磁干扰可能导致电子元件的电气特性发生变化，包括电阻值的增加、漏电流的产生和电压的扰动。为了减轻电磁干扰的影响，可以选择屏蔽材料、地线设计和滤波器等电路设计措施，以降低电磁辐射和电磁耦合的影响。

## 1.3.2　热学失效

热学失效是一种常见的失效机制，主要由组件的温度变化和热量扩散引起。在工作过程中，组件会产生热量，例如电子元件在工作时会产生电阻热。如果热量不能有效地传导和散热，就会导致局部温度升高。

局部温度升高可能引发一系列问题，其中包括热应力、热膨胀和材料疲劳等。当组件的温度升高时，不同材料或不同部分之间的热膨胀系数不一致，会导致热应力的产生。这些热应力可能超过了材料的承受能力，引发组件的结构破裂或变形。

此外，温度升高还会导致材料的疲劳现象。当组件在温度循环的作用下时，其材料会经历热膨胀和收缩，这可能导致材料的疲劳破坏。尤其是对于高温环境下的组件，热膨胀和收缩的循环会加剧材料的疲劳现象，最终导致组件的失效。

热学失效可能导致多种失效现象。例如，当组件的温度升高时，可能会导致材料膨胀，从而造成接触不良或导线断裂。热膨胀会对组件内部的连接点产生应力，这可能导致接触不良或连接的导线断裂。此外，高温环境下的组件也容易发生材料的熔化、烧毁、变形等失效现象。

为了防止热学失效，可以采取多种措施。首先，可以通过设计和材料选择来提高组件的散热性能，例如增加散热片、使用导热性能较好的材料等。其次，可以合理布局和设计组件的结构，避免热量在组件内部聚集。另外，还可以采用散热装置、风扇等主动散热方法，以及热管和热界面材料等散热方法，提高组件的散热效果。

如图 1-7 所示，在电路板的热学失效模拟中，研究人员可以建立热传导方程和边界条件，通过数值求解方法模拟电路板的温度分布和热传导情况。这些模拟结果可以帮助研究人员了解失效物理场中关键参数和效应的变化规律，为组件的设计和优化提供定量的指导。

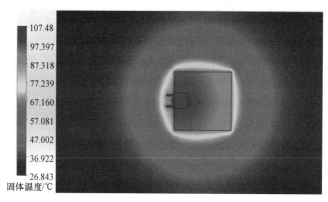

图 1-7　功率器件发热仿真云图

## 1.3.3　机械失效

机械失效也被称为力学失效，是由于组件受到外部机械应力或内部结构弱点引起的失效机制。这种失效机制在各种工程领域中都非常常见。当组件在工作过程中受到冲击、振动、应力集中等机械负荷时，可能会导致多种机械失效现象。

一种常见的机械失效现象是材料的疲劳破坏。当组件在长时间的循环负荷下，材料会经历应力的周期性变化，从而导致材料的疲劳破坏。这种疲劳破坏通常开始于材料的微小缺陷或弱点，例如晶格缺陷、夹杂物或裂纹。随着循环负荷的积累，这些缺陷会逐渐扩展并最终导致组件的结构破裂。

另一种机械失效现象是结构破裂。当组件受到过大的外部力学应力时，可能会导致组件的结构破坏。这种外部机械应力可以是冲击力、拉伸力、扭转力等。当应力超过组件材料的强度极限时，结构就会发生破裂。这种破裂可能发生在组件的整体结构中，也可能发生在特定的弱点或焊点处。

除了疲劳破坏和结构破裂，材料的机械性能和变形特性也会影响组件的鲁棒性。例如，组件的弹性恢复性和塑性变形能力会影响其对外部冲击和振动的响应。如果组件的弹性恢复性不足或塑性变形能力有限，可能会导致组件的变形、破裂或失效。

为了预防和减少机械失效，可以采取多种措施。首先，可以通过设计优化和材料选择来提高组件的抗疲劳性能和强度。其次，可以对组件进行应力分析和结构优化，如图 1-8 所示，避免应力集中和弱点的存在。此外，还可以采用缓冲材料、减振器等措施来减少冲击和振动对组件的影响。最后，定期进行检查和维护，及时发现和修复组件中的裂纹、疲劳损伤等潜在问题。

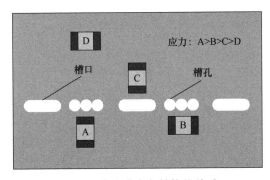

图 1-8　应力分布与结构的关系

## 1.3.4　化学失效

化学失效是一种涉及组件中材料与环境中化学物质之间的相互作用的失效机制。这种相互作用可能导致材料的腐蚀、氧化、金属间化合物的生成等问题。

化学失效通常发生在组件与环境中的接触处，例如组件暴露在湿润环境中或与化学物质接触。

腐蚀是一种常见的化学失效现象。当组件的材料暴露在湿润环境中时，水分和氧气可能与材料表面发生化学反应，导致金属表面的腐蚀。腐蚀会导致材料表面的金属离子释放出来，形成氧化物或氢氧化物的沉积物。这些沉积物可能对材料的性能和结构产生负面影响，最终导致材料的失效。

氧化是另一种常见的化学失效现象。当组件的材料与氧气接触时，可能会发生氧化反应，导致材料表面形成氧化层。氧化层可以起到一定的保护作用，但过多的氧化物会导致材料的脆化、变形或破裂。特别是在高温环境中，氧化层的形成速度会加快，进而加剧氧化失效的风险。

此外，一些化学物质的存在也可能导致材料的化学反应和结构改变。例如，一些酸性或碱性物质可能与材料发生化学反应，导致材料的损坏或变形。另外，某些介质中的离子也可能与材料发生离子交换反应，导致材料的结构改变或疏松。这些化学反应和结构改变可能导致组件的性能下降或失效，如图 1-9 所示。

为了预防和减少化学失效，可以采取多种措施。首先，可以选择耐腐蚀性能较好的材料，例如不锈钢、合金等。其次，可以采用防护涂层、防腐蚀处理等措施来保护组件的表面。此外，也可以通过控制环境条件和减少化学物质的接触来降低化学失效的风险。

图 1-9　化学腐蚀失效

电化学迁移（Electrochemical Migration，ECM）是电子设备中可能遇到的一个严重故障模式。它通常发生在电子组件的导电路径上，如图 1-10 所示，尤其是在潮湿和电气偏置的条件下。电化学迁移涉及水分和电化学反应，导致金属离子迁移并在电子设备中形成枝晶生长，最终可能导致短路或开路，影响设备的可靠性和性能。

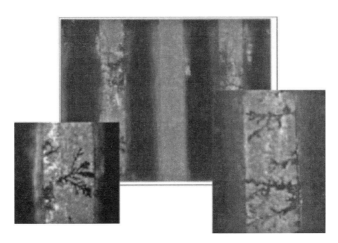

图 1-10　电化学迁移

电化学迁移的条件因素包括电场、潮湿环境、可迁移金属或化合物以及污染物。在电子制造工艺中，易发生电化学迁移的金属通常包括银（Ag）、铅（Pb）、铜（Cu）和锡（Sn）。

电子组件失效的物理机制往往是多种因素相互作用的结果。电子组件在工作过程中受到热、电、机械等多种因素的影响，这些因素可能导致电子元件的性能降低、故障甚至失效。

高温是一种常见的导致电子组件失效的因素。在高温环境下，材料会发生热膨胀，导致尺寸的变化。这可能对电子组件的连接可靠性、元件之间的间距和对位精度等产生负面影响。此外，高温环境还会引起材料的热应力，导致焊点断裂、金属线的断裂等问题。因此，在电子组件的设计和制造过程中，需要考虑适当的散热措施和材料选择，以提高组件在高温环境下的稳定性和寿命。

除了高温问题，电子组件还可能受到电压、电流和电场的影响。当电子组件承受过大的电压或电流时，可能导致电子元件的击穿、短路和烧毁等失效现象。此外，电场也可能对电子组件产生压力，导致材料出现弯曲、变形和断裂等问题。因此，在电子组件的设计和制造过程中，需要考虑合适的电压和电流限制，以及电场分布的均匀性，以提高组件的电气可靠性和耐压能力。

此外，还有一些其他因素可能导致电子组件的失效，例如湿度、振动和光照等。湿度可能导致电子元件的腐蚀和氧化，振动可能引起焊点断裂和连接松动，光照可能对元件的光敏元件产生影响。因此，在电子组件的设计和制造过程中，需要考虑适当的防护措施和材料选择，以提高组件在不同环境条件下的可靠性和寿命。

通过深入理解电子组件失效的物理机制，研究人员可以采取相应的设计、制造和维护策略，提高电子组件的鲁棒性和寿命。例如，可以通过优化散热设计、增加电源过电压保护、加强焊接质量控制等措施来降低高温、高电压等因素对组件的影响。此外，也可以对组件进行可靠性测试和故障分析，及时发现并修复潜在的问题，提高组件的可靠性和寿命。

##  1.4　电子元件失效的环境相关性分析

电子元件失效的环境相关性分析旨在识别和理解不同环境条件对组件鲁棒性的影响。环境因素包括温度、湿度、压力、振动、辐射等，这些因素都可能对电子元件的性能和可靠性产生影响。

首先，温度是一个重要的环境因素。高温环境可能导致材料的热膨胀、介质老化和电子迁移加剧，从而影响元件的电气特性和性能。低温环境则可能导致材料的脆性增加和电子迁移减慢，同样会对元件的性能造成影响。因此，在设计和选择电子元件时，需要考虑工作环境的温度范围，并选择温度稳定性较好的材料和封装技术。

湿度是另一个重要的环境因素。高湿度环境可能导致电子元件出现腐蚀、漏电和绝缘能力降低等问题。湿度对于一些特殊应用领域，如汽车电子、航空航天电子和户外电子设备，影响尤为显著。因此，需要采取防潮和防尘措施，选择具有良好湿度适应性的封装材料和工艺。

压力环境对电子元件的影响也不容忽视。高压力环境可能导致材料的压缩、变形和应力集中，从而影响元件的性能和可靠性。

高盐环境，例如，在海洋、海岛等海风环境下，电子元件需要具备耐盐腐蚀能力。因此，在设计和封装电子元件时，需要考虑压力环境的要求，并选择适应压力变化的封装材料和结构。

振动和冲击是另外两个常见的环境因素。振动和冲击可能导致焊点断裂、线路疲劳和材料的应力集中，从而影响元件的可靠性和寿命。因此，在设计和选择电子元件时，需要考虑振动和冲击环境的要求，并采取相应的结构设计和防振措施。

辐射是一种特殊的环境因素，它可能导致电子元件的电离效应、能量传输和故障。辐射可以是来自自然界的辐射，如太阳辐射和地球辐射，也可以是来自人工源的辐射，如 X 射线、γ 射线和粒子辐射。因此，在特殊辐射环境下工作的电子元件需要具备辐射抗性，并采取特殊的屏蔽和抗干扰措施。

## 1.4.1　温度环境

温度是影响电子元件鲁棒性的主要环境因素之一。高温环境会引起材料的热膨胀现象，即材料在受热后会膨胀，而在冷却后会收缩。这种热膨胀会导致电子元件内部的材料和结构产生变形和应力，进而影响组件的性能和可靠性。例如，热膨胀可能导致元件之间的连接断裂或松动，导致电路的断开或短路。此外，高温环境还可能导致材料的热应力增加，从而导致元件的损坏或失效。

高温环境还会使电子元件的电子迁移速度增加。电子迁移是指电子在材料中的移动过程，其速度受到温度的影响。当温度升高时，电子的热能增加，导致电子能够更容易地穿过材料的势垒，从而加快了电子的迁移速度。这可能导致电子元件的电阻增加、电流漂移和电子堆积等问题，从而影响电子元件的性能和可靠性。

此外，高温环境会降低材料的界面势垒。界面势垒是指在两个不同材料之间形成的能带差，它对电子的运动和行为有着重要的影响。当温度升高时，由于材料的热振动增加，界面势垒会减小，从而导致电子更容易穿过界面。这可能导致电子元件的漏电流增加、电子的隧穿效应和电子的逸出等问题，最终影响电子元件的性能和可靠性。

另一方面，低温环境下，材料可能变得脆弱。当温度降低时，材料的热振动减弱，导致原子和晶格结构变得更加有序、紧密。这使得材料更易于断裂和破碎，从而增加了组件在低温环境下的失效风险。

此外，低温环境下，电子迁移速度也会减慢。由于温度降低，电子的热能减少，导致电子迁移速度减慢。这可能导致电子元件的响应速度减慢、电流传输能力下降等问题，最终影响电子元件的性能和可靠性。

为了提高电子元件在高温和低温环境下的鲁棒性，可以采取多种措施。例如，可以选择温度稳定性较好的材料，采用散热措施和隔热措施来控制组件的温度。此外，还可以优化电子元件的结构和加工工艺，以提高组件的热稳定性和机械强度。

## 1.4.2　湿度

湿度对电子元件的鲁棒性也有重要影响。高湿度环境中，组件的内部元件和线路可能遭受腐蚀和氧化，导致导电性能下降或短路。特别是金属导线和焊点容易受到湿度的影响，因为湿度会引起金属的腐蚀和氧化反应。这可能导致电子元件的连接失效，影响信号传输和电源传输的可靠性。例如，当焊点被水侵蚀时，焊点接触面积会减小，电流通过的路径也会变得不稳定，如图 1-11 所示。这可能导致电子元件在高湿度环境下产生过热、电气故障甚至完全失效。

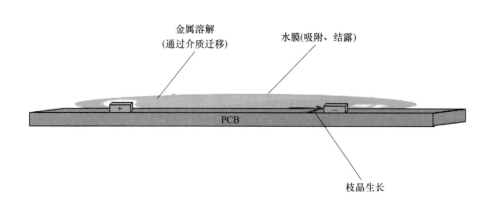

图 1-11　水对电子组件的侵蚀

　　此外，湿度的变化也可能引起材料的吸湿膨胀和收缩，从而导致应力集中和材料疲劳。当材料吸湿膨胀时，可能会产生内部应力，导致材料的变形和破裂。当湿度下降时，材料可能会收缩，进一步增加应力。这些应力集中和材料疲劳问题可能导致电子元件的性能下降和寿命缩短。例如，在高湿度和低湿度交替出现的环境中，电子元件的封装材料可能会出现反复膨胀和收缩，导致封装材料的疲劳和裂纹，从而影响元件的可靠性，如图 1-12 所示。

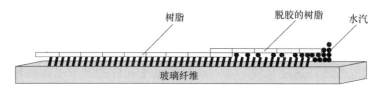

图 1-12　水汽对电子组件的侵蚀

　　为了提高电子组件对湿度和湿环境的鲁棒性，可以采取一系列措施。首先，可以选择具有耐湿性和防潮特性的材料作为元件的构成材料。例如，使用防潮涂层、密封胶以及耐湿导线和焊料等，可以有效防止湿度对元件和线路的腐蚀和氧化。其次，还可以使用防潮封装材料和密封技术，以减少湿气的进入和固定电子元件内部元件的位置。此外，通过合理的通风设计和湿度控制技术，可以降低元件工作环境中湿度的影响。

　　为了评估电子元件在湿度环境中的鲁棒性，可以进行湿度环境测试和评估。例如，可以进行盐雾试验、湿热循环测试和湿度敏感性测试等，以评估元件在不同湿度条件下的性能和可靠性。通过这些测试，可以确定元件对湿度和湿环境的抗性，为产品设计和工程应用提供指导。

### 1.4.3 氧化和氧环境

氧化是电子元件失效的常见机制之一。当电子元件暴露在氧气环境中时，材料与氧气发生氧化反应，导致材料的导电性能下降、界面质量恶化，甚至材料腐蚀和断裂。

在氧化过程中，氧分子与材料表面的原子或分子发生反应，形成氧化物。氧化物的生成会改变材料的化学成分和结构，从而导致材料的电性能发生变化。例如，对于金属材料，氧化会形成金属氧化物层，这层氧化物通常是绝缘体，导致材料的导电性能下降。对于半导体材料，氧化也会导致材料表面形成氧化层，从而改变材料的能带结构，影响电子的迁移和载流子注入。

此外，氧化还会导致材料界面质量的劣化，如图 1-13 所示。在电子元件中，界面的质量对于元件的性能和可靠性至关重要。氧化过程中，氧化层的形成会改变材料表面的平整度和化学性质，使得材料与其他材料之间的界面出现缺陷和劣质区域。这些界面缺陷可能导致电子元件的电流漏失、界面态密度增加和界面反应的发生，进而影响元件的性能和可靠。

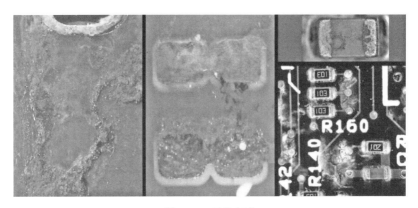

图 1-13　元件氧化

此外，一些材料在氧气环境中易于形成电子迁移的障碍。电子迁移是指电子在材料中因为外界电场或热激励而产生的漂移运动。当材料与氧气反应形成氧化物层时，这层氧化物可能具有一定的电子迁移障碍，从而导致元件的漏电流增加、电子堆积和电子迁移速度的减慢。这些问题可能导致电子元件的性能下降和失效。

为了降低氧化对电子元件的影响，可以采取多种措施。首先，可以选择氧化稳定性较好的材料作为元件的构成材料。此外，可以采用封装材料或涂层材料来防止氧气的进入，减缓氧化反应的速度。还可以通过氧化层的控制和优化来改善界面质量，并采用适当的材料和工艺来提高元件的耐氧化性能。此外，对于一些特殊应用领域，例如高温或高湿度环境下的电子元件，还可以采用防氧化的封装材料和加固措施来提高元件的可靠性。

### 1.4.4 辐射和电磁干扰

辐射和电磁干扰也是导致电子元件失效的环境因素之一。辐射可以是来自自然界的电磁辐射，如太阳辐射和地球辐射，也可以是来自人工源的辐射，如 X 射线、γ 射线和粒子辐射。辐射能量的传输与材料的相互作用会导致材料中的电荷积累、电离和能量传输，从而影响元件的电气特性和性能。

辐射可以导致电子元件的电离效应。当辐射能量与材料相互作用时，能量可以将电子从原子或分子中抽离，形成离子和自由电子。这种电离效应会影响电子元件中的电荷分布和电流传输，从而改变了元件的电性能。例如，在集成电路中，辐射能量的电离效应可能导致电子元件中的电流泄漏、电阻变化和电子堆积等问题。

辐射还可以引起能量传输。辐射能量可以被吸收并转化为材料中的热能，导致温度升高。高温环境会改变材料的电导率、界面势垒和电子迁移速度，从而影响元件的性能和可靠性。此外，辐射能量的能量传输还可能导致材料中的晶格缺陷和结构改变，进一步影响元件的性能和可靠性。

另外，电磁干扰也可能导致电子元件的故障和失效。电磁干扰是指来自外部电磁场的干扰信号，可能影响电子元件的正常操作和信号传输。例如，在无线通信系统中，强的电磁场可能导致接收器中的前端放大器过载，从而破坏正常的信号接收和处理。此外，电磁干扰还可能导致元件之间的互连信号受到干扰、噪声的引入和数据传输错误等问题。

为了降低辐射和电磁干扰对电子元件的影响，可以采取多种措施。首先，可以选择辐射抗性较好的材料和元件，例如辐射硅和辐射硅锗材料。此外，还可以采用屏蔽材料和屏蔽结构，以阻挡和减少辐射和电磁干扰的传输。另外，还可以使用滤波器和抑制元件来抑制电磁噪声和干扰。在设计和布局电子元件时，还可以采用抗干扰的布线和隔离措施，以减少电磁干扰的传播和影响。

### 1.4.5 振动和机械应力

振动和机械应力对电子元件的鲁棒性也具有重要影响。当电子元件遭受振动或机械应力时，可能导致焊点断裂、线路疲劳、材料的应力集中和破裂等问题。这些机械应力可能是由于组件的装配、安装、运输或工作环境的振动和冲击引起的。

振动和机械应力会对元件中的焊点和线路产生影响。在电子元件中，焊接是连接各个组件和元件的重要方式。当元件遭受振动或机械应力时，焊点可能会发生断裂或疲劳。这会导致电子元件的连接失效，影响信号传输和电源传输。此外，线路和导线也可能在振动和机械应力下发生疲劳，导致线路断裂和电流中断。

振动和机械应力还会导致材料的应力集中和破裂。在电子元件中，一些材料可能会受到外部振动和机械应力的影响，从而导致应力集中和破裂。例如，硬质材料在振动和机械应力下容易出现裂纹和断裂。这些应力集中和破裂问题可能导致电子元件的性能下降和失效。

为了提高电子元件对振动和机械应力的鲁棒性，可以采取多种措施。首先，可以选择耐振动和耐机械应力的材料作为元件的构成材料。例如，使用高韧性材料和可靠的焊接技术可以提高元件的连接强度和耐振动性能。此外，对于一些特殊应用领域，例如汽车电子和航空航天电子，还可以采用结构强化设计和防振措施，以减少振动和机械应力对元件的影响。在元件的运输、装配和安装过程中，也需要注意避免过度振动和机械应力的引入，如引入小封装器件，如图 1-14 所示。

应力

图 1-14　片式元件封装比较

# 1.5　失效物理场的模型与预测

## 1.5.1　失效物理场的建模

为了深入理解失效物理场的行为和机制，建立相应的模型是至关重要的。失效物理场的建模可以基于测试数据、数学模型和物理原理进行。

首先，通过收集和分析失效物理场相关的测试数据，可以揭示物理场中的关键参数、效应和相互作用。这些测试数据可以来自实验室测试、现场测试或现有的研究文献。通过分析这些数据，可以识别出与失效物理场相关的变量和因素，并了解它们之间的关系和影响。

其次，基于这些测试数据，可以使用数学模型和统计方法来建立失效物理场的数学描述。这些数学模型可以是基于统计分析的模型，如概率密度函数、累积分布函数或可靠性函数。通过将测试数据拟合到适当的数学模型中，可以获取失效物理场的数学描述，从而能够预测组件的失效概率和寿命。

此外，失效物理场的建模还可以基于物理原理进行。根据组件的物理结构、材料特性以及失效机制的理论知识，可以建立物理模型来描述失效物理场的行为。这些物理模型可以是基于物理方程、能量平衡或传热传质原理的数学模型。通过将物理原理与数学模型相结合，可以更加准确地描述失效物理场，并预测组件的失效行为。

## 1.5.2 失效物理场库

通过建立一个完善的失效物理场库，研究人员可以共享和获取关于失效物理场的知识和信息，加速失效物理场研究的进展，为电子组件的鲁棒性提供更好的支持和保障。

创建一个包含电阻（又称电阻器）、电容（又称电容器）和继电器等电子元件失效物理场的数据库对于电子组件鲁棒性的研究和应用非常有帮助。以下是一些可以考虑包含在失效物理场数据库中的内容及示例：

1）失效物理场的分类：

电阻：热应力引起的电阻漂移、烧毁、开路或短路。

电容：介质老化引起的电容值下降、内部短路、绝缘击穿等。

继电器：触点磨损引起的接触不良、断路、粘连等。

2）失效物理场的机制描述：

电阻：电阻材料热膨胀导致结构破坏、金属迁移引起的连接断裂等。

电容：介质老化、电极腐蚀、外界电场引起的介质击穿等。

继电器：触点表面氧化、金属疲劳、焊接断裂等。

通过建立一个包含电阻、电容和继电器等失效物理场的数据库，研究人员和工程师可以方便地查找和共享有关这些元件失效的知识、数据和经验，从而进一步提高电子组件的鲁棒性和性能。

## 1.5.3 失效物理场的预测

失效物理场的预测是基于建立的模型和理论，通过对组件在不同条件下的响应进行推演和计算，来预测组件的失效行为。这种预测可以针对特定的失效物理机制、特定的环境条件或特定的组件参数进行。

首先，建立失效物理场的模型是预测的基础。模型可以基于测试数据、数学模型和物理原理进行构建。通过分析测试数据，可以确定模型的参数和关系。数学模型和统计方法可以用来描述失效物理场的数学特性，如概率分布、可靠性函数等。物理原理可以提供失效机制和物理行为的理论基础。

其次，预测失效物理场可以针对特定的失效机制进行。例如，对于电子元件的热失效，可以建立基于热传导和热扩散的数学模型，来预测组件在不同温度和功率条件下的温度分布和热应力。通过分析模型的结果，可以推断出可能的失效机制，如热应力引起的热疲劳或热振荡引起的焊点开裂。

另外，预测失效物理场也可以针对特定的环境条件进行。例如，对于电子元件的湿度失效，可以建立基于湿度吸附和腐蚀的模型，来预测组件在不同湿度和温度条件下的湿度吸附量和腐蚀速率。通过分析模型的结果，可以评估组件在不同环境条件下的可靠性和寿命。

最后，预测失效物理场也可以针对特定的组件参数进行。例如，对于电子元件的尺寸失效，可以建立基于应力和应变的模型，来预测组件在不同尺寸和材料参数下的应力分布和应变累积。通过分析模型的结果，可以确定组件的尺寸和材料参数对失效行为的影响，并进行相应的设计优化。

通过预测失效物理场，可以提前识别潜在的问题，采取相应的预防措施，提高电子组件的鲁棒性和寿命。预测结果可以指导工程设计、材料选择和制造过程等方面的决策，以提高电子产品的可靠性和性能。

## 1.5.4 鲁棒性评估与设计优化

基于失效物理场的模型和预测，可以进行鲁棒性评估和设计优化。鲁棒性评估是通过综合考虑失效物理场的模型和预测结果，对组件的鲁棒性进行定量分析和评估。这可以帮助确定组件的寿命、失效概率和鲁棒性水平，以及制定相应的维护策略。

在鲁棒性评估中，首先需要建立失效物理场的模型。失效物理场模型是基于物理原理和实验数据，描述组件在特定工作环境下的失效机制和特征。例如，在高温环境下，电子元件的失效物理场模型可能涉及材料热膨胀、应力集中、材料老化等因素。通过建立失效物理场模型，可以理解组件在特定环境下的失效特征和机制。

其次，利用失效物理场模型，可以进行失效预测和寿命评估。失效预测是基于失效物理场模型和工作环境条件，预测组件的失效时间和失效概率。通过失效预测，可以了解组件的寿命状况，判断其在特定工作环境下的可靠性水平。寿命评估是通过综合考虑失效物理场模型、失效预测结果和可靠性要求，对组件的寿命进行定量评估。寿命评估可以帮助确定组件的可用期限、维护周期和维护策略。

最后，鲁棒性评估还可以用于设计优化。通过分析失效物理场模型和预测结果，可以识别潜在的失效风险和关键因素，并进行设计优化。例如，可以优化材料选择、工艺参数、结构设计等，以提高组件的鲁棒性和可靠性。此外，还可以通过失效模式与影响分析（FMEA）等方法，对潜在的失效模式和影响进行评估，并采取相应的措施进行预防和控制。

设计优化是基于失效物理场的模型和预测结果，对组件的设计进行改进和优化，以提高其抗失效物理场能力。这可以包括改变材料选择、结构设计、热管理、防护措施等方面的优化。通过考虑失效物理场的影响，可以在设计阶段就降低组件失效的风险，并提高电子组件的鲁棒性和性能。

首先，在设计优化中，可以选择更耐用和可靠的材料来改善组件的鲁棒性。耐老化和耐高温材料可以减少材料老化的影响，提高组件的稳定性和性能。此外，材料的导热性能也是需要考虑的因素。通过选择导热性能较好的材料，可以降低组件的温度，减少热失效的可能性。

其次，在结构设计方面，可以采取一些措施来增强组件的鲁棒性。例如，设计更好的散热结构，以提高组件的散热效果，降低温度。此外，可以采用结构加固和减振措施，以增强组件的抗振能力和抗冲击能力。

另外，在热管理方面，可以采用更高效的散热系统来控制组件的温度。这可以包括散热片、散热器和风扇等散热设备的设计和布局。通过有效的热管理，可以降低组件的温度，减少热失效的可能性。

此外，防护措施也是设计优化的重要部分。例如，可以采用屏蔽材料和屏蔽设计来减少电磁干扰的影响。另外，可以采用过电压保护和过电流保护装置，以防止过电压和过电流对组件的损害。

# 1.6 失效物理场的应用和控制策略

## 1.6.1 应用领域

失效物理场的应用涉及各个领域的电子组件和系统。这些领域包括但不限于通信设备、计算机硬件、汽车电子、航空航天电子、医疗器械、工业自动化等。在这些领域中，组件的鲁棒性对于保证正常运行、提供安全性和降低维护成本至关重要。

在通信设备领域，失效物理场的研究和预测可以帮助人们设计和制造更加可靠的通信设备，以确保网络的稳定性和可用性。通过失效物理场分析，可以优化电子元件的布局、散热设计和电路保护，提高通信设备的抗干扰能力和抗击电磁脉冲的能力。

在计算机硬件领域，失效物理场的研究可以帮助提高计算机的性能和可靠性。通过失效物理场分析，可以评估计算机硬件在高负荷和极端环境条件下的稳定性和寿命。这对于数据中心、云计算和人工智能等应用非常重要。

在汽车电子领域，失效物理场的研究可以提高汽车电子系统的可靠性和安全性。通过失效物理场分析，在设计和制造汽车电子组件时可以考虑到高温、振动和湿度等极端工况，以确保汽车的正常运行和驾驶安全。

在航空航天电子领域，失效物理场的研究可以提高航空航天电子系统的可靠性和耐久性。通过失效物理场分析，可以评估航空航天电子组件在大气压力、温度变化和辐射环境下的性能和寿命，从而确保飞行安全和任务成功。

在医疗器械领域，失效物理场的研究可以提高医疗器械的可靠性和生命周期管理。通过预测失效物理场，可以评估医疗器械在长期使用和特殊环境条件下的性能和寿命，从而确保医疗器械的安全性和有效性。

在工业自动化领域，失效物理场的研究可以提高工业自动化系统的可靠性和生产效率。通过失效物理场分析，可以预测设备在高负荷和恶劣环境下的故障概率和寿命，从而优化维护计划和缩短停机时间。

## 1.6.2　控制策略

为了控制失效物理场，减少组件失效的风险，可以采取以下控制策略：

（1）材料选择与工艺控制　选择适合特定应用环境的材料，并通过严格的工艺控制来确保材料的质量和一致性。优质材料和精确的制造工艺可以提高电子组件的抗失效物理场能力。

（2）组件的热管理与散热设计　有效的热管理与散热设计可以降低组件的温度，减少热应力和热膨胀引起的失效风险。这包括使用散热器、风扇、热管等散热装置，以及考虑组件的散热路径和热传导性能。

（3）组件的防护与密封　对组件进行适当的防护和密封，以阻止外部环境的湿气、灰尘、化学物质等对组件的侵蚀和损害。这可以包括使用密封材料、防尘罩、防护涂层等措施。

（4）组件的振动和冲击控制　通过设计和选择合适的结构、固定方式和减振材料等措施，控制组件在振动和冲击环境下的应力和变形，减少机械失效的风险。

（5）组件的电磁兼容性设计　通过采用合适的屏蔽和过滤措施，以及良好的接地和布线设计，减少电磁干扰对组件的影响，提高电子组件的抗干扰能力。

（6）定期维护和检测　定期进行组件的维护和检测，包括温度监测、湿度监测、电气参数检测等。这有助于及早发现组件中潜在的失效物理场问题，并采取相应的措施进行修复或替换。

通过综合应用这些控制策略，可以最大限度地降低失效物理场对电子组件的影响，提高电子组件的鲁棒性和稳定性，确保组件在各种环境条件下的正常运行。

## 1.7 失效物理场研究的应用

失效物理场的分析在电子组件的研发、制造、运营和维修过程中可以应用于多个阶段：

研发阶段：在电子组件的研发过程中，失效物理场的分析可以帮助设计工程师了解潜在的失效机制和风险，从而指导产品设计和材料选择。通过分析各种失效模式和物理机制，可以改进设计方案，提高电子组件的鲁棒性和性能。

制造阶段：在电子组件的制造过程中，失效物理场的分析可用于验证生产工艺和质量控制。通过对失效样品的分析，可以检测制造缺陷、材料问题或工艺异常，从而及早发现和解决潜在的鲁棒性问题，提高产品的一致性和鲁棒性。

运营阶段：在电子组件的运营过程中，失效物理场的分析可以用于故障诊断和预防性维护。通过对故障样品的分析，可以确定故障的根本原因，指导故障排除过程，并制定相应的预防性维护策略，以减少故障发生的可能性和提高电子组件的可用性。

维修阶段：在电子组件的维修过程中，失效物理场的分析可用于快速定位故障位置和故障原因。通过对失效样品的分析，可以确定故障的特征和根本原因，指导维修人员进行修复操作，减少维修时间和成本。

故障分析与改进阶段：在电子组件的故障分析与改进过程中，失效物理场的分析可用于了解故障的模式、机制和影响因素。通过分析大量的故障样品和数据，可以识别常见的失效模式和趋势，并提出相应的改进措施和控制策略，以提高产品的鲁棒性和性能。

### 1.7.1 失效物理场研究在电子组件设计中的应用

（1）组件鲁棒性评估　失效物理场研究为电子组件设计提供了重要的鲁棒性评估工具。通过深入研究和理解失效物理场的机制和行为，可以预测组件在特定工作环境下的寿命和失效概率。这使得设计者能够在设计阶段识别和解决潜在的问题，从而提高电子组件的鲁棒性。鲁棒性评估还可以帮助制定合理的维护计划和更新周期，以确保组件在整个使用寿命期间始终处于良好的工作状态。

（2）组件性能优化　失效物理场研究为设计师提供了深入了解组件性能与失效之间关系的机会。通过研究失效物理场，可以确定哪些因素对组件性能产生最大的影响，并在设计过程中加以考虑。例如，研究电子元件的热失效机制可以指导散热设计和温度控制，以保持组件在适当的温度范围内工作。此外，研究电磁干扰对组件性能的影响可以引导电磁兼容性设计，确保组件在电磁环境中的正常运行。

（3）创新材料和工艺的应用　失效物理场研究可以促进创新材料和工艺的应用，以提高电子组件的鲁棒性和性能。通过深入研究材料的失效行为和物理机制，可以选择更适合特定应用环境的材料，并开发新的制造工艺来减轻失效物理场带来的影响。例如，研究耐高温材料可以推动高温环境下的组件设计和应用，而研究耐湿材料可以改善在潮湿环境中的组件鲁棒性。

（4）风险评估和决策支持　失效物理场研究提供了风险评估和决策支持的重要依据。通过深入了解失效物理场的机制和行为，可以识别潜在的风险源，并评估其对组件鲁棒性的影响。这为决策者提供了基于科学依据的信息，使其能够制定适当的风险管理和决策策略。例如，在决定组件的维护计划或更新周期时，可以参考失效物理场研究的结果，以平衡鲁棒性需求和成本效益。

## 1.7.2　失效物理场研究在鲁棒性评估与改进中的应用

（1）鲁棒性评估　失效物理场研究在电子组件的鲁棒性评估中发挥着重要作用。通过深入研究失效物理场的机制和行为，可以获取关于组件失效的关键信息，并基于此进行鲁棒性分析和评估。这包括预测组件的失效概率、寿命和失效模式。失效物理场研究提供了定量分析的工具和方法，帮助评估组件在特定工作环境下的鲁棒性水平，为制定维护计划、决策更换策略等提供依据。

（2）组件设计改进　失效物理场研究为组件设计改进提供了有力的支持。通过深入理解失效物理场的机制和影响因素，可以在设计阶段采取相应的措施来改善组件的鲁棒性。例如，针对特定的失效物理机制，可以采取结构优化、材料改进、热管理优化等设计改进措施，以提高电子组件的抗失效能力。失效物理场研究为设计者提供了预测和识别潜在问题的工具，促进了组件设计的优化和改进。

（3）维护策略制定　失效物理场研究为制定维护策略提供了依据。通过深入了解失效物理场的特性和影响因素，可以识别组件可能面临的失效风险，并制定相应的维护计划。例如，基于失效物理场的预测模型，可以确定组件的寿命和维护周期，以及维护过程中需要关注的关键参数和指标。这有助于实施预防性维护措施，及时检测和修复潜在问题，降低组件失效的概率。

（4）组件鲁棒性改进　失效物理场研究为组件的鲁棒性改进提供了重要的支持。通过分析失效物理场的机制和影响因素，可以识别组件中的薄弱环节和潜在风险，并采取相应的改进措施来增强组件的鲁棒性，这可能涉及材料选择、工艺开发、结构优化、散热设计等方面的改进。失效物理场研究提供了指导和依据，可以帮助设计者针对组件的失效物理场问题进行有针对性的改进，提高电子组件的整体鲁棒性水平。

### 1.7.3 失效物理场研究在电子制造与维修中的应用

失效物理场研究是一种在电子制造和维修中应用的技术。它是通过分析和研究电子组件或组件的失效模式和机理来预测和预防故障的方法。失效物理场研究可以帮助确定元件或组件失效的根本原因，以及在制造和维修过程中可能导致失效的因素。

在电子制造中失效物理场研究可以应用于产品设计阶段，以提前识别潜在的失效模式和机理。通过分析电子元件的物理结构、材料特性、热学特性和电学特性等，可以预测不同工作条件下的电子组件失效模式，并做出相应的设计改进。

在电子维修中，失效物理场研究可以帮助确定故障的原因，并指导修理过程。通过对故障组件或组件的失效模式和机理进行分析，可以确定故障的根本原因，并采取相应的修复措施，以确保组件的正常运行。

失效物理场研究还可以应用于故障诊断和鲁棒性评估。通过对电子组件或组件的失效模式和机理进行研究，可以确定故障发生的概率和鲁棒性水平，并采取相应的维护和改进措施。

（1）制造过程控制 失效物理场研究在电子制造过程中的应用非常重要。通过深入研究失效物理场的机制和影响因素，可以指导和优化电子组件的制造过程。例如，研究焊接过程中的热应力对元件的影响，可以优化焊接工艺，如图 1-15 所示，减少热应力引起的失效风险。又如，研究薄膜沉积过程中的化学反应和界面结构，可以改善薄膜的质量和降低失效概率。失效物理场研究为制造商提供了关于如何控制和优化制造过程的指导，以提高产品的鲁棒性和一致性。

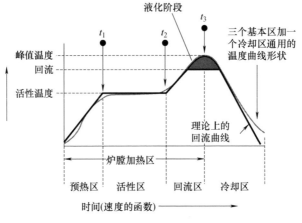

图 1-15　回流焊温度曲线

（2）维修和故障诊断　失效物理场研究在电子组件的维修和故障诊断中发挥着重要作用。通过深入研究失效物理场的机制和失效模式，可以帮助维修人员更准确地定位故障原因，并采取适当的修复措施。例如，通过分析失效物理场引起的元件损坏模式，可以识别可能导致故障的特定环节，并进行有针对性的维修。失效物理场研究为维修人员提供了更深入理解和分析故障的工具，提高了维修效率和准确性。

（3）鲁棒性改进和优化　失效物理场研究在电子组件的鲁棒性改进和优化中起着关键作用。通过研究失效物理场的机制和行为，可以确定组件中的薄弱环节和潜在风险，并采取相应的改进措施来增强组件的鲁棒性。这包括优化元件选型、改进工艺控制、提高散热设计、加强环境密封等。失效物理场研究为制造商和维修人员提供了指导和依据，以改善产品的质量和鲁棒性，并减少维修工作和成本。

（4）失效分析和故障预防　失效物理场研究在失效分析和故障预防中具有重要的应用价值。通过深入研究失效物理场的机制和失效模式，可以进行系统性的失效分析，了解失效的根本原因，并提出相应的故障预防措施。这可能包括改进设计、调整工艺参数、加强监测和检测等。失效物理场研究为制造商提供了解决潜在问题和预防故障的方法和工具，提高了产品的鲁棒性和稳定性。

## 1.7.4　失效物理场的控制策略与工程实践

### 1. 控制策略

（1）材料选择与设计优化　控制失效物理场的一种重要策略是通过合适的材料选择和设计优化来降低失效的风险。根据失效物理场的特点和机制，选择具有良好性能和鲁棒性的材料，例如高温下的耐热材料、抗腐蚀材料等，以减少失效物理场对材料的影响。同时，进行结构和工艺的优化，例如增加散热设计、改善元件布局等，可以降低失效物理场的影响并提高电子组件的鲁棒性。

（2）环境控制与保护　失效物理场的发生往往与工作环境密切相关。因此，控制环境因素对组件的影响是一种有效的控制策略。这包括控制温度、湿度、腐蚀性气体等环境参数，以降低失效物理场的发生概率。此外，采取适当的封装和防护措施，例如使用密封材料、防尘覆盖等，可以有效地保护组件免受外部环境的侵害。

（3）预防性维护与监测　预防性维护与监测是控制失效物理场的重要策略之一。定期检查和维护组件，及时发现和修复潜在问题，可以减少失效的概率。这包括定期更换老化或损坏的组件、清洁组件、校准传感器等。此外，采用监测系统和故障预警技术，例如传感器网络、数据分析等，可以实时监测组件的状态和性能，及时发现异常情况并采取措施防止失效的发生。

**2. 工程实践**

（1）组件鲁棒性测试与验证　在电子组件的工程实践中，进行组件鲁棒性测试和验证是至关重要的步骤。通过模拟实际工作条件下的失效物理场，进行鲁棒性测试，以评估组件的性能和鲁棒性。这可以包括加速寿命测试、高温高湿测试、振动测试等。通过这些测试，可以获得关于组件失效行为和寿命的关键信息，为控制失效物理场提供准确的数据和依据。

（2）组件故障分析与改进　在实际运营中，对发生故障的组件进行分析和改进是一项重要的工程实践。通过仔细的故障分析，确定失效物理场的根本原因，并采取相应的改进措施来防止类似故障再次发生。这可能涉及改进设计、材料选择、工艺优化等方面。工程师可以借助失效物理场的研究成果，结合实际的失效数据和分析结果，制定针对性的改进方案，提高电子组件的鲁棒性和性能。

（3）健全的质量管理体系　建立健全的质量管理体系是控制失效物理场的重要工程实践之一。通过建立严格的质量控制标准和流程，确保原材料的合格性、工艺的稳定性和产品的一致性。这包括制定标准操作规程、采用严格的质检流程、供应商评估等措施，以确保所使用的材料和组件符合质量要求，并控制制造过程中的可变性。健全的质量管理体系有助于降低失效物理场的发生概率，并提高电子组件的鲁棒性和稳定性。

（4）培训与知识分享　培训和知识分享是推动失效物理场控制的关键工程实践。通过培训工程师和技术人员，使其具备深入理解失效物理场的知识和技能，能够识别潜在问题并采取相应的控制措施。此外，建立知识分享平台和经验交流机制，促进不同领域之间的合作和共享，可以加速失效物理场研究的进展，提高整个行业对失效控制的认识和能力。

## 1.8　失效物理场分析示例

电子元件的失效是电子工程师面对的一个主要挑战。以下是一些常见的电子元件失效模式：

1）开路：电子元件出现开路故障时，电流无法通过该元件，导致电路中某个分支中断。开路故障可能由材料的断裂、连接线脱落、焊点失效等引起。

2）短路：电子元件出现短路故障时，电流绕过了原本应通过的路径，导致电路中出现异常电流。短路故障可能由材料的迁移、接触不良、绝缘层破裂等引起。

3）烧毁：电子元件在工作过程中由于过载、过电压或过热等原因，导致元件内部材料烧毁，甚至引发火灾或爆炸。烧毁故障可能由电流过大、温度过高、材料老化等引起。

4）漏电：电子元件出现漏电故障时，电流从正常路径泄漏到其他路径中，导致电路性能下降或短路。漏电故障可能由材料的绝缘损坏、电场强度过大等引起。

5）功能失效：电子元件出现功能失效时，无法完成预期的功能或性能。功能失效可能由元件内部电路结构的设计问题、芯片的设计或制造缺陷等引起。

6）电参数漂移：电子元件的电参数（如电阻、电容、电感等）出现漂移时，其数值超出了规定范围，导致电路性能下降或不稳定。电参数漂移可能由材料老化、温度变化、环境影响等引起。

7）非稳定失效：电子元件在特定条件下失去稳定性，导致电路中的信号出现干扰、波形失真等问题。非稳定失效可能由环境的温度、湿度、振动等因素引起。

要解决电子元件的失效问题，硬件工程师需要进行仔细的故障分析和排查。常见的故障排查方法包括测量电路的各个节点，使用仪器设备进行信号分析，进行热分析和物理检查等。通过找出失效元件并及时更换，可以提高电路的鲁棒性和稳定性，避免不必要的麻烦和时间浪费。

## 1.8.1　电阻器失效

电阻器（又称电阻）的失效是指电阻器在使用过程中出现了不能正常工作的情况。以下是电阻器常见的失效模式和失效机理：

**1. 失效模式**

1）开路：电阻器出现开路故障时，电阻值变得无穷大，无法通过电流。这种故障通常由电阻膜烧毁或脱落、基体断裂或引线帽与电阻体脱落等引起。

2）短路：电阻器出现短路故障时，电阻值变得非常小，电流绕过了原本应通过的电阻。短路故障通常由银材料的迁移、电晕放电等引起。

3）阻值漂移：电阻器的阻值出现漂移，即阻值超出了规定范围。这种故障可能由电阻膜的缺陷或退化、基体中存在可移动的离子、保护涂层不良等原因引起。

4）引线断裂：电阻器的引线出现断裂，导致电阻器无法正常连接到电路中。引线断裂通常由焊接工艺缺陷、焊点污染或引线受到机械应力损伤等引起。

**2. 失效机理**

失效机理是导致电阻器失效的物理、化学、热力学或其他过程。具体的失效机理可能因电阻器的结构、材料和工作环境而异。一些常见的失效机理包括：

1）电热失效：电阻器在工作过程中会产生热量，过高的工作温度可能导致电阻器的材料烧毁、脱落或变形，从而引起失效。

2）电化学失效：电阻器中的材料可能与工作环境中的化学物质发生反应，导致材料的腐蚀、氧化或其他化学变化，从而引起失效。

3）机械损伤：电阻器的结构部件，如电阻体、引线帽和引出线等，可能受到外部机械冲击、振动或应力的损伤，导致失效。

4）材料老化：电阻器中的材料可能随着时间的推移而老化，导致性能的变化或退化，最终引起失效。

了解电阻器的失效模式和失效机理对于制造商和用户来说都很重要。制造商可以通过改进设计、材料选择和生产工艺来减少电阻器的失效概率。用户可以通过正确的使用和维护，以及定期检查和更换老化或损坏的电阻器，延长其使用寿命并提高系统的鲁棒性。

## 1.8.2 失效模式占失效总比例表

失效模式占失效总比例表是用来描述不同失效模式在组件故障中所占比例的一种工具。对于电阻器而言，主要的失效模式通常是开路和电阻漂移。

开路是指电阻器中断或电流无法通过的情况。这种失效模式通常会导致电阻器无法正常工作，从而影响整个电路的功能。开路的相对概率取决于电阻器的质量和工作环境。在要求高精度的应用中，对电阻器的性能要求更高，因此开路的概率可能会相对较低。

电阻漂移是电阻器中电阻值随时间发生变化的现象。这种失效模式可能是由于材料老化、温度变化、电流应力等因素引起的。电阻漂移会导致电阻器的实际电阻值与设计值存在偏差，从而影响电路的准确性和稳定性。在高精度应用中使用的电阻器通常要求漂移较小，因此电阻漂移的概率可能会相对较高。

需要注意的是，失效模式占失效总比例是一个相对的概念，如表 1-1 所示，具体比例取决于电阻器的构造、质量、设计以及工作环境。不同的应用场景和要求可能会导致不同的失效模式占比，如表 1-2 和表 1-3 所示。

表 1-1　电阻器的归一化失效模式分布

| 电阻器样式 | 相对失效模式概率 | | | |
|---|---|---|---|---|
| | 开路 | 参数变化 | 短路 | 不稳定的输出 |
| 固定，薄膜 | 50% | 45% | 5% | |
| 网络 | 80% | | 20% | |
| 固定，绕线式（所有样式） | 65% | 26% | 9% | |
| 可变（所有样式） | 53% | | 7% | 40% |

表 1-2　线绕电阻失效模式占比

| 失效模式 | 占失效总比例 |
| --- | --- |
| 开路 | 90% |
| 电阻漂移 | 2% |
| 引线断裂 | 7% |
| 其他 | 1% |

表 1-3　非线绕电阻失效模式占比

| 失效模式 | 占失效总比例 |
| --- | --- |
| 开路 | 49% |
| 电阻漂移 | 22% |
| 引线断裂 | 17% |
| 其他 | 12% |

## 1.8.3　失效模式机理分析

失效模式机理分析是对电阻器失效的原因和机制进行深入研究和分析。电阻器的失效机理涉及多个方面，以下是一些常见的失效模式和对应的机理分析：

1）导电材料的结构变化：电阻器中的导电材料可能会在长时间使用或高温环境下发生结构变化，如晶格变形、颗粒生长等。这些结构变化会导致导电材料的电阻率变化，从而影响电阻器的性能和稳定性。

2）电应力高温老化：电阻器在正常工作条件下承受电应力和高温，这可能导致电阻器内部的导电材料发生疲劳破坏、晶粒生长等现象。这些现象会导致电阻器的电阻值变化、结构破坏等，从而引起电阻器老化。

3）直流负荷电解作用：在直流电路中，电阻器可能会承受长时间的直流负荷。在这种情况下，电解作用可能会产生化学反应，导致电阻器内部导电材料的腐蚀、氧化等。这些化学反应会改变导电材料的性质，从而引起电阻器老化。

4）温度老化：高温环境下，电阻器内部材料会发生结构变化、化学反应等，导致电阻器性能衰退。这可能是由于材料的热膨胀不匹配、结晶化、氧化等原因引起的。

5）电应力老化：电阻器在正常工作条件下承受电应力，这会导致电阻体内部的材料疲劳、局部热点、电迁移等现象。这些现象可能导致电阻体的结构破坏和电阻值的变化。

6）热应力老化：电阻器在温度变化时，由于不同材料的热膨胀系数不同，会导致内部产生热应力，进而导致结构破坏、裂纹产生等。这可能是由于材料的热膨胀不匹配、温度梯度等原因引起的。

7）湿度老化：电阻器在高湿度环境中，可能会发生电导体的腐蚀、漏电等现象。这可能是由于湿度导致的化学反应、电解质的形成等原因引起的。

8）硫化：某些环境中存在硫化物，如硫化氢（$H_2S$），会与电阻器内部金属材料发生反应，形成硫化物。硫化物的形成会导致金属材料的腐蚀、结构变化等，进而导致电阻器性能的下降和老化。

9）气体吸附与解吸：电阻器在某些环境中可能会吸附气体，如水分、氧气等。吸附的气体可能会引起电阻器内部的化学反应、氧化等过程，导致材料老化和性能衰退。当环境条件改变时，吸附的气体可能会解吸出来，进一步影响电阻器的性能。

10）氧化：电阻器内部的金属材料在氧气存在的环境中容易发生氧化反应。氧化可能导致金属材料的表面变得不平整、电阻值增加等，从而影响电阻器的性能。

11）有机保护层：在一些特殊应用中，电阻器可能会使用有机保护层来防止外部物质对电阻器的侵蚀和损伤。然而，有机保护层本身也可能会随着时间的推移发生老化，导致性能下降。

12）机械损伤：电阻器在使用过程中可能会受到机械损伤，如振动、冲击、压力等。这些机械损伤可能导致电阻器的结构破坏、导线断裂等，进而影响电阻器的性能和可靠性。

通过对失效模式机理的分析，可以了解电阻器失效的原因和机制，从而采取相应的措施来提高电阻器的可靠性和寿命。这包括优化材料选择、导电材料、设计结构及改进制造工艺等。同时，失效模式机理分析也可以用于预测和评估电阻器在实际应用中的性能和寿命。此外，适当的电阻器选型和使用环境的控制也是减缓电阻器老化的关键。

**1. 导电材料的结构变化**

导电材料的结构变化是指在薄膜电阻器中导电膜层的结构在工作条件或环境条件下发生的变化。导电膜层一般是通过气相沉积方法得到的，具有一定程度上的无定型结构。根据热力学的观点，无定型结构往往会趋向结晶化。因此，在工作条件下，导电膜层中的无定型结构会以一定的速度向结晶化方向发展，导致导电材料内部结构的致密化，并且可能引起电阻值的下降。结晶化的速度通常随着温度的升高而加快。

在电阻线或电阻膜的制备过程中，会受到机械应力的影响，导致其内部结构发生畸变。线径或膜层越小，机械应力的影响就越明显。为了消除内应力，通常可以采用热处理的方法。然而，残余的内应力可能会在长时间的使用过程中逐渐消除，这可能导致电阻器的阻值发生变化。

结晶化过程和内应力清除过程都会随着时间的推移而减缓，但在电阻器的使用寿命内不会完全停止。在电阻器工作期间，这两个过程以近似恒定的速度进行。与这些过程相关的阻值变化通常只占原始阻值的千分之几。

**2. 电应力高温老化**

电应力高温老化是指在电阻器中施加电应力的同时，将温度升高到较高的水平，从而加速电阻器的老化过程。与仅仅升高温度相比，电应力对加速老化的影响更加显著。这是因为电阻体与引线帽接触部分的温度升高超过了整个电阻体的平均温度升高。

通过进行加速寿命试验，可以在不到四个月的时间内评估电阻器在 10 年使用期间的工作稳定性。加速寿命试验通过将电阻器暴露在高温和电应力的条件下，模拟出长时间使用的实际环境，从而预测电阻器在实际应用中的寿命和可靠性。

**3. 直流负荷电解作用**

直流负荷下的电解作用对电阻器的老化有一定的影响。电解作用主要发生在刻槽电阻器槽内，其中电阻基体中的碱金属离子在槽间电场的作用下发生位移，形成离子电流。当湿气存在时，电解作用会更加剧烈。

根据电阻膜的类型不同，电解作用可能会导致不同的结果。如果电阻膜是碳膜或金属膜，主要会发生电解氧化；如果电阻膜是金属氧化膜，主要会发生电解还原。对于高阻值的薄膜电阻器，电解作用可能会导致阻值增加，并且在刻槽螺旋的一侧可能会出现膜层破坏的现象。

在潮热环境下进行直流负荷试验可以全面评估电阻器基体材料和膜层的抗氧化或抗还原性能，以及保护层的防潮性能。这种试验能够模拟实际应用中电阻器所面临的环境条件，帮助评估电阻器的可靠性和寿命。

**4. 硫化**

电阻的硫化过程是指在空气中长期暴露下，电阻体表面会与硫化物发生反应，形成硫化层。该过程（见图 1-16）通常发生在金属电阻体中，特别是对于含有硫的环境，如污染的空气或高硫燃料。

如图 1-17 所示，硫化的结果是阻值增大，并且硫化层可能会对电阻体的导电性能产生不良影响。因此，对于要求高精度和稳定性的电阻元件，需要采取措施来防止硫化。

常见的防止硫化的方法包括以下几种：

密封：使用金属、陶瓷、玻璃等无机材料进行密封，阻止硫化物进入电阻体内部。

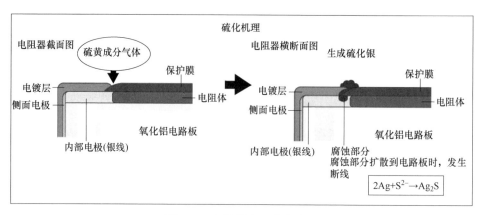

图 1-16　电阻器表面硫化过程

图 1-17　电阻器表面硫化的效果图

阻隔材料：在电阻体表面涂覆或灌封有机材料（如塑料、树脂等），形成阻隔层，防止与硫化物的接触。

良好的环境控制：在使用电阻元件的环境中控制硫化物的浓度和湿度，减少硫化的发生。

需要注意的是，防止硫化是一个需要综合考虑的问题，应根据具体的应用场景和要求来选择合适的防护措施。同时，还需要定期进行测试和维护，以确保电阻元件的性能和鲁棒性。

**5. 气体吸附与解吸**

在气体吸附与解吸过程中，温度的变化会引起气体在电阻体表面的吸附量的改变。降温会增加气体的吸附量，使阻值增加；而升温会减少气体的吸附量，使阻值降低。这一现象可以通过控制电阻体的工作温度来调节膜式电阻器的阻值。

另外，气压的变化也会影响气体的吸附和解吸过程。当气压升高时，电阻体表面会吸附更多的气体，导致阻值增大。相反，当气压降低时，电阻体表面的气体解吸，阻值减小。因此，对于膜式电阻器来说，在真空或低气压环境下工作可以改善导电颗粒之间的接触，降低阻值。

此外，电阻体的材料和结构也会对气体吸附与解吸过程产生影响。例如，合成膜电阻器由于材料的特性，在正常环境条件下工作时会吸附一定量的气体，导致阻值下降。而合成碳膜电阻器在真空中制成后，由于气压升高会吸附气体，导致阻值增大。

### 6. 氧化

氧化是一种长期作用的过程，它会逐渐影响电阻体表面并向内部扩散。除了贵金属和合金薄膜电阻器外，其他材料的电阻体都会受到空气中氧气的影响。氧化过程会导致电阻值增大，特别是当电阻膜层较薄时，氧化的影响更加显著。

为了防止氧化，最根本的措施是密封电阻器，这可以使用金属、陶瓷、玻璃等无机材料进行密封。采用有机材料如塑料或树脂涂覆或灌封电阻器的方法不能完全阻止湿气或氧气的渗透。尽管有机保护层可以起到延缓氧化或吸附气体的作用，但也会引入与有机保护层相关的新的老化因素。

除了密封，还可以采用其他方法来减轻氧化的影响。一种方法是在电阻器表面形成一层氧化层，以保护内部电阻体，这可以通过在电阻体材料上进行特定的氧化处理来实现。另一种方法是使用抗氧化剂或包覆剂来保护电阻器表面，减少与氧气的接触。

### 7. 有机保护层的影响

有机保护层在电子元件制造中起到了保护和防腐的作用。然而，在有机保护层形成的过程中，一些挥发性溶剂或挥发物会释放出来。这些挥发物会在热处理过程中扩散到电阻体中，并导致阻值上升。阻值上升的原因是挥发物在热处理过程中进入电阻体，形成缩聚作用。这些缩聚物会填充电阻体的间隙，导致电阻体内部的电流流动受阻，从而使阻值增加。该过程的持续时间通常为18个月内。在这个时间范围内，阻值的增加会比较明显，可能会影响电子元件的正常运行。

为了解决该问题，可以采取一些措施来减小有机保护层对阻值的影响。例如，可以选择使用低挥发性的有机材料来制备保护层，以减少挥发物的释放。此外，也可以通过优化热处理的条件，减小挥发物的扩散和缩聚作用的程度。

### 8. 机械损伤

机械损伤是影响电阻器鲁棒性的一个重要因素，它与电阻器的机械性能密切相关。以下是机械损伤对电阻器的影响的一些展开：

电阻体损伤：电阻体是电阻器中负责产生电阻的部分，它通常由某种材料制成。如果电阻体受到机械损伤，比如撞击、刮擦或压力过大，就会导致电阻体表面的材料破裂或变形。这会导致电阻器的电性能发生变化，例如阻值增加、失去稳定性或完全失效。

引线帽损伤：引线帽是连接电阻体和引出线的部分，它通常由金属制成。如果引线帽受到机械损伤，比如弯曲、拉扯或断裂，就会导致电阻器引线的连接不良或断开。这会导致电阻器的电连接中断，无法正常工作。

引出线损伤：引出线是将电阻器连接到电路中的部分，它通常由金属丝或导线制成。如果引出线受到机械损伤，比如弯曲、拉扯或断裂，就会导致电阻器与电路之间的连接不良或断开。这会导致电阻器无法正常工作，甚至可能短路或造成其他电路问题。

为了减少机械损伤对电阻器的影响，可以采取以下措施：

设计合理的电阻器结构，使电阻体、引线帽和引出线等具有足够的机械强度，能够抵抗外部的机械冲击或压力。

选择机械性能良好的材料，如耐冲击、耐磨损的材料，以提高电阻器的耐久性和鲁棒性。

在电路设计中考虑机械保护措施，例如使用保护罩、固定装置或振动吸收材料等，以避免电阻器受到非预期的机械损伤。

 ## 1.9　PCB 电子组件故障

电子组件中使用的元件在其使用寿命期间可能会出现某些故障。常见的电子组件故障包括机械故障、热故障、环境故障、电应力故障、封装故障和老化故障。这些故障影响了设备的功能，识别、解决和防止此类故障对于交付可靠的产品至关重要。

### 1.9.1　PCB 电子组件故障的 6 种类型

1）机械故障通常是由于元件的损坏或磨损引起的。例如，电子设备可能会因为插接器接触不良、插件松动或开关失灵而出现机械故障。这可以通过定期维护和检查来预防和解决。

2）热故障是由于电子组件运行时产生的热量超过其所能承受的范围而引起的。高温会导致电子元件的性能下降甚至损坏。因此，应该注意散热设计和合理的温度控制，以确保电子元件不会过热。

3）环境故障是由于环境因素如湿度、灰尘、腐蚀等引起的。这些因素可能会导致电子组件受潮、腐蚀或绝缘破裂。因此，应该在设计和制造过程中考虑环境因素，并采取适当的保护措施。

4）电应力故障是由于电压和电流超出电子组件的额定范围而引起的。这可能导致电子元件烧毁或失效。因此，在设计电子电路时，需要确保电子组件能够承受额定的电压和电流。

5）封装故障是由于电子组件的封装材料或工艺不良引起的。例如，焊接不良、封装材料老化等问题都可能导致电子组件失效。因此，在制造和组装过程中，应该确保封装过程的质量和可靠性。

6）老化故障是电子组件在使用寿命期间逐渐失效的过程。老化可能是由于材料老化、热应力、环境因素等引起的。因此，应该进行定期的维护和检查，以及定期更换老化的电子组件。

通过识别、解决和防止这些故障，可以提高电子组件的可靠性和寿命，从而交付可靠的产品。这可以通过设计优化、制造工艺改进、质量控制和定期维护等方式实现。

### 1.9.2　电子组件故障的分析

通过对电路板设计数据的分析，可以确定是否存在设计上的缺陷或者设计参数是否超出了元件的承受能力。例如，尺寸是否合适，应力和负荷是否在元件的额定范围内等。

对于元件、材料和工艺规范的分析可以帮助确定是否使用了低质量的元件或者不符合规范的材料和工艺。这些因素可能导致元件的性能下降或者失效。

制造过程报告中的化学分析、力学性能测试和检验报告可以提供元件在制造过程中是否受到了适当的处理和测试。如果出现问题，可以追踪到可能的原因。

了解工作环境的相关信息也非常重要，因为环境因素如温度、湿度、振动等可能对电子组件的性能和寿命产生影响。通过分析工作环境的数据，可以确定是否存在环境因素引起的故障。

维护记录可以提供关于以前的故障和维修情况的信息。通过分析振动数据和以前的故障，可以确定是否存在机械故障或者其他原因导致的故障。

通过有效分析这些数据，可以识别元件的故障模式，找出故障的根本原因。这将有助于采取相应的措施来解决故障，并预防将来类似故障的发生。例如，可以采取设计优化、材料和工艺改进、环境控制和定期维护等措施来提高电子组件的可靠性和寿命。

## 1.10　常见的电子组件故障

了解以上原因的细节可以帮助识别潜在的元件故障，并采取相应的措施来解决问题。这可能包括合适的设计优化、选用合适的材料和工艺、进行环境控制、定期维护和更换老化的元件等。这样可以提高电子组件的可靠性和寿命，确保产品的正常运行。

## 1.10.1　机械故障

电路板的机械故障是指由于机械应力或外部冲击而引起的元件变形或破裂。以下是一些常见的机械故障类型：

弹性和塑性变形：当电路板受到外部力的作用时，可能会发生弹性变形和塑性变形。弹性变形是指材料在受力后恢复到原始形状的程度。而塑性变形是指材料在受力后无法完全恢复原始形状的程度。

脆性断裂：某些材料在受到高应力或快速冲击时，可能会发生脆性断裂。这是因为材料无法吸收足够的能量来抵抗断裂的扩展，导致元件突然破裂。

翘曲：电路板在受到温度变化或不均匀热应力时，可能会发生翘曲。这是由于电路板的不同部分受到的热膨胀不均匀，导致板材弯曲或扭曲。

蠕变和蠕变断裂：在高温环境下，某些材料可能会经历蠕变，即在长时间的应力作用下，材料会逐渐变形。如果蠕变变形超过材料的承受能力，就可能导致蠕变断裂。

疲劳断裂：电路板在长时间的振动或重复负荷作用下，可能会出现疲劳断裂。这是因为材料在应力循环下逐渐累积损伤，导致裂纹的出现和扩展，最终导致元件的断裂。

了解这些机械故障的类型和原因对于电路板的设计和使用非常重要。设计时需要考虑到材料的强度和韧性，以及板材的厚度和形状。此外，适当的温度控制、振动控制和机械保护措施也可以减少机械故障的发生。

**1. 弹性和塑性变形**

变形是指物体形状和大小的改变。在电路板（PCB）中，变形可能发生在不同的材料层之间或单个材料层内。以下是一些导致变形的因素和原因：

弹性变形：当电路板受到外部力的作用时，例如弯曲或拉伸，它可能会发生弹性变形。材料会暂时变形，但在去除外力后会恢复到原始形状。弹性变形通常发生在材料弹性模量较高的情况下，如玻璃布材料。

塑性变形：塑性变形是指当电路板受到外部力作用时，材料发生永久性变形。即使去除外力，材料也无法完全恢复原状。塑性变形通常发生在材料弹性模量较低的情况下，如柔性树脂材料。常见的塑性变形形式包括板材弯曲、层间错位和金属箔的拉伸或挤压。

压合导致的变形：在PCB制造过程中，不同材料层（如铜箔、树脂和玻璃布）通过压合叠加在一起。该过程可能会导致变形，特别是当不同材料层的热膨胀系数不一致时。压合过程需要仔细控制温度和压力，以减少变形的风险。

机械切割（V-scoring）：在对 PCB 进行切割时，常用的方法是通过 V 形刀片在板表面刻下切割线。这种切割方式有时会导致板材弯曲或断裂，特别是在切割线附近。

湿化学工艺：在一些湿化学工艺中，电路板可能会被暴露在湿润的环境中，这可能使板材吸湿并发生膨胀，导致变形。

高温：高温环境可能会导致 PCB 材料膨胀、软化或变形。这可能发生在 PCB 制造过程的热压机或激光焊接等工艺中，或者在使用中由于高温环境或过热导致。

为了减少变形的发生，需要在 PCB 设计和制造过程中采取相应的措施。这包括选择合适的材料和层压结构、控制压合过程的温度和压力、使用适当的切割方法，以及避免对 PCB 施加过高的温度和外力。此外，测试和质量控制措施也可以用来检测和纠正变形问题，以确保 PCB 的性能和可靠性。

**2. 脆性断裂**

脆性断裂是一种突然发生的故障类型，指的是在压力下材料迅速破裂而没有明显的降解或破损迹象。在电路板中，脆性断裂通常发生在焊点处，特别是焊点与电路板或元件之间的连接处。以下是一些导致脆性断裂的因素和原因：

拉伸应力：在电路板的组装、测试和运输过程中，焊点可能会受到拉伸应力的影响。这些应力可以来自于组装过程中的力的施加，如焊接过程中的热应力或元件与基板之间的热膨胀不匹配导致的应力。如果拉伸应力超过焊点的承受能力，就可能导致焊点的脆性断裂。

冲击和振动：电路板在使用或运输过程中可能会受到冲击和振动的影响，这会导致焊点受到额外的应力。如果冲击或振动超过焊点的承受能力，就可能导致焊点脆性断裂，如图 1-18 所示。

图 1-18　焊点脆性断裂

热漂移：电路板在高温环境中使用时，元件和焊点可能会受到热膨胀和热收缩的影响，导致焊点承受应力。如果热漂移超过焊点的承受能力，就可能导致脆性断裂。

脆性断裂可能会导致电路板的功能损坏或元件的脱落，从而影响设备的可靠性和性能。为了减少脆性断裂的发生，可以采取以下措施：

调整焊接参数：优化焊接参数，如焊接温度、时间和压力，以确保焊点的质量和可靠性。

加强焊点设计：采用适当的焊点设计，如增加焊盘的大小、增加焊点的数量或采用更可靠的焊接方法，如热电阻焊接。

增加机械支撑：在焊点周围添加机械支撑结构，如添加支撑片或增加焊盘的厚度，以增强焊点的机械强度。

测试和质量控制：进行严格的测试和质量控制，包括焊点的可靠性测试和检查，以及对焊点应力的模拟和分析。

通过以上措施，可以降低脆性断裂的风险，并提高电路板的可靠性和性能。

振动对电路板不利，尤其是在 3 类产品中。

### 3. 翘曲

翘曲是指由于热和湿气等因素而使设备偏离原始形状的扭曲或弯曲。在电路板中，翘曲指的是电路板在回流焊接等工艺中发生的形状变化。以下是导致电路板翘曲的一些原因和因素：

不平衡层：在电路板的设计过程中，如果不同层的材料分布不均匀，材料的热膨胀系数不匹配，就可能导致翘曲。例如，如果电路板的一侧有更多的铜箔或树脂材料，而另一侧则较少，就会在热膨胀过程中导致不均匀的热应力，从而引起翘曲，如图 1-19 所示。

图 1-19　翘曲的 PCB

焊接过程中的热膨胀：在回流焊接等高温工艺中，电路板暴露在高温环境中。不同材料具有不同的热膨胀系数，当电路板受热膨胀时，可能会导致不同部分的热膨胀不匹配，从而引起翘曲。

元件、散热器或屏蔽的重量：在电路板组装过程中，如果它们的重量不均匀分布或施加在不同位置上，也会导致电路板翘曲。加重的部分可能会在热膨胀过程中导致不均匀的热应力，从而引起翘曲。

为了减少电路板翘曲的风险，可以采取以下措施：

材料选择：选择具有相似热膨胀系数的材料，以减少热膨胀引起的应力不匹配。

层压结构优化：在电路板的设计过程中，优化层压结构，使不同层的材料尽可能均匀地分布，以减少不平衡层带来的翘曲问题。

控制焊接温度：在回流焊接等工艺中，控制焊接温度、时间和压力，以减少由于热膨胀引起的翘曲。

支撑结构设计：在设计电路板时，添加适当的支撑结构，如添加支撑片、增加板材的厚度，以增强电路板的机械稳定性。

质量控制和测试：进行严格的质量控制和测试，包括对电路板翘曲情况的监测和测量，以及对焊接过程中的温度和应力的模拟和分析。

通过以上措施，可以降低电路板翘曲的风险，确保电路板的性能和可靠性。

**4. 蠕变和蠕变断裂**

蠕变是指在恒定压力下，由于温度升高而引起的与时间有关的材料变形。蠕变断裂是由于蠕变引起的破坏现象。蠕变腐蚀指的是表面成型过程中产生的蠕变现象。根据 RoHS 指令，电子行业必须关注无铅表面成型。浸银是一种成本效益较高的选择，但可能更容易导致蠕变。ENIG（化学镀镍浸金）和 OSP（有机可焊性防腐剂）则具有较低的蠕变风险。

蠕变的发生是由于材料在高温下长时间受力后产生的塑性变形。在电子行业中，蠕变问题主要出现在焊接和表面成型过程中，如图 1-20 所示。在表面成型过程中，选择适当的表面成型方法对于避免蠕变腐蚀非常重要。虽然浸银是一种常用的表面成型方法，但它具有一定的蠕变风险。相比之下，ENIG 和 OSP 这两种方法具有较低的蠕变风险。

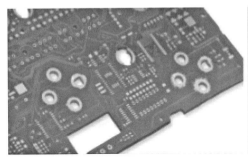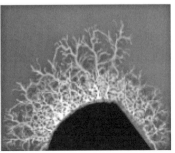

图 1-20　蠕变腐蚀

在恶劣的气氛或高温环境中，蠕变失效的风险会增加。蠕变失效会导致设备的性能下降甚至完全失效。因此，电子行业需要关注蠕变问题，并采取适当的措施来降低蠕变风险。

当前，研究人员正在致力于发展先进的无铅表面成型方法，以降低蠕变风险。这些新的表面成型方法旨在提供更好的材料性能和可靠性，同时满足环保要求。通过采用先进的无铅表面成型方法，可以减少蠕变失效的风险，并提高电子设备的可靠性和性能。

除了表面成型和无铅表面成型之外，还有一些其他的方法和措施可以降低蠕变风险和蠕变断裂的发生：

材料选择：选择具有较低蠕变倾向的材料。例如，一些高温合金具有较高的蠕变抗性，可以在高温环境下更好地抵抗蠕变变形。

设计优化：在电子设备的设计过程中，优化结构和组件布局，以减少受力集中和应力不均匀的情况。合理的结构设计可以分散应力，减少蠕变引起的变形和破坏。

温度控制：在使用电子设备时，控制设备的工作温度，避免长时间处于高温环境下。高温环境会加速材料的蠕变过程，增加蠕变断裂的风险。

加工和制造控制：在电子设备的制造过程中，控制加工工艺和参数，确保材料和组件之间的匹配性，减少蠕变引起的不匹配应力。

蠕变试验和模拟：进行蠕变试验和模拟，了解材料在高温和压力下的蠕变性能，预测和评估蠕变断裂的风险。这可以帮助人们制定合适的措施和方案来降低蠕变风险。

### 5. 疲劳断裂

疲劳是指材料在循环负荷作用下，由于应力集中和裂纹的产生，最终导致材料的断裂。在电路板（PCB）中，焊接疲劳是一种常见的故障，特别是在长时间的使用和循环负荷下。

焊接疲劳的根本原因是由于电路板中不同材料的线性热膨胀系数（CTE）不一致。CTE确定了材料在温度变化期间的收缩和膨胀率。当电路板中的元件材料的CTE不匹配时，温度变化会导致应力集中和应力不均匀分布，从而促进裂纹的产生和扩展。

为了减少焊接疲劳的风险，一种良好的做法是将具有相似CTE的元件组合在一起进行焊接。具体而言，将具有较低CTE的元件焊接到具有较低CTE的电路板上，将具有较高CTE的元件焊接到具有较高CTE的电路板上。这样可以减少电路板中的不匹配应力和应力集中，降低焊接疲劳的风险。

如果不遵循CTE匹配的原则，电路板中的焊料疲劳问题将会加剧。由于热效应和昼夜温度变化等因素的影响，不匹配的CTE将导致焊料在循环负荷下产生不均匀的应力，进而促进裂纹的产生和扩展，最终导致焊点或焊接区域的断裂。

为了解决焊接疲劳问题，可以采取以下措施：

1）材料选择：选择具有相似CTE的材料，以减少电路板中的CTE不匹配。

2）设计优化：在电路板的设计过程中，合理布局元件的位置和连接方式，以减少应力集中和应力不均匀分布的情况。

3）温度控制：控制电路板的使用温度范围，避免温度变化过大，从而减少电路板中的热膨胀和收缩差异。

4）焊接工艺控制：优化焊接工艺参数，确保焊接质量和可靠性，减少焊接疲劳的风险。

## 1.10.2 热故障

当元件暴露在超过其临界温度下时，可能会发生热故障。这些临界温度可以是材料的玻璃化转变温度（$T_g$）、熔点或闪点。其中，$T_g$ 是指材料从刚性状态转变为弹性状态的温度。

在电子设备中，基板的材料类型和特性决定了电路板的 $T_g$ 值。当电路板的工作温度超过其 $T_g$ 值时，就会导致热失效，进而导致元件的烧毁。

热失效可能导致以下问题：

1）热膨胀：当材料暴露在高温下时，它们会发生热膨胀。如果电路板的温度超过了其 $T_g$ 值，高温会导致电路板材料的膨胀，可能引起应力集中和损坏。

2）剥离和分离：高温还可能导致基板上的层之间的黏合剂失效，从而导致层的剥离和分离。这会影响电路板的性能和可靠性。

3）导电性能下降：一些材料在高温下可能会发生热分解或化学反应，导致导电性能下降。这可能导致电路板的功能受损或失效。

为了避免热失效，需要考虑以下措施：

1）材料选择：选择具有足够高 $T_g$ 值的基板材料，以确保它们能够在所需的工作温度下保持稳定性。

2）温度控制：在电子设备的设计和制造过程中，考虑到所需的工作温度范围，确保设备的工作温度不会超过电路板的 $T_g$ 值。

3）热管理：通过使用散热器、风扇和散热设计等方法，有效地管理设备的热量，确保温度保持在合适的范围内。

4）设计优化：在电路板的设计过程中，考虑到热传导和热分散，避免热点集中和热应力集中。

## 1.10.3 环境故障

环境故障是指由于外部环境因素引起的设备故障。这些环境因素可以包括异物、湿气、灰尘、电涌和受热等。

1）异物：当设备暴露在外部环境中时，可能会有各种异物进入设备内部，例如金属屑、杂质、灰尘等。这些异物可能会导致设备的短路、电路断路或堵塞风道等问题，进而导致设备故障。

2）湿气：湿气是环境故障的常见原因之一。当设备暴露在高湿度的环境中时，湿气可能会渗入设备内部，导致电路短路、电路板腐蚀、电气绝缘性能下降等问题。湿气还可能导致元件之间的绝缘破坏，进而引发设备故障。

3）灰尘：灰尘是另一个常见的环境故障源。当设备处于灰尘较多的环境中时，灰尘可能沉积在设备的散热部件、风道和插接器等位置，阻塞散热通道，导致设备过热，从而引发故障。

4）电涌：电涌是指突然的电压和电流的短暂增加。它可能是由雷电、电源系统故障、电源切换等原因引起的。电涌可能会瞬时超过设备的电压和电流承载能力，导致设备元件的击穿和损坏，甚至引发火灾。

5）受热：设备在长时间高温环境下运行可能导致受热故障。高温会导致电子元件的老化、电性能变差或失效。此外，高温还可能引起焊点松动、电路板膨胀和热应力等问题，最终导致设备故障。

为了减少环境故障的风险，可以采取以下措施：

1）设备密封防护：对设备进行密封防护，以防止异物、湿气和灰尘进入设备内部。

2）温湿度控制：对设备所处的环境进行温湿度控制，避免过高或过低的温度和湿度对设备造成影响。

3）过电流保护：安装过电流保护设备，如熔丝、断路器等，以防止电涌对设备造成损坏。

4）散热设计：合理设计散热系统，确保设备在高负荷运行时能够有效散热，避免过热引发故障。

5）定期维护：定期检查和清洁设备，确保设备处于良好的工作状态，防止环境因素对设备的损害。

## 1.10.4 电应力故障

电应力失效是电子设备中常见的故障类型，其原因包括静电放电（ESD）、表面击穿、介电失效、过电压和表面俘获等。

静电放电（Electrostatic Discharge，ESD）　静电放电是由于电荷的不平衡导致的短暂的高电压放电。当静电放电发生时，高能量的电荷可能会通过电子元件流动，引起元件的击穿和损坏。这种情况常见于电子元件的处理、制造和使用过程中，如人体静电放电对集成电路的影响。

表面击穿　表面击穿是指电子元件表面的绝缘材料在电场作用下发生击穿，导致电流过大而引起损坏。这可能是由于元件之间的电压差导致电场集中，或者是由于表面污垢、湿气或背景电离导致的。

介电失效　介电失效是指电子元件中的绝缘材料在电场或电压应力下失效。绝缘材料的介电强度可能会随着时间、温度和湿度的变化而降低，导致绝缘失效。这种失效可能会导致电流泄漏、绝缘破坏和元件故障。

过电压　过电压是指超过元件设计或规范限制的电压。过电压可能是瞬态的，如电源系统中的电涌或雷电引起的瞬态过电压；也可能是持续的，如设备工作在超过其额定电压的条件下。过电压可能导致元件的击穿和损坏，从而引起电应力失效。

表面俘获　表面俘获是指当电子元件表面存在捕获离子或杂质时，这些离子或杂质会对电子元件的电场分布和电性能产生影响。这可能导致电荷累积、电流泄漏、元件性能下降和故障。

为了避免电应力失效，可以采取以下措施：

静电放电防护：在处理、制造和使用电子元件时，采取静电防护措施，如使用防静电衣物、接地设备和防静电工作台等。

设备设计和制造：在设计和制造电子设备时，采用合适的绝缘材料和设计，以提高电子元件的耐电压能力和抗静电放电性能。

过电压保护：在电路中使用过电压保护元件，如移动式变阻器、电压稳压器和过电压保护电路等，以防止过电压对元件的损坏。

温湿度控制：对设备所处的环境进行温湿度控制，避免过高或过低的温度和湿度对电子元件的电性能产生负面影响。

**1. 静电放电**

ESD 可以导致极端的电应力，从而引发灾难性故障、永久性参数变化和隐藏损坏。高电流密度、高电场梯度和局部热形成等因素可能导致这种情况发生。当 PCB 元件与任何带电物体接触时，它们很容易受到 ESD 的影响。根据两者之间的电势和彼此之间的距离，当它们彼此靠近时，ESD 最有可能发生。

ESD 是指在两个带电物体之间发生的突然电荷放电。当两个物体之间存在电势差时，静电能量会被释放，形成高能量的电流。这种电流可能会通过电子元件流动，导致元件的击穿和损坏。

ESD 可能会导致以下问题：

灾难性故障：ESD 的高能量放电可能会导致元件的瞬时击穿，使元件完全失效。这种灾难性故障可能导致设备停机、数据丢失或系统崩溃等严重后果。

永久性参数变化：ESD 放电可能会导致元件内部结构的永久性损坏，使元件的性能参数发生变化。这可能会导致电流泄漏、电阻变化、电容变化等问题，进而影响设备的性能和可靠性。

隐藏损坏：ESD 放电可能会引起元件内部微弱的损伤，这些损伤不容易被察觉。然而，这些微小的损伤可能导致元件的逐渐损坏和性能下降，最终导致设备的故障。

为了防止 ESD 引发的问题，可以采取以下措施：

防静电措施：在处理和操作电子元件时，采取防静电措施，如穿戴防静电手套、使用防静电工作台和地线，确保电子元件处于相对接地状态，从而减少静电积累和放电。

ESD 保护元件：在电路设计中使用 ESD 保护元件，如 TVS 二极管、ESD 保护阵列等，以吸收和限制 ESD 放电的能量，保护后续电路免受损坏。

设备维护：定期检查和维护设备，确保所有连接和地线正常工作，防止电子元件受到不正确接地或损坏的影响。

培训和教育：对从事电子元件处理和操作的人员进行 ESD 防护的培训和教育，以提高他们的防护意识和技能，减少 ESD 的风险。

**2. 介电故障**

介电故障是指发生在两个导体之间的固体绝缘体内的电击穿现象。它通常与绝缘材料的刺破或分解有关。当绝缘材料暴露于高电压梯度时，它可能在某个点发生破裂或刺穿，如图 1-21 所示。材料的厚度和质量，以及环境的温度和湿度等因素会影响这种击穿的发生水平。

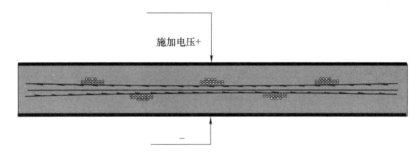

施加电压+

图 1-21　介电击穿

介电故障的发生通常包括以下过程：

绝缘材料中的电场集中：当两个导体之间存在电压差时，绝缘材料中的电场会被集中在一些局部区域。这些区域可能会受到额外的电压应力，导致电场强度增加。

绝缘材料的刺破或分解：在电场集中的区域，绝缘材料可能会受到过高的电场强度，超过其绝缘能力。这可能导致绝缘材料发生刺破或分解，形成一条导电通路。

电击穿：一旦绝缘材料发生刺破或分解，导电通路将使电流通过绝缘体。这就是电击穿现象，电流的流动可能会导致设备故障、损坏或短路。

绝缘材料的厚度和质量：绝缘材料的厚度和质量是决定介电击穿的重要因素。绝缘材料越薄，电场集中的可能性就越大，导致更容易发生击穿。此外，绝缘材料的质量和制造过程也会影响其绝缘性能。质量较差的绝缘材料可能有较高的缺陷率，导致更容易发生击穿。

环境因素：如温度和湿度，也会对介电击穿产生影响。高温和高湿度环境可能导致绝缘材料的性能降低，使其更容易发生击穿。

为了防止介电故障，可以采取以下措施：

选择合适的绝缘材料：根据设计要求选择经过验证的绝缘材料，确保其具有足够的绝缘能力和耐电击穿性能。

控制环境条件：确保设备所处的环境温度和湿度在适宜的范围内，以减少绝缘材料性能受到环境影响的可能性。

加强制造质量控制：通过优化制造过程、提高质量控制标准和检测技术，减少绝缘材料中的缺陷和不良。

增加绝缘材料的厚度：合理增加绝缘材料的厚度，以增加其绝缘能力和耐电击穿性能。

### 3. 导电阳极丝

在复合材料中，可能会形成导电阳极丝（Conductive Anodic Filament，CAF）。这种现象发生在板材的纤维间，当板材暴露于金属离子、水分和电势中时，金属会被注入暴露的表面，并在其中迁移，如图 1-22 所示。导致此类故障的原因可能包括玻璃树脂黏合不良和 PCB 钻孔损坏。

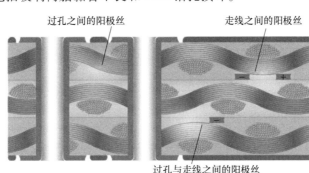

图 1-22　导电阳极丝（CAF）

在过孔电镀过程中，金属被注入板材暴露的表面。如果该表面存在缺陷，比如玻璃树脂黏合不良或 PCB 钻孔损坏，金属离子可能会在此处聚集并形成导电阳极丝。这些阳极丝可以导致电流在板材中流动，从而导致故障。

导电阳极丝的形成与复合材料中纤维和树脂的热膨胀差异有关。在焊接后，由于热膨胀系数不同，纤维和树脂之间的黏合可能会减弱。此外，使用无铅焊料需要更高的焊接温度，这可能会增加导电阳极丝形成的风险。

为了防止导电阳极丝的形成，可以采取以下措施：

优化黏合：确保复合材料中的纤维和树脂之间黏合良好，减少黏合弱点和缺陷。

控制钻孔过程：在 PCB 钻孔过程中，确保钻孔的质量和完整性，避免损坏板材。

控制焊接温度：对于无铅焊料，控制焊接温度在适当的范围内，以减少复合材料中纤维和树脂之间的热膨胀差异。

优化材料选择：选择具有较低热膨胀系数的复合材料，以减少纤维和树脂之间的热膨胀差异。

## 1.10.5 封装故障

封装是导致许多电子组件故障的原因之一。它起到了电子组件与环境之间的屏障作用。封装不仅要保护电子组件免受机械应力、化学腐蚀和湿度等环境影响，还要提供良好的热管理和电气连接。

以下是一些封装故障的常见原因：

热膨胀：由于温度变化，封装材料会发生热膨胀，导致机械应力。这可能会损坏封装材料，如导致裂纹或脱落。

腐蚀性化学品和湿度：某些化学品和湿度可能会腐蚀封装材料，特别是金属引脚和焊盘。这可能导致电气连接不良或引脚损坏。

热应力：过大的热应力会导致引脚键合（引线键合）应力过大，从而导致连接松动或引脚断裂。这可能会导致电气连接中断或封装破裂。

湿度和高温效应：湿度和随后的高温加热可能会导致封装材料内部产生裂纹，导致机械损坏。这可能会导致封装失效或电气连接中断。

键合线故障：在封装过程中，键合线可能会被切断或发生短路。这可能会导致电气连接中断或引起其他故障。

为了减少封装故障的发生，可以采取以下措施：

选择适当的封装材料：根据应用需求选择耐高温、耐腐蚀和抗湿度的封装材料。

控制温度和湿度：在封装过程中，控制温度和湿度，以避免材料受到过大的热应力和湿度影响。

优化设计：在封装设计中考虑材料的热膨胀系数，以减少热膨胀引起的机械应力。

加强封装工艺控制：通过优化封装工艺，如键合过程和封装材料的使用，减少键合线故障的可能性。

## 1.10.6 老化故障

老化故障是指由于元件的使用寿命超过其设计寿命而导致的故障。每个元件都有其使用寿命，经过一定的时间和使用条件，元件会经历机械疲劳、化学降解、热老化等过程，从而逐渐失去其原有的性能和功能。

在元件的生命周期中，其可用性通常会随着时间的推移而逐渐减少。在开始使用时，元件通常处于最佳状态，符合设计要求并具有良好的性能。然而，随着时间的推移，元件可能会受到环境、负载和使用条件的影响，逐渐发生磨损、腐蚀、疲劳等现象，从而导致性能下降和故障的可能性增加。

当元件的生产停止时，循环也会结束，元件进入到生命周期的终点，即所谓的 End-of-Life（EOL）阶段。在 EOL 阶段，由于生产停止，采购的元件可能已经过时，无法满足最新的性能规格和需求。此外，由于供应链中断和元件替代困难，可能会出现无法获得相同型号的元件的情况。这可能会导致系统失效或需要进行昂贵的维修和替换。

为了应对老化故障的问题，可以采取以下措施：

定期维护：定期对元件和设备进行维护和检查，及时发现和修复潜在的老化问题。

制定合理的使用寿命和维护计划：根据元件和设备的特性和使用条件，制定合理的使用寿命和维护计划，及时更换老化严重的元件。

选择可靠供应商：选择可靠和稳定的供应商，以确保元件的可靠性和持续供应。

考虑备件管理：对关键元件进行备件管理，确保在需要时能够及时获得替代元件。

更新技术规格：在采购元件时，更新技术规格和要求，确保获得符合最新要求的元件。

## 1.11 确定元件故障的方法

可以通过多次测试来识别缺陷。故障分析有助于了解故障及其预防，从而改进生产和装配过程。这里有几个重要的：

可焊性测试：可焊性测试用于评估元件的焊接性能以及与其他组件的连接质量。通过进行焊接试验和检测，可以确定元件在焊接过程中是否存在问题，如焊点缺陷、焊接强度不足等。可焊性测试可以帮助提前发现可能导致元件故障的焊接问题，并采取适当的措施进行改进。

污染测试：污染测试用于检测元件表面或内部的污染情况。污染物如灰尘、油污、水分等可能会对元件的性能和功能造成不良影响，甚至导致元件故障。通过进行污染测试，可以及时发现和清除元件表面或内部的污染物，确保元件的正常运行和可靠性。

微切片测试：微切片测试是一种通过对元件进行显微观察和切片分析来检测内部结构和缺陷的方法。通过制备和观察显微切片，可以了解元件的材料组织、晶粒结构、裂纹和缺陷等情况。显微切片测试可以帮助确定元件的质量和健康状态，及时发现可能导致故障的结构问题，并采取相应的措施进行修复或替换。

自动 X 射线检测（AXI）：自动 X 射线检测是一种非破坏性测试方法，通过使用 X 射线或伽马射线来检测元件内部的缺陷和故障。AXI 可以帮助检测焊接问题、电子元件连接问题、电路板内部的短路、断路、焊接质量等。通过自动化的 X 射线检测系统，可以高效地检测和定位元件内部的故障，快速进行修复和改进。

表面成像方法：表面成像方法是一种通过观察元件表面的图像和特征来确定元件故障的方法。常见的表面成像方法包括扫描电子显微镜（SEM）、红外热像仪、红外成像等。这些方法可以帮助检测元件表面的缺陷、损伤、磨损、腐蚀等问题。通过对元件表面的成像分析，可以了解元件的实际状态，并采取相应的措施进行修复和改进。

这些方法可以与多次测试和故障分析相结合，共同用于确定元件故障。通过综合应用这些方法，可以更全面地了解元件的质量和性能问题，及时采取措施预防故障，并改进生产和装配过程，提高元件的可靠性和性能。

## 1.11.1 可焊性测试

可焊性是指在适当条件下，焊料对金属或金属合金表面的润湿程度。在电路板制造过程中，可焊性问题常常导致组装困难。这些问题通常与氧化和阻焊层应用不当有关。为了减少这些故障，需要检查元件和焊盘的可焊性，以确保表面的可靠性，并帮助开发可靠的焊点。

可焊性测试通过重现焊料和材料之间的接触，评估焊料的强度和润湿质量。它确定了润湿力和从接触到润湿力形成的持续时间，并帮助确定故障的原因。可焊性测试的应用包括焊料和助焊剂的评估、电路板涂层评估和质量控制。

为了有效地利用可焊性测试，了解各种表面条件和测试方法的适当要求至关重要。这包括了解不同材料和焊料之间的相互作用，以及在不同环境条件下的可焊性性能。此外，还需要了解测试参数，如温度、压力和时间，以确保测试结果的准确性和可重复性。可焊性测试的实施包括：

焊料和助焊剂的评估：可焊性测试对于评估焊料和助焊剂的性能非常重要。它可以帮助确定焊料的润湿性和结合力，以及助焊剂的适应性和可靠性。通过测试不同焊料和助焊剂的可焊性，可以选择最合适的材料，以提高焊接质量和可靠性。

电路板涂层评估：电路板涂层对于焊接质量和可焊性至关重要。不正确的涂层应用可能导致焊料无法良好润湿，从而影响焊接质量。可焊性测试可以评估电路板涂层的性能，包括润湿性、附着力和耐久性。通过测试不同涂层的可焊性，可以选择最适合的涂层材料和应用方法。

质量控制：可焊性测试在焊接过程的质量控制中起着关键作用。通过对焊点进行可焊性测试，可以确保焊接过程中焊料的良好润湿和结合力。这有助于减少焊接缺陷和故障率，并提高焊接质量的一致性和可靠性。同时，可焊性测试还可以用于监测生产过程中的变化和不良趋势，从而及早发现和解决潜在问题。

通过进行可焊性测试，可以及早发现潜在的焊接问题，并采取相应的措施进行改进。这有助于提高生产效率、降低故障率，并确保焊接质量的一致性和可靠性。

可焊性测试的具体方法包括：

接触角测量：接触角是衡量焊料与基板表面润湿性的重要指标。通过测量焊料滴在基板上形成的接触角，可以评估焊料与基板的润湿性能。较小的接触角表示较好的润湿性能。

焊接试验：通过在实际焊接条件下进行试验，评估焊料与基板的结合力和润湿性能。可以使用不同焊接方法（如波峰焊、回流焊）进行试验，并根据焊点的外观和力学性能来评估焊接质量。

金属表面处理评估：金属表面的处理对焊接质量和可焊性有重要影响。通过评估不同的金属表面处理方法（如化学清洗、喷砂、电解抛光等），可以确定最适合的表面处理方法，以提高焊接的可靠性。

焊盘湿润性评估：焊盘的湿润性影响着焊料与焊盘之间的结合力。通过评估焊盘的表面形态、粗糙度和涂层质量，可以确定焊料在焊盘上的润湿性能。

除了上述方法，还可以使用一些仪器和设备来辅助可焊性测试，例如接触角测量仪、焊接测试设备和金属表面处理设备。

## 1.11.2 污染测试

污染会导致各种问题，例如腐蚀、金属化和降解，如图 1-23 所示。电路板在其生命周期内必须经历腐蚀性化学溶液。此类化学品包括蚀刻液、助焊剂、电解液等。使用这些化学品后需要进行清洁。

污染测试在电路板制造过程中是非常重要的，它可以帮助检测和评估样品中的离子污染物的数量。以下是对污染测试的展开：

腐蚀问题：离子污染物会导致电路板腐蚀，从而影响其性能和寿命。腐蚀可能会导致电路板表面的金属化，使其无法正常工作。通过污染测试，可以检测是否存在导致腐蚀的离子污染物，并采取适当的措施来减少腐蚀风险。

金属化问题：离子污染物还可能导致电路板表面的金属化，这会导致电路之间的短路或其他不良连接。金属化问题可能会导致电路板故障或性能下降。通过污染测试可以检测金属化相关的离子污染物，并采取适当的清洁措施来防止金属化问题的发生。

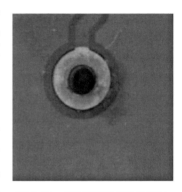

图 1-23　离子污染引起的腐蚀

降解问题：离子污染物还可能引起电路板材料的降解，使其失去原有的功能和性能。降解可能导致电路板的可靠性降低，从而影响整个电子设备的性能。通过污染测试，可以确定是否存在引起材料降解的离子污染物，并采取相应的措施来防止材料的降解。

污染测试的方法通常涉及将电路板浸入样品溶液中，以溶解可能存在的离子污染物。然后，通过与标准水平进行比较来分析污染的严重程度。此外，应注意清洁过程，以避免在清洁过程中引入新的污染物，从而增加故障的风险。

## 1.11.3　微切片测试

微切片测试，也被称为对横截面的测试，可以用于检查以下情况：

元件缺陷：微切片测试可以帮助检测电子组件中的缺陷，例如裂纹、气泡、杂质等。通过切割和制备横截面样品，可以清晰地观察和分析元件的内部结构，从而识别任何可能存在的缺陷。

短路或开路：微切片测试还可以用于检测电路板中的短路或开路问题。通过观察和分析横截面样品，可以确定是否存在导电路径中的异常或中断，从而识别短路或开路的存在。

热机械故障：微切片测试还可以用于检测由于热机械应力引起的故障。通过观察和分析横截面样品，可以识别任何可能存在的热机械应力导致的裂纹或变形。

回流焊处理失效：微切片测试可以用于评估回流焊处理的有效性。通过观察和分析横截面样品，可以检查焊接接头的润湿性、结合力和形状，以确定是否存在焊接失效或质量问题。

原料分析：微切片测试还可以用于进行原料分析。通过观察和分析横截面样品，可以确定电子组件和电路板中所使用的原料的类型和分布情况，以确保其符合要求。

在微切片测试中，首先将显示电路板特征的样品切割成二维切片，如图 1-24 所示，并将其固化在环氧树脂中。然后，使用磨损技术将元件移除并抛光，直到样品具有反射性。最后，将该样品与功能元件进行比较，以确定是否存在任何缺陷或问题。

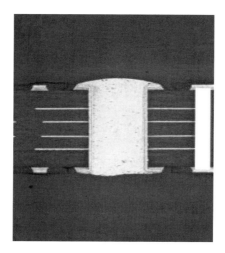

图 1-24  6 层横截面样品

## 1.11.4  自动 X 射线检测（AXI）

自动 X 射线检测（AXI）是一种用于检测 PCB 中隐藏缺陷的方法，特别适用于 IC 和 BGA 之类的组件。通过利用 X 射线的穿透能力，AXI 可以访问电路板内部的几何形状和结构组成，以检测各种错误和缺陷。

以下是 AXI 可以检测到的一些错误和缺陷：

焊接缺陷：AXI 可以检测焊接过程中的各种缺陷，如开路、短路、焊桥、焊料空隙、过量和不足的焊料等。通过分析 X 射线图像，可以确定焊料的质量和分布情况，帮助发现任何不良的焊接连接。

元件缺陷：AXI 还可以检测元件本身的缺陷，如引脚翘起、元件缺失和元件错位等。通过分析 X 射线图像，可以清晰地观察到元件的几何形状和位置，以确定是否存在任何缺陷或不正确的安装。

BGA 错误：AXI 对于检测 BGA（Ball Grid Array）错误也非常有效。

使用 AXI 进行自动化检测可以提高检测效率和准确性，同时减少人为因素的干扰。它可以快速扫描整个电路板，并提供详细的图像和分析结果，使操作者能够快速识别和解决任何问题。

因此，自动 X 射线检测（AXI）是一种非常有用的方法，可帮助检测和识别与 PCB 中的 IC 和 BGA 等组件相关的隐藏缺陷，如图 1-25 所示。它可以检测焊接缺陷、元件缺陷和 BGA 错误，有助于提高产品质量和可靠性。

图 1-25　使用 X 射线检查 BGA

## 1. 11. 5　表面成像方法

表面成像方法是一种常用的测试方法，用于检测与焊接和组装相关的问题。其中最流行的方法之一是光学显微镜或表面成像技术。这种技术以其高效和准确的特点而被广泛应用。

光学显微镜是一种使用可见光的高倍数显微镜。它具有小景深和单平面视图的特点，并可以将物体放大高达 1000 倍。通过使用光学显微镜，可以验证构造是否正确，这样可以暴露出导致应力的缺陷。

使用表面成像方法进行检测时，操作者通过显微镜观察目标物体的表面细节。他们可以检查焊接和组装过程中的各种问题，例如焊接缺陷、元件错位、引脚翘起等。通过放大显微镜，可以清晰地观察到细微的表面缺陷，并及时发现问题。

表面成像方法的优势在于，它可以提供高分辨率的图像，并且可以直接观察到目标物体的表面状态。这有助于快速识别和解决问题，以提高产品质量和可靠性。

然而，表面成像方法也有一些局限性。由于其小景深和单平面视图，只能观察到物体表面的一小部分。因此，在检测过程中需要移动显微镜或调整焦距，以便观察整个物体表面。此外，表面成像方法无法提供关于物体内部构造的信息，因此对于检测隐藏在焊接和组装下方的问题可能不够敏感。

除了光学显微镜或表面成像方法外，还有其他一些方法可以用于确定焊接和组装相关的故障。以下是一些常用的方法：

热成像：热成像技术使用红外热像仪，可以检测焊接和组装过程中的温度分布。通过观察热图，可以检测到焊点或元件的温度异常，从而发现焊接或组装过程中的问题。

红外检测：红外检测技术使用红外传感器，可以检测焊接和组装过程中的热量分布。通过检测热量的变化，可以发现焊点或元件的异常情况。

超声波检测：超声波检测技术使用超声波传感器，可以检测焊点或元件的声音反射。通过分析声音的变化，可以检测到焊接或组装过程中的问题，例如焊点的缺陷、材料的不均匀性等。

电子显微镜：电子显微镜是一种比光学显微镜具有更高分辨率的显微镜。它使用电子束而不是可见光来观察样品。通过使用电子显微镜，可以更详细地观察焊点或元件的表面和内部结构，以便检测到更微小的问题。

这些方法可以根据具体问题的性质和需求选择使用。它们可以提供更全面和准确的故障检测和分析，帮助改进焊接和组装过程，提高产品质量和可靠性。

# 第 2 章

# 元 件 选 型

产品或系统的失效可能源自多种原因，其中一个原因是元件的失效。当设计中使用不当、损坏或有缺陷的元件时，元件很容易发生失效。因此，元件选型是设计工程师进行鲁棒性设计的一个基本过程。

元件选型的目标是选择最适合产品或系统需求的元件，以确保其性能、可靠性和安全性。元件选型过程需要认真分析产品或系统的需求，并参考元件制造商的技术手册、数据表以及相关的设计指南。此外，与供应商和专业工程师合作，获取他们的建议和经验也是很重要的。通过合理的元件选型，可以提高产品或系统的鲁棒性，降低失效风险，提供更好的用户体验。

大部分元件选型工作是在产品生命周期的概念/规划阶段完成的。当然，有些部分是在开发阶段后期或之后选择的，但同样的选择过程应该仍然适用。该过程提供了功能、成本、可制造性和鲁棒性之间的平衡。

根据用户的特定产品、技术和市场，其他元件选型注意事项也可能适用。

 **2.1** **元件选型过程**

元件选择的目标是在设计中选择和使用健壮的元件，使设计能够满足客户的鲁棒性需求，并控制元件以确保产品固有的鲁棒性设计不会受到损害。在元件选择过程中，以下是几个重要的要素：

1）建立首选元件清单：这是一个包含批准的供应商和元件的清单，包括经过充分评估和验证、已被认可为可靠和适于使用的元件。这个清单可以作为选择元件的参考和指导，以确保选用的元件具备良好的可用性和性能。

2）管理元件控制程序：这是为了鼓励复用现有元件并限制使用新元件而建立的一套程序。通过管理元件控制程序，可以促使工程师在设计时优先考虑已有的健壮元件，以提高设计的稳定性和鲁棒性。这也有助于降低供应链管理方面的风险,因为使用已有的元件可以更好地掌控供应链和鲁棒性。

3)进行新的元件及其供应商评估计划:这是为了充分考虑长期供应链关系的所有要素,包括供应商的能力、鲁棒性、质量控制和供应稳定性等。通过对新元件和供应商的评估计划,可以确保选择到的新元件能够满足产品的要求,并建立良好的长期供应链合作关系。

## 2.2 元件选型过程不佳的潜在问题

在元件选择过程中,如果没有进行积极和系统地评估和选择,可能会导致以下潜在问题:

1)元件成本增加风险:如果没有对市场上可用的元件进行充分的调研和比较,可能会选择到成本较高的元件,超出预算限制或者导致产品成本增加。

2)元件可用性风险:如果选择了市场上稀缺或供应不稳定的元件,可能会导致供应链中断、生产延误或产品无法按时交付。

3)元件不兼容风险:未对新元件与现有系统、工艺或供应链的兼容性进行充分的评估,可能导致生产中的问题、性能下降或者无法满足设计要求。

4)元件未知失效机制风险:没有对元件的鲁棒性、失效机制和性能进行充分的了解和评估,可能导致无法预测的故障和性能问题。

此外,供应商的能力也是选择元件时需要考虑的因素。供应商是否具有生产元件的能力,以及能否控制元件的成本、质量和供应稳定性等,都会对选择元件的风险产生影响。

为了避免这些问题,以下是一些建议的做法。

1)元件评估和比较:对市场上可用的元件进行充分的调研和评估,包括成本、鲁棒性、兼容性和供应稳定性等方面的考虑。

2)供应链管理:与供应商建立合作关系,并对供应商的能力进行评估,包括其生产能力、质量控制系统和供应链管理能力等。

3)鲁棒性评估:对元件的鲁棒性、失效机制和性能进行充分的了解和评估,以确保选择到的元件能够满足产品的要求。

4)风险管理:识别和评估潜在的风险,并采取适当的措施来降低这些风险的影响,例如备用元件的选择或供应链多样化等。

选择元件时如果没有进行主动和系统的评估和选择,可能会面临成本增加、元件不可用、不兼容和未知失效机制等风险。因此,通过充分的调研、评估和风险管理,可以降低这些风险,并选择到适合的元件,以确保项目的成功和鲁棒性。

### 2.2.1　成本风险

选择不在首选元件列表中的元件可能会带来一定的成本风险。这些风险包括以下几个方面：

1）成本差异：首选元件通常是经过价格竞争和谈判得到的最优价格。选择其他元件可能导致更高的采购成本，因为这些元件可能没有获得相同的优惠价格。

2）供应链风险：首选元件通常来自可靠的供应商，具有良好的供应链关系。选择其他元件可能会导致供应链不稳定，可能出现供应中断、交货延迟或供应商不可靠等问题。

3）供应量限制：某些元件可能存在供应量限制，特别是对于非首选元件，供应商可能无法满足大量的需求。这可能会导致生产延误或需要寻找其他供应商，增加了采购和管理的成本。

4）质量和可靠性问题：非首选元件可能存在质量和可靠性方面的风险。它们可能没有经过充分的测试和验证，或者来自不够可靠的供应商。这可能导致产品在使用过程中出现故障、损坏或不可靠的情况，增加了维修和保修的成本。

此外，选择其他元件还可能导致与运输、检查、仓储和库存相关的额外成本。某些元件可能需要特殊的运输和储存条件，或者需要额外的检查和测试，这可能增加了元件的有效成本。此外，选择其他元件可能导致库存量的增加，进一步增加了库存管理和存储成本。

因此，在选择非首选元件时，需要全面评估与之相关的成本风险，并权衡其对整体项目成本和时间计划的影响。

### 2.2.2　可用性风险

可用性风险是在元件选择和供应链管理过程中需要考虑的一个重要方面。以下是一些与可用性风险相关的具体情况：

1）交货期和保质期：选择具有较长交货期或较短保质期的元件可能会限制其可用性。如果某个元件的交货期较长，可能会导致产品组装延迟。而选择保质期短的元件可能会导致元件在使用前过期。这都会对产品的可用性产生负面影响。

2）生命周期管理：元件有其生命周期，这意味着它们可能会在某个时间点停产或过时。选择即将过时或即将停产的元件可能会导致后续难以获取相同型号的元件，从而限制产品的可用性。因此，需要进行仔细的生命周期管理，并选择具有较长供应时间的元件。

3）多供应商策略：为了降低可用性风险，许多供应链经理更倾向于选择可以从多个供应商获得的元件。这意味着如果一个供应商无法提供所需的元件，可以从其他供应商处获取。这种策略可以提高元件的可用性，减少停产或供应中断的风险。

4）供应商稳定性：选择与稳定可靠的供应商合作也是降低可用性风险的重要因素。如果一个供应商因任何原因倒闭或丧失生产能力，将无法继续提供所需的元件，从而导致供应中断。因此，评估供应商的财务稳定性和供应能力非常重要。

5）市场压力：随着时间的推移，市场对元件的需求可能发生变化。选择具有成本限制且要提高元件质量的元件可能会受到市场压力。因此，需要密切关注市场动态，并在元件选择和供应链管理中考虑这些因素。

## 2.2.3 不兼容风险

不兼容风险是在元件选择和系统集成过程中需要考虑的一个重要方面。以下是与不兼容风险相关的具体情况：

1）元件相容性：所选元件必须相互兼容并能够在产品中正常工作。这意味着它们应该符合设计的功能要求，并且在产品组装和维护过程中不会损坏其他元件。例如，元件之间的电气特性、尺寸和连接方式等应相互匹配和兼容。

2）电磁兼容性：某些元件可能会产生电磁辐射或受到电磁干扰。选择不兼容的元件可能会导致电磁干扰问题，影响产品的性能、可靠性和合规性。因此，需要在选择元件时考虑其电磁兼容性，确保元件之间的电磁相容性。

3）处理和组装技术：某些元件可能需要独特或昂贵的处理或组装技术才能添加到现有的制造、运输或存储系统中。选择此类元件可能会增加制造过程中的复杂性和成本，并可能需要特殊的设备或专业人员进行操作。因此，需要权衡特定收益与相关成本和复杂性之间的平衡，确保选择的元件与现有系统相容并且可行。

4）可靠性和维护性：元件的可靠性和维护性也是不兼容风险的考虑因素。选择不兼容的元件可能导致产品在使用过程中更容易发生故障，增加维修和保养的成本和工作量。因此，需要选择可靠性高且易于维护的元件，以降低不兼容风险。

## 2.2.4 未知失效风险

未知失效风险是在元件选择和系统集成过程中需要考虑的一个重要方面。以下是与未知失效风险相关的具体情况：

1）元件特性不熟悉：选择独特或非标准的元件可能会增加装配错误的风

险。由于对这些元件的特性不熟悉，可能会出现配件不匹配、连接错误或其他装配问题。这可能导致产品的性能、可靠性和合规性受到影响，增加产品故障的风险。

2）非标准元件的装配复杂性和成本：选择非标准的元件可能会限制或显著增加装配自动化流程的复杂性和成本。非标准元件可能需要特殊的装配工艺、设备或技术，这可能增加装配过程的复杂性，并且可能需要额外的人工操作。这会增加装配的时间和成本，并可能降低装配的效率。

3）可靠性和故障率：由于对非标准元件的特性不熟悉，可能无法准确评估其可靠性和故障率。这增加了产品在使用过程中出现未知故障的风险。此外，由于非标准元件可能没有经过广泛的测试和验证，其质量和可靠性也可能存在未知的风险。

4）供应链和维修问题：选择非标准元件可能会导致供应链和维修问题。非标准元件可能在市场上供应有限，或者可能需要特定的供应商进行采购。这可能会导致供应中断或延迟，并增加维修和维护的困难。另外，如果非标准元件在维修过程中需要更换，可能会遇到更大的困难或承担更高的成本。

 **2.3 元件选型对鲁棒性的影响**

了解元件在客户使用时与产品配合使用的最佳方法是监控现场失效原因。通过观察和分析现场失效原因，可以获得元件在实际使用环境中的性能和鲁棒性信息。然而，这种方法存在一定的风险，因为它允许客户首先验证产品是否正常工作。如果出现元件失效的情况，将会对客户的体验和产品声誉产生负面影响。

因此，在元件选择过程中，应该优先考虑鲁棒性因素，以最大限度地降低现场失效的风险。以下是一些鲁棒性考虑的因素：

1）元件的质量和可靠性历史：了解供应商的质量管理体系、过往的鲁棒性记录以及元件的历史性能是非常重要的。选择具有良好鲁棒性记录的供应商和元件，可以降低元件失效的概率。

2）元件的设计和制造质量：元件的设计和制造质量对其鲁棒性有着关键影响。应该选择经过充分设计和验证的元件，并确保供应商具有良好的制造过程和质量控制措施。

3）元件的环境适应性：不同的产品使用环境会对元件的鲁棒性产生影响。因此，在选择元件时，应该考虑产品的使用环境因素，如温度、湿度、压力等，并选择具有适应性的元件。

4）元件的可替代性和供应链稳健性：在选择元件时，应该考虑其可替代性和供应链的鲁棒性。如果选择的元件存在供应链问题或难以替代，那么一旦出现失效，可能会对产品的鲁棒性和维修造成不利影响。

在元件选择过程中，考虑元件的质量、可靠性历史、设计和制造质量、环境适应性以及可替代性和供应链稳健性等因素，可以最大限度地降低现场失效的风险，提高产品的鲁棒性和用户满意度。

在为新设计选择元件时，使用具有长期成功现场性能的标准元件可以限制鲁棒性风险的范围。这意味着选择那些在实际使用环境中已经被证明具有良好鲁棒性的元件，可以减少出现故障的可能性。这种做法可以借鉴过去的成功案例，降低新设计的鲁棒性风险。

然而，除了使用标准元件外，还需要关注新设计中可能影响元件鲁棒性的一些新方面。这些方面可能包括增加的占空比、增加的使用应力或负荷，以及与系统其他组件的不同交互。在考虑这些因素时，设计师应该评估其对元件性能和寿命的潜在影响，并采取相应的措施来确保鲁棒性。

其他影响元件鲁棒性的因素包括：

1）随时间推移的功能性能：元件的性能可能会随着时间的推移而退化、磨损、漂移等。设计师应该考虑这些功能性能的变化，并在设计中采取相应的纠正措施，以确保元件在其设计寿命内保持良好的鲁棒性。

2）环境范围：元件应该在预期的气候范围和使用条件下具有鲁棒性。设计师应该考虑和评估元件在不同环境条件下的性能，并选择能够适应这些条件的元件。

3）质量：元件的质量在很大程度上取决于供应商的过程稳定性和能力。设计师应该选择可靠的供应商，并与他们建立良好的合作关系，以确保元件的质量在时间推移中得到保持和改进。

4）技术：设计师应该预先预测元件可能的失效模式和失效时间。这有助于他们采取相应的措施来提高元件的鲁棒性，例如引入冗余设计或提供备用元件。

5）供应链影响：供应商的供应链问题可能会对元件的质量和技术产生影响。设计师应该关注供应商的供应链稳定性，并定期评估供应商的质量和技术能力。

为了确保新设计的鲁棒性，除了选择具有长期成功现场性能的标准元件外，还需要考虑设计中的新方面，并评估其对元件鲁棒性的潜在影响。同时，需要关注随时间推移的功能性能、环境范围、质量、技术和供应链影响等因素，并采取相应的措施来降低鲁棒性风险。这样可以确保产品在使用过程中具有良好的鲁棒性和性能。

## 2.4 新元件会为可靠的产品性能带来一系列风险

一般来说，任何新事物（新技术、新材料、新工厂、新生产线、新过程等）都应该让鲁棒性设计师提出更多问题。新事物本身并不坏，它确实会增加不确定性和非预期现场失效的风险。

在元件选型过程中与设计工程师密切合作，使研究人员能够在产品生命周期的早期识别且努力充分理解并最大限度地减少任何鲁棒性风险。选择元件是一个复杂的过程，做得好（包括所有利益相关者的考虑）确实可以降低成本、提高装配能力和客户满意度。

以下是一些常见的风险：

1）非鲁棒性（Non-robustness）：新元件可能存在设计缺陷、制造缺陷或材料问题，导致其在实际使用中出现鲁棒性不佳或提前失效的情况。

2）兼容性问题：新元件可能与现有的系统、工艺或供应链环境不兼容，导致生产中的问题或性能下降。

3）可追溯性：新元件的可追溯性可能不足，难以追踪其供应链和历史记录，增加了故障排查和质量问题的难度。

4）可获得性：新元件可能在市场上供应不稳定，出现供应链中断或短缺，导致生产中断。

5）可操作性：新元件可能具有新的特性或操作要求，需要额外的培训和操作指导，否则可能会导致误操作和故障。

为了降低这些风险，以下是一些建议的做法：

1）提前进行鲁棒性评估：在引入新元件之前，进行充分的鲁棒性评估，包括技术规格的评估、鲁棒性测试、鲁棒性模型和鲁棒性分析等。

2）密切合作：鲁棒性设计师应与设计工程师和供应商密切合作，确保对新元件的理解和评估，并共同解决可能的鲁棒性问题。

3）供应链管理：确保对新元件的供应链进行充分的调查和审核，包括供应商的鲁棒性记录、质量控制系统和可追溯性。

4）测试和验证：在实际生产之前，进行充分的测试和验证，以确保新元件在实际使用中的鲁棒性和性能。

5）记录和追踪：建立良好的记录和追踪系统，以便能够追踪新元件的历史记录和供应链信息，并随时更新。

总结而言，引入新元件确实会带来一系列的鲁棒性风险，但通过充分的评估、密切合作和测试验证等措施，可以最大限度地减少这些风险，并确保产品的鲁棒性和性能。

## 2.5　元件选型方法

元件选型是电子产品开发过程中非常重要的环节。在设计阶段，正确选择适合的元件，并进行鲁棒性设计，可以提高产品的可靠性、稳定性和性能。在元件选型过程中，需要考虑以下几个方面：

1）确定功能需求：首先，明确产品或电路的功能需求，包括所需的输入输出信号、电流电压范围、频率特性等。这将有助于缩小元件的选择范围。

2）查找参数手册：浏览元件制造商的参数手册或官方网站，了解各种元件的规格和性能参数。这包括元件的工作电压、功率、频率响应、容量、电源电压、温度等。

3）比较性能参数：对于同一类型的元件，比较它们的性能参数，如增益、静态电流、带宽、容量、温度系数等。这有助于确定哪个元件更适合满足产品的需求。

4）考虑可靠性：注意元件的可靠性和质量。查看元件的寿命、温度特性、失效率等参数，并选择可靠性较高的产品。

5）参考电路：在元件制造商的手册中，通常会提供一些典型的应用电路示例。参考这些样本电路可以帮助确定适合的元件。

6）与供应商沟通：如果对某个元件有疑问或需要更多信息，可以与元件供应商联系并咨询。供应商通常可以提供更详细的技术支持和建议。

7）考虑成本：最后，考虑元件的成本。根据预算和项目需求，综合性能和成本因素，选取最合适的元件。

需要注意的是，选型过程中应综合考虑多个因素，并根据具体应用需求进行选择。此外，经验和专业知识也是选型的重要参考依据。在实际选型中，可能需要多次尝试和测试，以找到最适合的元件。

元件选型的目标是确保产品在各种条件下都能正常工作，并提高产品的可靠性和稳定性。因此，在设计过程中，需要充分了解元件的特性，选择合适的元件，并考虑各种环境因素和异常情况，以确保产品的性能和可靠性。

## 2.6　电阻器选型

电阻器是一种被动元件，用于限制电流的流量并产生电压降。它的主要作用是提供一个特定的电阻值，用于调节电路中的电流和电压。电阻器的结构非常简单，通常由一个电阻元件（如碳膜电阻、金属膜电阻、金属氧化物电阻等）和两个电极组成。电阻元件的材料、长度、横截面面积以及温度决定了电阻器的电阻值。当电流经过电阻器时，根据欧姆定律，电阻器会产生电阻损耗，将电能转化为热能。

根据电阻器的电阻值，可以将它们分为固定电阻器和可变电阻器。

固定电阻器：固定电阻器的电阻值是固定不变的。它们通常有一个明确的电阻值，如 $10\Omega$、$100\Omega$ 等，可以通过颜色环标记或电阻值标记进行识别。固定电阻器常用于电路中的稳定电阻、电流限制、电压分压和电路保护等应用。

可变电阻器：变阻器也称为可调电阻器或电位器，它们允许用户通过旋转或滑动电阻器的触头来调节电阻值。可变电阻器通常由电阻材料、引线、调节结构、外壳和连接端子组成。可变电阻器常用于电路调试、音量控制、亮度调节和传感器校准等应用。

电阻器的参数还包括功率和精度。功率表示电阻器可以承受的最大功率，通常以瓦特（W）为单位。精度指电阻器的实际电阻值与标称值之间的差异程度，通常以百分比表示。

除了上述常见的电阻器类型，还有一些特殊类型的电阻器，如温度敏感（温敏）电阻器、光敏电阻器、热敏电阻器等，如图 2-1 所示，它们在特定应用中具有特殊的特性和功能。

## 2.6.1　电阻器选型考虑因素

电阻器是电子组件中常见的元件，用于限制电流、分压、调节电路的阻抗等。在设计和选择电阻器时，需要考虑以下几个因素：

电阻值：根据电路的需求和要求，选择适当的电阻值。电阻值通常以欧姆（$\Omega$）为单位表示。

额定功率值：根据电路中的功率要求，选择能够承受电路功率的电阻器。确保选用的电阻器额定功率值不小于电路中的最大功率。

精度：对于需要高精度的应用，选择具有合适精度的电阻器。精度通常以百分比或部分百分比来表示，如 1%、2%、5%等。

温度特性：根据应用的工作温度范围，选择具有适当温度特性的电阻器。温度系数是衡量电阻器随温度变化的性能。

封装类型：根据电路板的布局和空间限制，选择适当尺寸和封装类型的电阻器。常见的封装类型包括贴片、插件、轴向和端面安装等。

噪声特性：对于噪声敏感的应用，选择具有低噪声特性的电阻器。噪声通常以 dB 或 $nV/\sqrt{Hz}$ 来表示。

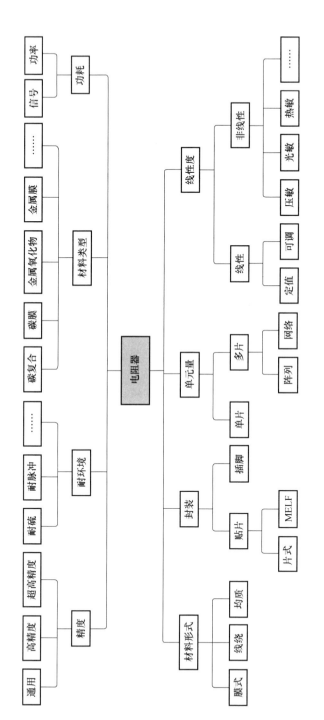

图 2-1 电阻器类型

鲁棒性和寿命评估：查看电阻器的负荷寿命评级和鲁棒性数据，确保其能够满足应用的寿命要求。

供应商选择：根据稳健性、性能、价格和供应链等因素，选择合适的电阻器供应商。

## 2.6.2　电阻器选型步骤

电阻器选型的过程涉及多个方面，包括应用需求、电阻值、功率需求、温度特性、尺寸、噪声特性、鲁棒性和供应链等。根据这些因素，选择适合应用需求的电阻器，确保其能够满足性能、稳定性和寿命要求。同时，与可靠的供应商合作，确保能够稳定供应所需的电阻器。电阻器选型的一般步骤如下：

确定应用需求：首先要明确电阻器在应用中的具体功能和要求。确定需要的电阻值范围、功率需求、温度范围等。

电阻值选择：根据电路的需求和要求，选择适当的电阻值。考虑电路的阻抗、电流和电压，选择能够提供所需电阻值的电阻器。

功率需求选择：根据电路中的功率要求，选择能够承受电路功率的电阻器。确保选用的电阻器额定功率值不小于电路中的最大功率。

阻值稳定性选择：根据应用对电阻值稳定性的要求，选择具有合适精度的电阻器。精度通常以百分比或部分百分比来表示。

温度特性选择：根据应用的工作温度范围，选择具有适当温度特性的电阻器。温度系数是衡量电阻器随温度变化的性能。

尺寸和封装选择：根据电路板的布局和空间限制，选择适当尺寸和封装类型的电阻器。常见的封装类型包括贴片、插件、轴向和端面安装等。

噪声特性选择：对于噪声敏感的应用，选择具有低噪声特性的电阻器。噪声通常以 dB 或 $nV/\sqrt{Hz}$ 来表示。

鲁棒性和寿命评估：查看电阻器的负荷寿命评级和鲁棒性数据，确保其能够满足应用的寿命要求。

供应商选择：根据稳健性、性能、价格和供应链等因素，选择合适的电阻器供应商。

## 2.6.3　电阻器设计准则

设计电阻器时需要综合考虑功耗、温度、类型、材料、尺寸、阻值、精度、布局、散热、安装等因素，以确保电阻器在特定应用中能够正常工作，并满足设计要求。

电阻器选型准则如下：

1）电阻器的故障通常是由于电路的功率过大、环境温度过高或者应用中的脉冲超过功耗所引起的。

2）所有薄膜电阻器以及其他类型的电阻器，在较小程度上，都具有处理高峰值功率脉冲的能力，即使平均功耗可能在额定值之内。请参考制造商的数据手册，了解峰值功率与时间和脉冲宽度的关系。如果预计会有高脉冲功率，那么固体元素组成、陶瓷碳或线绕电阻器可能更合适。

3）导电膜电阻器通过在膜上切割螺旋槽纹来修整到最终值，如图 2-2 所示。在高电压应用中使用的高阻值电阻器会面临一些鲁棒性问题：螺旋槽圈数过多导致元素宽度非常狭窄，出现热点问题；切割螺旋槽非常狭窄导致电压场强度很高，在螺旋之间会出现电离现象。

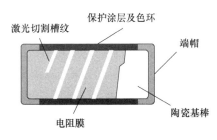

图 2-2　修调电阻

4）片式膜电阻器通过切割或连续切割电阻器来修整。过度修整会导致狭窄的部分成为热点，如图 2-3 所示。

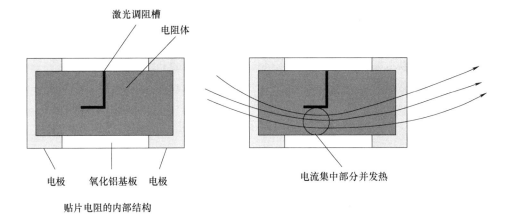

图 2-3　修调电阻的热点

5）金属膜电阻器优于碳电阻器。

6）对于功耗大于 2W 的情况，建议使用线绕电阻器。

7）尽可能避免使用电位器，因为在制造中需要可调性，鲁棒性较低。当电位器的两个端子通常连接用于电位器操作时，变化效果可能很小，不会影响鲁棒性。对于低阻值调节，必须满足元件的额定值。

8）如果必要，应考虑使用低电感或无电感电阻器，如图 2-4 所示。

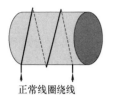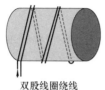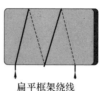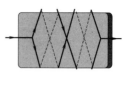

| 正常线圈绕线 | 双股线圈绕线 | 扁平框架绕线 | 亚尔登绕线 |

图 2-4  低电感和无电感电阻器

9）遵循电阻器安装的准则。

10）任何电阻器由于线路瞬变、安全测试等造成的最大应力不应超过制造商的"最大过载电压"或等效规格。

11）用于浪涌限流的热敏电阻器具有在充电大容量电容器时吸收单个功率脉冲的特定能力，特别是在电源中。

12）变阻器用于旁路稳压器和瞬态保护：

旁路稳压器：工作电压受功耗限制。

瞬态保护：工作电压受正常电压范围内的功耗限制以及瞬态的能量限制。

13）选择适当的电阻器类型和材料，根据应用需求和环境条件来确定。不同类型的电阻器具有不同的特性和能力。

14）对于大功率应用，应选择能够承受高功耗的电阻器，避免过度热量产生，导致电阻器故障或性能下降。

15）考虑电阻器的温度系数，以确保在不同温度下的精度和稳定性。

16）考虑电阻器的尺寸和封装形式，确保能够适应设计空间和安装要求。

17）考虑电阻器的阻值范围和精度等级，根据应用需求选择合适的规格。

18）在布线和布局时，应遵循电阻器的布置准则，避免电阻器之间相互干扰或与其他元件之间产生干扰。

19）当涉及高压电路或高电流应用时，需要选择能够承受相应电压和电流的电阻器，以确保安全性和鲁棒性。

20）注意电阻器的功耗和散热特性，特别是在高功率应用中，需要适当的散热措施来保持电阻器的温度在可接受范围内。

21）遵循制造商提供的电阻器使用和安装指南，以确保正确的操作和长期鲁棒性。

22）考虑电阻器的耐久性和寿命，选择具有较长寿命和稳定性好的电阻器。这可以通过查阅制造商的数据手册来了解电阻器的寿命和鲁棒性指标。

23）对于精密测量或校准应用，选择具有较低温度系数和较高精度的电阻器，以确保测量结果的准确性和稳定性。

24）对于高频应用，需要选择具有较小电感和较高频率响应的电阻器，以避免信号失真和干扰。

25）考虑电阻器的温度特性，尤其是在极端温度条件下的应用。选择具有较低温度系数的电阻器，以确保在不同温度下的稳定性和鲁棒性。

26）考虑电阻器的价格和供应可靠性，选择具有合理价格并且能够在市场上稳定供应的电阻器。

27）对于高精度要求的应用，可以考虑使用调零电阻器或精密电阻器网络，以提高整体系统的准确性。

28）在设计过程中进行电阻器的热分析，以确保电阻器不会超过其额定温度，并采取适当的散热措施。

29）在选择电阻器时，应了解其温度、湿度和振动等环境条件的影响，以确保电阻器能够在不同的工作环境下正常运行。

## 2.7　电容器选型

每种电容器样式均由不同的材料制成，并包含在不同的封装样式中，以赋予其独特的功能特性。本节中的电容器按其技术类别划分，如图 2-5 所示。

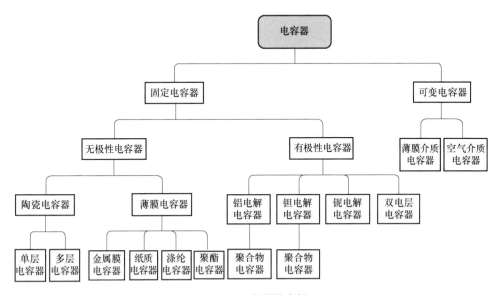

图 2-5　电容器技术树

在选择电容器类型时，频率特性尤为重要。由于电介质的性质和其他结构特征，所有电容器都有频率限制。图 2-6 以图形方式分解了电容器的频率特性。

电容器的频率范围是最难描述的，因为有效电容涉及额定电压、外壳尺寸、标称电容值和工作频率之间的复杂关系。在脉冲和能量存储条件下的交流和操作增加了进一步的复杂性。

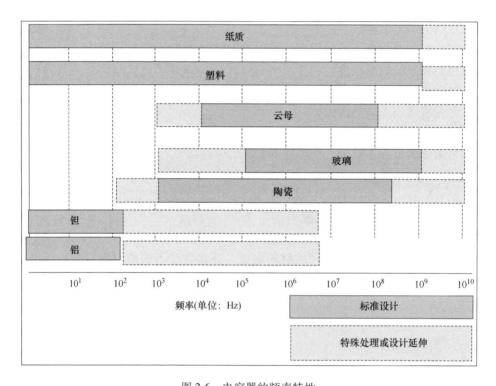

图 2-6　电容器的频率特性

除了额定电压外，还必须考虑散热。热量是由等效串联电阻（ESR）、介电损耗以及在较小程度上由引线连接到电容器元件的损耗产生的。

电容器设计和选择的要点包括容量值、电压额定值、精度、介质类型、封装类型、工作温度范围、ESR 等。根据这些因素，选择适合应用需求的电容器，确保其能够满足性能、稳定性和寿命要求。同时，与可靠的供应商合作，确保能够稳定供应所需的电容器。

## 2.7.1　电容器选型考虑因素

电容器是电子组件中常见的元件，用于存储和释放电荷，以及在电路中提供容性负载。在设计和选择电容器时，需要考虑以下几个因素：

容量值：根据电路的需求和要求，选择适当的容量值。电容器的容量基本单位为法拉（F），常用的单位为皮法（pF）和微法（μF）。

电压额定值：根据电路中的电压要求，选择能够承受电路电压的电容器。确保选用的电容器电压额定值不小于电路中的最高电压。

精度：对于需要高精度的应用，选择具有合适的高精度的电容器。精度通常以百分比或部分百分比来表示，如1%、5%等。

介质类型：根据应用的要求，选择适合的介质类型。常见的介质类型有陶瓷、铝电解、钽电解和聚合物电解等。

封装类型：根据电路板的布局和空间限制，选择适当尺寸和封装类型的电容器。常见的封装类型包括贴片、插件、轴向和端面安装等。

工作温度范围：根据应用的工作温度范围，选择具有适当温度特性的电容器。温度特性是衡量电容器随温度变化的性能。

ESR（等效串联电阻）：对于高频应用或需要低ESR的应用，选择具有低ESR特性的电容器。ESR对电容器在电路中的效果和响应速度起着重要作用。

供应商选择：根据稳健性、性能、价格和供应链等因素，选择合适的电容器供应商。

### 2.7.2 电容器选型步骤

电容器选型的一般步骤如下：

确定应用需求：首先要明确电容器在应用中的具体功能和要求，例如需要滤波、耦合、存储能量等。

电容值选择：根据应用需求确定所需的电容值范围。考虑电路的频率范围、信号幅值和稳定性要求，选择适当的电容值。

额定电压选择：根据电路的工作电压范围和稳定性要求，选择能够承受电路电压的适当额定电压。

电容器类型选择：根据应用需求和性能要求，选择适当的电容器类型。常见的类型包括电解电容器、陶瓷电容器、聚合物电容器等。

尺寸和封装选择：考虑电容器的尺寸和封装类型，确保其能够适应电路板的布局和空间限制。

温度特性选择：根据应用的工作温度范围，选择具有适当温度特性的电容器。温度特性包括温度系数和工作温度范围。

ESR和ESL考虑：对于高频应用或对电容器的响应速度和损耗有要求的应用，考虑电容器的ESR（等效串联电阻）和ESL（等效串联电感）。

鲁棒性和寿命评估：查看电容器的负荷寿命评级和鲁棒性数据，确保其能够满足应用的寿命要求。

供应商选择：根据稳健性、性能、价格和供应链等因素，选择合适的电容器供应商。

### 2.7.3　电容器设计准则

设计电容器时需要综合考虑电容值、温度、介质类型、材料、尺寸、精度、布局、散热、安装等因素，以确保电容器在特定应用中能够正常工作，并满足设计要求。选型准则如下：

1）电解电容器故障是由于过高电压、反向电压、纹波电流、工作温度和电解液蒸发引起的。

2）电解电容器的击穿电压并非突然发生，而是与电极上生成的化学氧化物的厚度有关。如果工作电压缓慢增加，氧化物厚度和电容器的耐压能力也会增加。同样，如果工作电压降低，情况将相反。直流电压+低频交流纹波电压不应超过额定直流电压。

3）铝电解电容器用于大容量低频滤波。

4）在放置电容器时，特别是放置电解电容器时，应注意远离周围发热元件。

5）在高湿度环境中工作的电容器应具有气密封。

6）电容器的温度等级必须至少为105℃，并且在可能的情况下应具有5000小时负荷寿命评级。

7）固态钽电容器如果在焊接回流后不缓慢充电至大于电路要求的电压，可能会短路。对电压进行较大的降额可能会降低故障率，但请参考下一条。

8）固态钽电容器如果短路，由于使用了$MnO_2$（炸药混合物中使用的材料），可能会引燃并燃烧，对电路板和附近的元件造成严重损害。固态钽电容器不应用于大电流或大功率应用中，应改用聚合物钽电容器或聚合物铝电容器。

9）已发现固态钽电容器可能会对系统的电磁特性产生影响。更换元件类型应经过电磁兼容性（EMC）影响的评审。

10）OsCon、Poscap、聚合物钽和聚合物铝等聚合物电容器在实际中的故障率较固态钽电容器和电解电容器低。

11）较大尺寸的表面贴装陶瓷电容器在组装过程中可能会出现裂纹。某些制造商的某些系列陶瓷电容器在内部板结构中具有安全余量。带有安全设计部分的电容器会出现裂纹，但这些裂纹不会导致短路。

12）所有用于高能应用的表面贴装陶瓷电容器应为失效开路型。

13）不推荐使用Z5U型，因为它具有较高的温度系数、较低的温度范围和较弱的结构。

14）表面贴装陶瓷电容器不应放置在易受电路板弯曲影响的区域，如板边缘或插接器配对、测试夹具配对或运输引起的振动导致板弯曲的位置。

15）尺寸大于1206（1206封装英制尺寸：长度为0.12in、宽度为0.06in，其中，1in＝0.0254m）（1812 封装英制尺寸：长度为 0.18in、宽度为 0.12in）的表面贴装陶瓷电容器不应用于输出电压高于 24V 的电路中，尺寸大于 1812 的电容器在汽车电子领域不建议使用，因为存在开裂的危险。

16）固体铌电容器的漏电特性不稳定，像固态钽电容器一样易燃，有些制造商最近已停产这些元件。固体铌电容器不应用于施加大电流或高能量的电源转换器中。

17）氧化铌电容器的稳定性较好，需要更多的能量才能引起点燃，比固态钽电容器或固体铌元件具有更高的点燃阈值。然而，由于这项技术正在兴起，其长期鲁棒性尚不确定。应谨慎使用，仅用于低能量电路中。

18）选择适当的电容器类型和封装，以满足特定应用的需求。例如，电解电容器适用于大容量低频滤波，而聚合物电容器适用于高频和高温环境。

19）在设计中考虑电容器的电容值和额定电压。确保所选电容器的电容值能够满足电路的需求，并且额定电压能够承受电路中的电压。

20）对于电解电容器，应根据工作电压的变化选择适当的电容器。如果工作电压变化较大，可能需要使用多个电容器并进行并联或串联连接。

21）在选择电容器时，应考虑其温度特性。某些类型的电容器具有温度系数，因此其电容值可能会随温度变化而变化。确保所选电容器的温度特性能够适应工作温度范围。

22）在设计中考虑电容器的 ESR（等效串联电阻）和 ESL（等效串联电感）。这些参数会影响电容器的性能，如频率响应和损耗。

23）在电路设计中，合理安排电容器的布局，以确保信号完整性和最小的电感和电容耦合。避免电容器之间的距离过大或与敏感元件之间的距离过近。

24）对于高功率或高能量应用，特别是脉冲应用，考虑使用脉冲电容器或超级电容器。这些电容器具有较高的能量储存能力和快速充放电特性。

25）在组装电容器时，确保正确连接极性。错误的极性连接可能导致电容器损坏或性能下降。

26）定期检查和维护电容器，以确保其正常工作和寿命。根据制造商提供的建议，定期检查电容器的电容值、ESR 和外观。

## 2.8 变压器和电感器选型

变压器和电感器是电子组件中常见的元件，用于实现电压和电流的转换和调节。在设计过程中，需要考虑多个因素，以确保它们的性能和鲁棒性。

对于变压器的设计，一个重要的选型原则是，工作时的磁通密度应远低于磁心的饱和磁通密度。这样可以避免磁心饱和，提高变压器的效率和稳定性。此外，还需要注意绝缘材料的额定热点温度，避免超过该温度，以延长元件的寿命。同时，结构部分不应在超过材料温度额定值的温度下工作，以避免材料的损坏。

在低频下操作的功率变压器可能会因较小的电抗而导致过热现象，因此需要合适的设计和选择适当的材料来控制电抗。此外，一些功率变压器会产生较大的磁场，可能会干扰附近的电路。为了避免这种干扰，可以使用适当屏蔽的变压器，并提供足够的间距。

变压器还需要考虑其负荷能力和温升。在设计中要确保变压器能够承受预期的负荷，不会过载或产生过多的热量。为了降低温升，可以选择使用高导热性的材料和加入散热装置，以提高变压器的热量传递效率。

对于电感器的设计，选择合适的磁心材料非常重要。不同的磁心材料具有不同的磁性能和频率特性，因此需要根据电感器的工作频率和性能要求选择合适的磁心材料。同时，需要注意磁心的饱和磁场强度，以确保电感器在工作时不会饱和，影响其性能。

此外，电感器的绑定剂材料也需要选择合适的材料。绑定剂材料用于固定线圈和磁心，保持其结构稳定。需要注意绑定剂材料的耐热性和耐湿性，以确保电感器在各种环境条件下的鲁棒性。

对于表面贴装电感器和滤波器，需要注意避免焊接热导致的损坏。在焊接过程中，应逐渐预热电感器，控制温度变化的速率，以避免过快的温度变化导致材料的热应力。

通孔电感器可能会在组装过程中遭受振动、冲击或焊接热而发生故障。为了防护和处理这些问题，可以使用适当的封装和固定方法，以保护电感器免受外部力量的影响。

- 一般而言，为了线性操作，工作时的磁通密度应远远低于元件磁心的饱和磁通密度。
- 超过绝缘的额定高温点会缩短元件的使用寿命。
- 磁性元件的结构部分不应在高于所使用材料的温度额定值的温度下工作。
- 低频操作的功率变压器需要合适的设计和材料选择来控制电抗。
- 大功率变压器产生的磁场可能会干扰附近的电路，因此需要适当的屏蔽和间距。
- 电感器的设计需选择合适的磁心和绑定剂材料，并避免含有可能分解的酸类物质。
- 直流电流不应使磁心饱和，以免影响电感器的特性。

- 表面贴装电感器和滤波器需要注意焊接热对其造成的损坏。
- 通孔电感器在组装过程中需要防护和处理振动、冲击和焊接热。

通过遵循以上指导原则，可以确保变压器和电感器在电子组件中的性能和鲁棒性，同时减少对系统电磁特性的影响。

## 2.8.1 电感器选型

### 1. 电感器的选型考虑因素

电感器的选型考虑因素如下：

电感值：根据电路的需求和要求，选择适当的电感值。电感值通常以亨利（H）为单位表示。

电流和电压要求：根据应用需求确定所需的电流和电压范围。选择能够承受电路中的最大电流和电压的电感器，确保其能够正常工作并具有足够的安全余量。

频率特性：考虑应用的频率范围，选择具有适当频率特性的电感器。某些应用可能需要具有特定的频率响应特性的电感器，如高频或低频。

磁性材料：根据应用的要求选择适当的磁性材料。不同的磁性材料具有不同的磁化特性和电感性能，如铁氧体、磁性合金等。

封装类型和尺寸：根据应用的布局和空间限制，选择适当尺寸和封装类型的电感器。常见的封装类型包括贴片、插件、表面安装等。

电感器的品质因数（$Q$ 因数）：品质因数是衡量电感器性能的重要指标，它反映了电感器在特定频率下的损耗程度。较高的 $Q$ 因数表示电感器具有较低的损耗和较好的频率选择性。

供应商选择：选择可靠的供应商，确保电感器的质量和性能可靠。考虑供应商的经验、可靠性、性能、价格和供应链等因素。

### 2. 电感器的选型准则

1）在选择功率电感器的磁心时，要确保绑定剂材料不含有可能会随时间分解的酸类物质。使用这样的材料时，要注意其内部热点温度不要超过130℃，以避免在短到中等时间内发生迅速故障。

2）注意直流电流不要使电感器的磁心饱和，否则会严重影响电感器的特性。

3）表面贴装电感器和滤波器容易受到焊接热的损坏。在焊接过程中，应逐渐预热，使温度变化速率小于4℃/s，以避免内部层发生开裂。

4）具有大量铁氧体层的表面贴装或通孔电感器最容易受到热冲击和冲击应力的影响。

5）机械损坏、振动、冲击或使用寿命期间的过载可能导致电感器的本体或引线黏结处发生机械损坏而导致断路。在组装过程中，也要注意避免弯曲、振动或冲击。

6）通过焊接内部连接可以避免通孔电感器因焊接热而导致内部低温焊接连接变弱而发生故障。

7）提供导热路径，并将电感器放置在最佳冷却位置。

8）确保驱动感性负载的电路已经通过安全工作区的特性测试，或者使用适当的瞬态抑制。

9）已确定电感器可能对系统的电磁特性产生影响。更改元件类型时应进行电磁兼容性（EMC）影响评估。

这些指南可以帮助设计师在电感器的设计过程中注意各种关键因素，保证其性能和鲁棒性，并减少对系统电磁特性的影响。

## 2.8.2 变压器选型

### 1. 变压器的选型考虑因素

变压器的选型考虑因素如下：

输入和输出电压要求：根据应用需求确定所需的输入和输出电压范围。选择能够将输入电压转换为所需输出电压的变压器，确保其能够满足电路的电压要求。

输入和输出功率要求：根据应用需求确定所需的输入和输出功率范围。选择能够承载输入功率并输出所需功率的变压器，确保其能够满足电路的功率要求。

变压器类型：根据应用的特点和要求选择合适的变压器类型。常见的变压器类型包括隔离变压器、自耦变压器、高频变压器等。

频率要求：考虑应用的频率范围，选择具有适当频率特性的变压器。某些应用可能需要具有特定的频率响应特性的变压器，如高频变压器或低频变压器。

尺寸和重量：根据应用的布局和空间限制，选择适当尺寸和重量的变压器。确保变压器可以容纳在所提供的空间内，并符合应用的重量要求。

效率要求：考虑变压器的效率要求，选择具有较高效率的变压器。高效的变压器可以减少能量损耗，提高系统的能源利用率。

绝缘等级和安全标准：根据应用的安全要求，选择具有适当绝缘等级和符合相关安全标准的变压器。确保变压器可以提供足够的绝缘保护，以防止发生电击和其他安全问题。

供应商选择：选择可靠的供应商，确保变压器的质量和性能可靠。考虑供应商的经验、稳健性、性能、价格和供应链等因素。

**2. 变压器的选型准则**

1）低频下的功率变压器操作可能导致过热，因为较小的电抗使得大电流得以流过。

2）一些功率变压器会产生大的磁场，可能会将交流信号耦合到附近的电路中。在需要的地方使用适当屏蔽的变压器，用于分隔屏蔽或设置充足的间隔。

3）已确定变压器可能对系统的电磁特性产生影响。更改元件类型时应进行电磁兼容性（EMC）影响评估。

4）要避免磁心饱和，需要通过合适的设计和选择合适的磁心材料来确保工作时的磁通密度远低于磁心的饱和磁通密度。

5）在变压器设计中，应该考虑绝缘材料的额定热点温度，超过该温度会缩短元件的寿命。

6）确保变压器的结构部分不会超过所使用材料的温度额定值，以避免材料的损坏。

7）一些功率变压器可能会产生较大的磁场，可能会对附近的电路产生干扰。在需要的情况下，使用经过适当屏蔽的变压器，并提供足够的间距。

8）变压器的设计应经过电磁兼容性（EMC）影响评估，以确定其是否会对系统的电磁特性产生影响。

## 2.8.3 电感器和变压器选型步骤

电感器和变压器选型的步骤如下：

确定应用需求：明确电感器或变压器在应用中所需的参数和特性，例如电感值、电流容量、工作频率等。这有助于明确选型的目标。

确定类型：根据应用需求，选择适合的电感器或变压器类型。例如，电感器可以是线圈电感器、铁氧体电感器或电子滤波器等；变压器可以是隔离型变压器、自耦变压器或变压器耦合器等。

确定尺寸和封装：根据应用的空间限制和电路布局的考虑，选择适当的尺寸和封装形式。这包括电感器或变压器的尺寸、引线封装、表面贴装封装或PCB安装等。

考虑材料特性：根据应用需求和工作环境，选择适当的材料。例如，选择合适的磁心材料，以达到所需的磁性能和热特性。

考虑电流容量和能量损耗：根据电感器或变压器所需承载的电流和功率，选择合适的电流容量和能量损耗。这有助于确保选型的电感器或变压器能够在预期的工作条件下正常运行。

进行仿真和分析：使用电感器或变压器的电路仿真软件进行性能仿真和分析。这可以帮助验证选型的合理性，并优化设计参数以满足需求。

鲁棒性测试和验证：在选定电感器或变压器后，进行鲁棒性测试和验证，以确保其在实际应用中的鲁棒性和稳定性。这包括电感器或变压器的温度循环测试、鲁棒性评估和长期稳定性测试等。

持续学习和更新知识：由于电感器和变压器技术不断发展，因此保持对新技术和趋势的了解非常重要。持续学习和更新相关知识，可以帮助优化选型和应对不断变化的需求。

通过按照上述步骤进行选型，可以确保选择合适的电感器和变压器，以满足应用需求并保证其性能和鲁棒性。

# 2.9　继电器设计

## 2.9.1　继电器的技术参数和选型考虑因素

继电器的技术参数和选型考虑因素如下：

（1）技术参数

额定电压（Rated Voltage）：继电器的额定电压是指在规定的条件下，继电器能够正常工作的线圈电压值。它是继电器线圈端子之间允许施加的电压标准。选择继电器时需确保其额定电压能够匹配电路的工作电压。

额定电流（Rated Current）：继电器的额定电流是指在规定的条件下，继电器触点能够长期承受的最大电流值。这个电流值是保证继电器触点在长期工作过程中不会因为电流过大而产生电弧、烧蚀触点等情况。选择继电器时需确保其额定电流能够满足电路的工作电流需求。

绝缘电阻（Insulation Resistance）：继电器的绝缘电阻表示其绝缘性能。绝缘电阻应足够大，以确保继电器在高压下仍能保持良好的绝缘性能。

电气寿命（Electrical Life）：继电器的电气寿命表示其能够在正常工作状态下的预计寿命。选择继电器时需考虑其所需的电气寿命和应用场景的要求。

（2）继电器选型考虑因素

应用需求：根据应用的要求和需求，选择适合的继电器类型。例如，功率继电器、信号继电器、时间继电器等。

触点类型：继电器的触点类型包括常开（Normal Open，NO）触点和常闭（Normal Close，NC）触点。根据应用需求选择合适的触点类型。

尺寸和安装方式：根据应用的布局和空间限制，选择适当尺寸和安装方式的继电器。常见的安装方式有插件式、表面安装等。

动作时间和释放时间：继电器的动作时间和释放时间表示其响应速度。根据应用对响应速度的要求，选择合适的继电器。

环境条件：考虑继电器在使用环境中的工作温度范围、湿度要求等因素。选择能够在给定环境条件下正常工作的继电器。

供应商选择：选择可靠的供应商，确保继电器的质量和性能可靠。考虑供应商的经验、稳健性、性能、价格和供应链等因素。

## 2.9.2 继电器的选型步骤

选择适当类型的继电器：继电器有不同类型，包括电磁继电器、固态继电器和时间继电器。根据应用需求选择适当的类型。电磁继电器适用于高功率和高电流应用，固态继电器适用于快速开关和低功率应用，时间继电器适用于需要延时操作的应用。

确定适当的继电器额定电流和额定电压：继电器的额定电流是指继电器可以安全承受的最大电流。确保所选择的继电器的额定电流和额定电压适用于负荷要求。

考虑继电器的励磁电流和励磁电压：继电器的激励电流是激活继电器所需的最小电流。确保驱动继电器的电路能够提供足够的激励电流和激励电压，以确保可靠的操作。

考虑继电器的寿命和鲁棒性：继电器具有一定的寿命和操作次数限制。确保继电器的额定寿命和操作次数满足应用需求。定期检查和维护继电器，清理灰尘和污垢，确保接触良好。

考虑继电器的环境要求：继电器的环境要求可能包括温度、湿度和振动等方面。确保所选择的继电器能够在预期的环境条件下可靠运行。

注意继电器的开关时间和响应时间：继电器的开关时间和响应时间可能会影响应用的性能和响应速度。选择具有合适的开关时间和响应时间的继电器。

在安装和更换继电器时，务必断开电源，并遵循安全操作规程。避免直接触摸电源和负载线路，以防触电危险。

## 2.9.3 继电器的选型准则

选择适当类型和额定参数的继电器。确保继电器能够满足负荷要求并在预期的环境条件下可靠运行。注意继电器的寿命、鲁棒性、开关时间和响应时间。遵循安全操作规程，并定期检查和维护继电器。如果有任何疑问或需要，建议咨询专业人士，以获得更准确的指导。继电器的选型准则如下：

1）推荐在继电器线圈上使用二极管来限制钳位电压，以避免感应电压尖峰损坏驱动线圈的晶体管。

2）不建议将继电器和触点并联以增加触点的电流容量，因为一个触点可能在另一个触点之前闭合或断开。

3）操作次数不应超过额定次数。

4）需要进行振动测试以确保可靠操作。对于振动或温度循环环境，必须防止触点微小移动。100μm 量级的位移会导致摩擦，可能引起腐蚀和故障。

5）继电器功能测试的测试过程应考虑继电器的设计要求。例如，某些继电器在电流通过时开启可能会损坏。

## 2.9.4 继电器使用检查清单

继电器一般分为交流和直流两大类。对于继电器的可靠使用，应对表 2-1 所列的项目进行检查。

表 2-1  继电器使用检查清单

| 类别 | 复选框 | 检查项 | 备注 |
|---|---|---|---|
| 安全 | | 如果继电器故障，系统是否存在安全问题？ | |
| 负荷/电气寿命 | | 是否在实际负载、实际电路和实际情况下进行测试确认 | |
| | | 是否检查了负载类型、负载电流特性和电流值 | |
| | | 施加的接触电流是否太小了 | 小电流可能会降低接触的可靠性 |
| | | 是否检查了连接负载极性 | |
| | | 负载是否有可能引起瞬时电压下降 | |
| | | 施加的接触电压是否太高了 | 过电压降低了电气寿命 |
| | | 线圈电压是否太高 | 过电压影响电气寿命 |
| | | 是否存在短脉冲输入到线圈 | |
| | | 通常情况下以及异常情况下的开闭频率是否过高 | |
| | | 开关是否持续很长时间？不对触点进行开闭的状态是否长期持续 | |
| | | 是否在高温环境下进行开闭 | |
| | | 使用继电器线圈浪涌吸收电路的情况下，是否检查了线圈浪涌吸收电路的使用注意事项 | |
| | | 是否考虑了避免继电器线圈中的电流、电压迂回/续流情况 | |
| | | 导线之间是否存在杂散寄生电容 | |

（续）

| 类别 | 复选框 | 检查项 | 备注 |
|------|--------|--------|------|
| 负荷/<br>电气寿命 | | 使用触点保护电路的情况下，是否检查了接触保护电路的使用注意事项 | |
| | | 是否存在电源完全短路的危险性 | |
| | | 是否存在切断负载时电源短路的危险性 | |
| | | 当高压施加在双胞继电器上时，每个极内触点之间是否存在绝缘和介电强度的风险 | |
| | | 是否发生干磨开关（Dry Run） | |
| 线圈<br>工作电压 | | 是否考虑过热启动 | |
| | | 环境温度是否在使用范围内？此外，是否考虑了环境温度特性 | |
| | | 施加电压是否低于最大连续施加电压 | |
| | | 是否存在使用 PWM 控制的风险 | PWM 控制需要注意 |
| | | 是否存在双胞继电器线圈的同时动作 | |
| | | 是否存在继电器线圈长期连续工作的状态 | |
| 线圈<br>操作电路 | | 在用电路进行继电器操作的情况下，电路的设计是否考虑了误动作的情况 | |
| | | 是否存在继电器的浪涌电压导致晶体管电路的功能不良或破坏 | |
| | | 当继电器应用于电路时，是否考虑了电路上其他电气元件引起的压降 | |
| 接触可靠性 | | 同一触点中对大负载和微小负载进行开闭的情况下，是否已确认注意事项 | |
| | | 是否存在低温中的热传导现象 | |
| 接触电阻 | | 是否考虑了接触电阻的过渡状态 | |
| | | 接触电压和电流乘积是否超过 6V·A | |
| 动作声音 | | 继电器的动作声音有什么问题吗 | |
| 机械噪声 | | 继电器的弱噪声异常有什么问题吗 | |
| 环境<br>使用条件 | | 温度、湿度、大气压力是否在使用范围内 | |
| | | 在高湿度下开关的情况下是否检查了预防措施 | |
| | | 应用环境是否有颗粒、灰尘、硫化气体、有机气体 | |

(续)

| 类别 | 复选框 | 检查项 | 备注 |
|------|--------|--------|------|
| 环境<br>使用条件 | | 应用环境是否有硅酮 | |
| | | 应用环境是否有高磁场元件，如扬声器 | |
| | | 环境振动和冲击是否低于继电器的振动和冲击特性？另外，继电器安装在 PCB 上后是否没有谐振 | |
| | | 是否有继电器上结冰和结露的风险 | |
| | | 是否有水或油附着到继电器上的风险 | |
| 安装 | | 振动或冲击是否会导致继电器和插接器之间的不良连接 | |
| 电路板<br>安装 | | 是否检查了助焊剂应用和自动焊接的操作预防措施 | |
| | | 是否检查了电路板清洗操作的注意事项 | |
| | | 不是用玻璃颗粒来清洗焊剂 | 玻璃颗粒可能进入继电器内部并导致操作故障 |
| | | PCB 有翘曲吗？在继电器端子上施加的应力可能会改变继电器的特性 | |
| | | 未使用的端子有切割吗 | 对端接施加力可以改变其特性 |
| | | 继电器在加工过程中是否应用于超声波振动 | |
| | | 焊接是否在适当的条件下进行 | 温度持续时间等 |
| 储存、运输 | | 在运输过程中是否载重、冲击，或振动超出了允许的范围 | |
| | | 温湿度是否在允许范围内 | |
| | | 周围的空气中是否没有有机气体和硫化气体 | |
| 产品处理 | | 有没有丢弃或掉落的管包使用 | |
| | | 继电器安装后，PCB 的加工或其他制程是否进行？如果是，继电器是否受到振动或冲击 | |

## 2.9.5 继电器的设计方法

继电器是一种电子控制设备，它使用较小的电信号来控制较大功率的电路。设计继电器时，需要考虑多个方面以确保其性能、可靠性和安全性。表 2-2 是继电器设计方法的检查清单。

表 2-2　继电器的设计方法检查清单

| 类别 | 检查项 |
|---|---|
| 关于线圈输入 | 是否施加了额定电压 |
| | 施加电压是否低于允许连续通电电压 |
| | 继电器驱动用电源是否考虑了波纹的影响 |
| | 采用有极继电器的情况下，施加电压的方向是否正确 |
| | 需要热启动时，施加电压值是否考虑了继电器线圈的温升引起的线圈电阻增加 |
| | 是否因负载的影响而瞬时产生了电压降低（特别要注意自我保持的使用方法） |
| | 决定额定电压时是否考虑了电源电压的变动 |
| | 电路为线圈施加的电压（电流）缓慢增减的情况下，继电器的工作状态可能会不稳定。是否进行了实际电路、实际负载的测试 |
| | 晶体管驱动的情况下，是否考虑了晶体管电压降 |
| 关于负载（触点） | 负载电流是否小于触点的额定值 |
| | 负载电流是否大于触点的最小通断容量 |
| | 必须注意指示灯负载、电动机负载、螺线管负载、电磁接触器负载等的粘连。是否进行了实际负载测试 |
| | 采用直流负载的情况下，会产生触点的较大转移，也会发生锁定现象。是否进行了实际负载测试 |
| | 采用感性负载的情况下，请安装触点保护电路 |
| | 采用直流感性负载且电弧放电较大的情况下，会与空气中的氮发生反应生成青绿色的锈。是否进行了实际负载测试 |
| | 采用白金类触点的情况下，会由于催化作用、振动能量而产生褐色粉末。是否进行了实际负载测试 |
| | 通断频率是否过高 |
| | 在同一继电器中使用两电路（2T）以上的触点时，一方的触点消耗粉会飞溅到其他触点（特别是低水平负载时）上而导致接触不良。是否进行了实际负载测试 |
| | 向延迟用触点插入电容器的情况下，此电容器是否会粘连。是否进行了实际负载测试 |
| | 采用交流继电器的情况下，线圈接入相位会导致弹跳变大。此弹跳是否会引起粘连？是否进行了实际负荷、实际电路的测试 |
| | 采用变压器负载的情况下，会产生较高的感性电压。是否进行了实际负载测试 |

（续）

| 类别 | 检查项 |
|---|---|
| 关于电路设计 | 是否考虑到线圈电蚀的问题 |
| | 是否会由于继电器的反向电压而引起晶体管电路等的误动作或破坏 |
| | 继电器无通断动作而长时间放置，或者工作频率极低的情况下，是否是线圈处于无磁力状态的电路设计 |
| | 参照国外标准时，是否为低于继电器国外标准额定值以下的使用方法 |
| | 继电器的动作时间、复位时间长短有所变化时，是否会发生电路上的误动作 |
| | 继电器弹跳是否会导致电路误动作 |
| | 使用高灵敏度磁保持型继电器的情况下，电路设计是否考虑了误动作问题 |
| | 在同一继电器中使用2电路（2T）以上的触点时，负载通断时的电弧是否会导致极间短路 |
| | 同样，使用不同的电源电路时也请特别注意 |
| | 参照国外标准、电源用品取缔法等绝缘距离的情况下，安装后的绝缘距离是否足够 |
| | 用晶体管驱动的情况下，电路设计是否考虑了误动作问题 |
| | 用硅控整流器进行通断控制的情况下，继电器的工作复位与电源周波数同步，导致寿命极度缩短。请在实际负载、实际驱动电路中进行测试 |
| | 是否充分考虑了印制电路板的设计问题 |
| | 在高频电路中使用时，触点处于断开状态时仍然会有电流漏电情况。请确认继电器的隔离情况。请使用高频继电器 |
| 关于继电器的使用环境条件 | 环境温度是否在允许使用范围以内 |
| | 湿度是否在允许范围以内 |
| | 周围环境中是否有有机性气体、硫化气体等 |
| | 周围环境中是否有硅系物质。某些负载会产生黑化物，从而导致接触不良 |
| | 周围环境中是否有轻微垃圾、灰尘 |
| | 继电器上是否附着了油、水分 |
| | 振动冲击是否会导致继电器与插座的接触不良 |
| | 周围环境的振动与冲击是否低于继电器的振动与冲击特性（随着冲击施加方式而不同） |
| | 是否有继电器安装后的共振 |
| | 印制电路板是否与继电器一起涂抹了绝缘用涂料。触点负载会产生黑化物，从而导致接触不良 |

（续）

| 类别 | 检查项 |
|---|---|
| 关于继电器的使用安装方法 | 焊接继电器端子时，焊接气、焊接剂是否会进入继电器内部 |
| | 是否对焊接剂的涂抹及自动焊接的操作进行了充分考虑 |
| | 是否对印制电路板清洗作业给予了充分注意 |
| | 采用有极继电器或导线继电器的情况下，是否将其远离，以免相互产生磁性干涉 |
| | 安装时是否对端子施加了较大力度 |
| | 采用有极继电器的情况下，较大的干扰磁场会导致特性发生变化。继电器附近是否有较大磁场 |
| | 在继电器触点电路中使用较长导线（100~300m）时，导线间的杂散电容会产生侵入电流。是否进行了实际负载测试 |
| | 无特别规定时，端子的手动焊接作业均在250℃ 5s 以内、350℃ 3s 以内实施 |
| | 是否因印制电路板的明显弯曲而给继电器端子施力，从而导致继电器的特性发生变化 |
| | 使用时是否取下了继电器的罩子。取下罩子会导致继电器特性发生变化 |
| | 使用继电器的过程中，是否切断了不用的端子。向端子施力会导致继电器的特性发生变化 |
| 保管及运输 | 继电器是否有结冰及结露现象（特别是船只运输时） |
| | 温度是否在允许范围以内 |
| | 湿度是否在允许范围以内 |
| | 周围环境中是否有有机气体、硫化气体 |
| | 保管场所中是否有少量的垃圾、灰尘 |
| | 继电器上是否附着了油、水分等 |
| | 是否向继电器施加了较大荷重 |
| | 运输时是否受到了超出允许范围的冲击振动 |

# 2.10 开关设计

　　开关有多种不同尺寸、封装样式和质量等级可供选择。从微型按钮到大功率半导体电子开关，都属于开关的范围。事实上，有这么多开关样式可供选择，却往往很难选择最合适的。开关分类的方法并不是唯一的，重要的是具体选择哪种方式的开关，不仅要从电路技术要求上来考虑，而且要从整机面板布置的美观性和操作的方便性来考虑。开关具体的分类如图 2-7 所示。

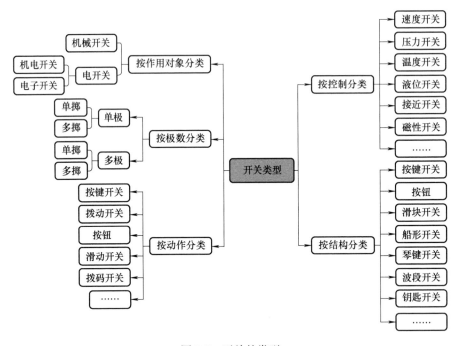

图 2-7　开关的类型

## 2.10.1　开关的选型考虑因素

选择开关时，需要考虑多种因素，以确保其能够满足特定应用的需求，如图 2-8 所示。以下是一些关键的选型考虑因素：

电流和电压要求：根据应用需求确定所需的电流和电压范围。选择能够承受电路中的最大电流和最高电压的开关，确保其能够正常工作并具有足够的安全余量。

开关类型：根据应用的特点和要求选择合适的开关类型。

动作力和操作方式：考虑开关的动作力和操作方式，确保操作起来舒适方便。某些应用可能需要具有特定操作力或需要特定的操作方式（如按压、滑动、旋转等）的开关。

寿命和鲁棒性：查看开关的操作寿命评级和鲁棒性数据，确保能够满足应用的寿命要求。可靠的开关应具有稳定的性能，并能够经受长时间使用和重复操作。

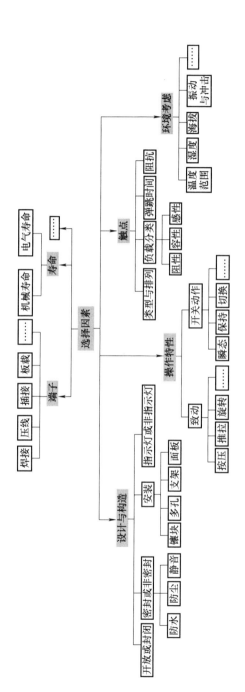

图 2-8　影响开关选型的因素

封装类型和尺寸：根据应用的布局和空间限制，选择适当尺寸和封装类型的开关。常见的封装类型包括贴片、插件、表面安装等。

环境适应性：考虑开关的环境适应性，包括耐温性、耐湿性、耐腐蚀性等。根据应用的工作环境选择能够适应该环境的开关。

防护等级：根据应用的要求，选择具有适当的防护等级的开关。防护等级决定了开关的防尘、防水和耐冲击等能力。

供应商选择：选择可靠的供应商，确保开关的质量和性能可靠。考虑供应商的经验、可靠性、性能、价格和供应链等因素。

负载要求：确定开关将要承载的负载类型（如直流或交流）、负载大小和特性（如电阻性、电感性或电容性）。

电流和电压等级：开关的电流和电压等级必须高于或等于电路中的最大工作电流和最高工作电压，以避免过载或过电压击穿。

接触材料：对于机械开关，接触材料的电阻率、耐磨性和抗氧化性非常重要。

操作频率：考虑开关的操作频率，即单位时间内开关可以安全操作的次数。

环境条件：开关应能承受工作环境下的温度、湿度、振动、冲击和污染等级。

安装方式：根据实际安装空间和需求选择适当的安装方式，如面板安装、PCB安装、导轨安装等。

尺寸和形状：开关的尺寸和形状应适合其安装位置，并且符合人机工程学设计。

操作方式：根据应用需求选择按钮式、旋转式、滑动式、触摸式或其他操作方式。

安全认证：确保开关符合相关的安全标准，如 UL、CE、IEC 等。

电磁兼容性：开关应具有良好的电磁兼容性，以减少对其他设备的干扰。

成本效益：在满足技术要求的前提下，考虑成本效益，选择性价比高的开关。

用户界面：如果开关是用户界面的一部分，还需要考虑其美观性、易用性和可访问性。

反馈机制：某些应用可能需要有触觉或视觉反馈的开关，以确认操作。

极性：对于单极或双极开关，需要考虑其极性，确保正确连接。

输入/输出隔离：在某些应用中，可能需要开关提供输入和输出之间的电气隔离。

功耗：特别是对于电池供电的设备，开关的功耗是一个重要因素。

可靠性和寿命：考虑开关的可靠性和预期寿命，确保其能满足应用的长期稳定性要求。

兼容性：确保开关与其他电路元件兼容，如与微控制器或驱动器的接口兼容。

附加功能：某些开关可能提供额外的功能，如过载保护、指示灯、锁定机制等。

综合这些因素，可以选择最适合特定应用需求的开关，确保系统的安全性、可靠性和性能。

## 2.10.2　开关的选型步骤

选择开关时，需要考虑多种因素，以确保其满足特定应用的需求。以下是一些关键的选型考虑因素：

选择适当类型的开关：开关有不同类型，包括按钮、切换开关、滑动开关和旋转开关等，应根据应用需求选择适当的类型。

确定适当的开关额定电流和额定电压：开关的额定电流是指开关可以安全承受的最大电流。确保所选择的开关的额定电流和额定电压适用于负载要求。

考虑开关的寿命和鲁棒性：开关具有一定的寿命和操作次数限制。确保开关的额定寿命和操作次数满足应用需求。定期检查和维护开关，清理灰尘和污垢，确保操作顺畅。

考虑开关的致动力和触感：开关的致动力和触感可能会影响操作的舒适性和鲁棒性。选择具有合适的致动力和触感的开关。

考虑开关的环境要求：开关的环境要求可能包括温度、湿度和振动等方面。确保所选择的开关能够在预期的环境条件下可靠运行。

注意开关的安全性：避免开关过载，确保开关在其额定负载范围内使用。在安装和更换开关时，务必断开电源，并遵循安全操作规程。

考虑开关的电气隔离和防护等级：根据应用需求选择具有适当的电气隔离和防护等级的开关。确保开关能够提供足够的隔离和保护，以防止发生电击和其他危险。

## 2.10.3　开关的选型准则

选择适当类型和额定参数的开关。确保开关能够满足负载要求并在预期的环境条件下可靠运行。注意开关的寿命、鲁棒性、致动力和触感。遵循安全操作规程，并定期检查和维护开关。如果有任何疑问或需要，建议咨询专业人士，以获得更准确的指导。

开关的选型规则如下：

• 必须仔细查看规格以区分交流和直流输入。用于交流应用的开关可能不适用于直流输入，必须进行评估。应根据额定交流输入或额定直流输入进行降额。

• 大浪涌电流可能熔接开关的触点。

• 对于振动或温度循环环境，必须防止触点微小移动。100μm 量级的位移也会导致出现摩擦，可能引起腐蚀和故障。

 # 晶体和振荡器设计

振荡器是一种电子元件，用于产生稳定的振荡信号。根据不同的振荡元件和工作原理，振荡器可以分为多种类型，包括晶体振荡器、陶瓷振荡器和声表面波（Surface Acoustic Wave，SAW）振荡器等。

晶体振荡器：晶体振荡器使用晶体作为振荡元件。其中，最常见的是石英晶体振荡器。石英晶体具有压电效应，当施加电场或机械应力时，晶体会产生压电振动。这种振动可以通过正反馈回路放大，从而产生稳定的振荡信号。晶体振荡器通常用于电子系统中的时钟源、频率合成器等应用。

陶瓷振荡器：陶瓷振荡器使用陶瓷材料（如铁电材料或锆钛酸盐）作为振荡元件。和晶体振荡器类似，陶瓷振荡器也利用压电效应产生振荡信号。陶瓷振荡器可以提供较高的频率稳定性和较宽的频率范围，并且常用于无线通信系统、卫星通信和雷达等高频应用。

声表面波（SAW）振荡器：SAW 振荡器是一种利用声表面波传播原理产生振荡信号的元件。SAW 振荡器由压电晶体和电极构成，通过施加电场在晶体表面产生声表面波，从而将电能转换为声能。

SAW 振荡器的工作原理是基于压电效应，即压电晶体在受到电场激励时会发生形变，产生声波。在 SAW 振荡器中，电极施加交变电场，使得压电晶体表面产生声表面波，这种声表面波可以沿着晶体表面传播。晶体表面的反射和干涉效应导致声表面波在晶体上形成驻波，形成相应频率的振荡信号。SAW 振荡器具有许多优点，例如频率稳定性高、温度稳定性好、低相位噪声、占用空间小、功耗低等。这使得 SAW 振荡器在无线通信、雷达、传感器等领域得到广泛应用。

除了上述几种常见的振荡器类型，还有其他一些特殊类型的振荡器，例如电子管振荡器、微波振荡器、超声波振荡器等，它们在特定领域有着特殊的应用。

## 2.11.1  晶体和振荡器的选型考虑因素

晶体振荡器在电子系统中用于提供稳定的时钟信号,其选型需要综合考虑多个因素,以确保系统的性能和可靠性。以下是晶体和振荡器选型时需要考虑的关键因素:

频率要求:根据应用需求确定所需的频率范围。选择频率稳定性好的晶体或振荡器,确保能够满足精确的频率要求。

温度特性:考虑应用的工作温度范围,选择具有适当温度特性的晶体或振荡器。温度系数是衡量晶体或振荡器随温度变化的性能。

稳定性和精度:对于需要高稳定性和精确频率的应用,选择具有低频率漂移和高精度的晶体或振荡器。

漂移和抖动:考虑晶体或振荡器的频率漂移和抖动特性。选择具有低漂移和低抖动的晶体或振荡器,以确保稳定的频率输出。

封装类型和尺寸:根据应用的布局和空间限制,选择适当尺寸和封装类型的晶体或振荡器。常见的封装类型包括贴片、插件和表面安装等。

供应商选择:选择可靠的供应商,确保晶体或振荡器的质量和性能可靠。考虑供应商的经验、可靠性、性能、价格和供应链等因素。

寿命和鲁棒性评估:查看晶体或振荡器的负载寿命评级和鲁棒性数据,确保能够满足应用的寿命要求。

## 2.11.2  晶体和振荡器的选型步骤

晶体和振荡器选型的一般步骤如下:

晶体是一种具有固定结构和周期性振动特性的材料。晶体可以用作振荡器的基本构件,提供稳定的频率和时序信号。振荡器是一种电子元件,利用晶体的振动原理生成稳定的电信号。

选择适当类型的晶体和振荡器:晶体和振荡器有不同类型,包括石英晶体、陶瓷晶体和表面声波晶体等。根据应用需求选择适当的类型。石英晶体通常具有较高的精度和稳定性,适用于高要求的应用,而陶瓷晶体适用于一般应用。

确定适当的晶体和振荡器频率:晶体和振荡器的频率是指其振荡周期和频率。根据应用需求选择适当的频率。确保所选择的晶体和振荡器的频率与系统要求相匹配。

考虑晶体和振荡器的精度和稳定性:晶体和振荡器的精度和稳定性是指其频率的准确性和变化程度。选择具有合适的精度和稳定性的晶体和振荡器。

注意晶体和振荡器的功耗和电源电压:晶体和振荡器的功耗和电源电压是

指其工作所需的电源和功率要求。确保所选择的晶体和振荡器的功耗和电源电压适用于系统要求。

考虑晶体和振荡器的温度特性：晶体和振荡器的频率可能会随着温度的变化而发生变化。选择具有合适的温度特性的晶体和振荡器，以确保在各种温度下的稳定性。

在安装和使用晶体和振荡器时，务必遵循制造商的安装和使用指南。确保正确连接和固定晶体和振荡器，并注意防振和防静电措施。

选择适当类型和频率的晶体和振荡器，确保晶体和振荡器具有适当的精度、稳定性和温度特性，注意功耗和电源电压要求。遵循制造商的安装和使用指南，如果有任何疑问或需要，建议咨询专业人士，以获得更准确的指导。

### 2.11.3　晶体和振荡器的选型准则

晶体振荡器、陶瓷振荡器和 SAW 振荡器是常见的振荡器类型，它们利用不同的振荡元件和工作原理实现振荡信号的稳定产生。通过选择合适的振荡器类型，可以满足不同频率和应用需求，并提高电路的性能和稳定性。晶体和振荡器的选型规则如下：

1）使用经过"坚固化"处理的晶体和振荡器以抵抗冲击和振动。这将有助于在装配过程中处理裸露元件，并通过保护性抵抗冲击和振动来提高长期鲁棒性。

2）要小心处理晶体和振荡器的封装，特别是在 SMT 设计中，它们易碎，可能会因为过度的板弯曲而破裂。

3）在处理和组装带有晶体和振荡器的电路板时，应采取 ESD 预防措施。

# 2.12　光隔离器设计

光隔离器（Optoisolator）是一种电子元件，它能够隔离输入和输出电路，并通过光信号进行电气隔离。它通常由一个发光二极管（LED）和一个光电晶体管（Phototransistor）组成。

工作原理：光隔离器的工作原理基于光的辐射和光电转换。当输入电路通过一个 LED 产生光信号时，该光信号被传递到输出电路的光电晶体管上。光电晶体管接收到光信号后，产生相应的电流或电压输出。通过光信号传输，输入和输出电路之间实现了电气隔离。

应用：光隔离器在电子电路中有广泛的应用。

隔离防护：由于光隔离器通过光信号进行电气隔离，可以防止输入信号中的干扰或噪声传递到输出电路中。这对于保护敏感电路或隔离高电压和低电压部分的电路非常重要。

电平转换：光隔离器可以实现不同电平之间的转换。例如，将低电平输入信号转换为高电平输出信号，或将高电平输入信号转换为低电平输出信号。

信号隔离和传输：光隔离器可以将信号从一个电路传输到另一个电路，而不会直接连接它们。这对于传输信号时的安全性和减少干扰非常有用。

控制和开关：光隔离器可以用作开关，控制外部电路的开关状态。它可以用于电源控制、继电器驱动和电机控制等应用中。

电流测量和反馈控制：通过测量光隔离器输出电流的大小，可以实现电流测量和反馈控制。这对于电源管理和保护电路非常重要。

## 2.12.1　光隔离器的选型考虑因素

光隔离器通过光信号进行电气隔离，具有隔离防护、电平转换、信号隔离和传输、控制和开关、电流测量和反馈控制等功能。它在电子电路中起到重要作用，提高电路的可靠性和安全性。通过合理选择和应用光隔离器，可以满足不同电路的需求，并确保信号传输的稳定性和安全性。光隔离器的选型考虑因素如下：

隔离电压（Isolation Voltage）：光隔离器的隔离电压表示其能够承受的最大电压。选择光隔离器时需确保其隔离电压能够匹配电路的工作电压。

带宽（Bandwidth）：光隔离器的带宽表示其能够传输的最高频率范围。根据应用需求选择具有足够带宽的光隔离器。

响应时间：光隔离器的响应时间表示其从输入到输出的转换时间。根据应用的响应速度要求选择具有适当响应时间的光隔离器。

输入和输出类型：光隔离器的输入和输出类型包括数字输入/输出和模拟输入/输出。根据应用需求选择合适的输入和输出类型。

电流传输能力：光隔离器的电流传输能力表示其能够传输的最大电流。选择光隔离器时需确保其电流传输能力能够满足电路的工作电流需求。

绝缘电阻（Insulation Resistance）：光隔离器的绝缘电阻表示其绝缘性能。绝缘电阻应足够大，以确保光隔离器在高压下仍能保持良好的绝缘性能。

温度范围：考虑光隔离器在使用环境中的工作温度范围。选择能够在给定的温度范围内正常工作的光隔离器。

供应商选择：选择可靠的供应商，确保光隔离器的质量和性能可靠。考虑供应商的经验、可靠性、性能、价格和供应链等因素。

光隔离器的选型考虑因素包括隔离电压、带宽、响应时间、输入和输出类型、电流传输能力、绝缘电阻、温度范围以及供应商选择。根据这些因素选择适合应用需求的光隔离器，以确保其能够满足电路要求、稳定可靠地工作，并具有适应环境的能力。

## 2.12.2　光隔离器的选型步骤

光隔离器选型的一般步骤如下：

理解光隔离器的基本原理：光隔离器是一种用于隔离电气信号的元件，利用光学原理将输入和输出电路之间隔离开来。光隔离器通常由发光元件、光电晶体管和隔离电路组成。发光元件将输入信号转换为光信号，光电晶体管将光信号转换为输出信号。

选择适当类型的光隔离器：光隔离器有不同类型，包括光电耦合器、光电继电器和光隔离放大器等。根据应用需求选择适当的类型。

确定适当的隔离电压和隔离通道数：光隔离器的隔离电压是指其能够承受的最大电压。根据系统要求选择具有适当隔离电压和通道数的光隔离器。

考虑光隔离器的速度和响应时间：光隔离器的速度和响应时间是指其能够快速响应和传输信号的能力。选择具有合适速度和响应时间的光隔离器，以满足应用需求。

注意光隔离器的线性度和信号失真：光隔离器的线性度是指其输出信号与输入信号之间的匹配程度。

确保选择具有合适线性度和较低信号失真的光隔离器，以保持信号的准确性。

考虑光隔离器的温度特性：光隔离器的性能可能会随着温度的变化而发生变化。选择具有合适的温度特性的光隔离器，以确保在各种温度下的稳定性。

遵循安装和使用指南：在安装和使用光隔离器时，务必遵循制造商的安装和使用指南。确保正确连接和固定光隔离器，并注意防振和防静电措施。

## 2.12.3　光隔离器的选型准则

选择适当类型和隔离电压的光隔离器，确保光隔离器具有适当的速度、响应时间、线性度和温度特性。遵循制造商的安装和使用指南，如果有任何疑问或需要，建议咨询专业人士，以获得更准确的指导。光隔离器的选型规则如下：

- 光隔离器用于在反馈回路区域或跨隔离边界传递状态信息，为主次电路提供隔离。
- 可能由于过高的电压额定值或结温而导致故障。
- CTR（电流传输比）可能会有很大的变化（6：1），设计应考虑此因素，以满足稳定性要求（较高 CTR）和瞬态响应要求（较低 CTR）。

- 可以将二极管电流指定为尽可能低的水平，但仍应接近指定的工作点之一。

- 如果基极可用，应在输出光电晶体管的基极与发射极之间使用电阻来降低噪声干扰。

- 在 LED 上串联电阻以限制发光二极管的电流。应考虑适当的电路布局以减少杂散电容耦合，将光隔离器远离磁性元件。

# 2.13　断路器和熔断器设计

## 2.13.1　断路器和熔断器的选型考虑因素

### 1. 断路器的选型考虑因素

断路器的选型考虑因素包括额定电流、短路断电能力、过载保护特性、工作电压、断路类型、环境条件以及供应商选择。根据这些因素选择适合应用需求的断路器，以确保其能够满足电路要求、稳定可靠地工作，并具有适应环境的能力。断路器的选型考虑因素如下：

额定电流（Rated Current）：断路器的额定电流表示其所能承受的最大电流。选择断路器时需确保其额定电流能够满足电路的工作电流需求。

短路断电能力（Short-circuit Breaking Capacity）：断路器的短路断电能力表示其能够安全地中断短路电流。选择断路器时需确保其短路断电能力能够匹配电路的短路电流。

过载保护特性（Overload Protection Characteristics）：断路器的过载保护特性表示其对过载电流的响应和保护能力。选择断路器时需考虑电路的过载保护需求和断路器的过载保护特性。

工作电压（Operating Voltage）：断路器的工作电压表示其能够承受的最大电压。选择断路器时需确保其工作电压能够匹配电路的工作电压。

断路类型（Circuit Type）：断路器的断路类型包括低压断路器、磁断路器、真空断路器等。根据应用需求选择合适的断路器类型。

环境条件：考虑断路器在使用环境中的工作温度范围、湿度要求等因素。选择能够在给定环境条件下正常工作的断路器。

供应商选择：选择可靠的供应商，确保断路器的质量和性能可靠。考虑供应商的经验、可靠性、性能、价格和供应链等因素。

### 2. 熔断器的选型考虑因素

熔断器的选型考虑因素包括额定电流、熔断特性、工作电压、断路特性、环境条件以及供应商选择。根据这些因素选择适合应用需求的熔断器，以确保其能够满足电路要求、稳定可靠地工作，并具有适应环境的能力。熔断器的选型考虑因素如下：

额定电流（Rated Current）：熔断器的额定电流表示其所能承受的最大电流。选择熔断器时需确保其额定电流能够满足电路的工作电流需求。

熔断特性（Blow Time）：熔断器的熔断特性表示其在过载或短路情况下熔断的时间。选择熔断器时需考虑电路的熔断时间要求和熔断器的熔断特性。

工作电压（Operating Voltage）：熔断器的工作电压表示其能够承受的最大电压。选择熔断器时需确保其工作电压能够匹配电路的工作电压。

断路特性（Breaking Capacity）：熔断器的断路特性表示其能够安全地中断电流的能力。选择熔断器时需确保其断路特性能够匹配电路的电流和短路电流。

环境条件：考虑熔断器在使用环境中的工作温度范围、湿度要求等因素。选择能够在给定环境条件下正常工作的熔断器。

供应商选择：选择可靠的供应商，确保熔断器的质量和性能可靠。考虑供应商的经验、可靠性、性能、价格和供应链等因素。

## 2.13.2  断路器和熔断器的选型步骤

断路器和熔断器选型步骤如下：

了解负载要求：在选择断路器或熔断器之前，首先需要了解负载的电流要求。确定负载的额定电流和短路电流，以便选择合适的断路器或熔断器。负载电流应小于或等于断路器或熔断器的额定电流，以确保安全运行。

选择合适的断路器类型：广义的断路器有不同的类型，包括热断路器、磁断路器和熔断器。根据应用需求和保护要求选择合适的类型。热断路器适用于过载保护，磁断路器适用于短路保护，而熔断器则通过熔断导线来提供保护。

考虑断路器的额定电流和断开能力：断路器的额定电流是指它可以安全运行的最大电流。确保选择的断路器的额定电流适用于负载的需求。同时，需要考虑断路器的断开能力，即它能够安全切断的最大短路电流。

选择合适的熔断器额定电流和熔断速度：熔断器有不同的额定电流和熔断速度。额定电流应小于或等于负载的电流需求，而熔断速度应根据负载的保护要求进行选择。对于需要快速切断电流的应用，选择快熔断熔断器；而对于需要延迟熔断的应用，选择慢熔断熔断器。

了解断路器和熔断器的故障指示和复位方法：不同的断路器和熔断器可能具有不同的故障指示和复位方法。了解其操作和复位过程，以便在故障发生时能够正确处理。

遵循安全操作规程：在安装和更换断路器和熔断器时，确保电源已断开，并遵循安全操作规程。避免直接接触电源和负载线路，以防触电危险。

定期检查和维护：定期检查断路器和熔断器的状态，确保其正常工作和鲁棒性。清理灰尘和污垢，确保接触良好。及时更换老化、受损或过载的断路器和熔断器。

### 2.13.3  断路器和熔断器的选型准则

了解负载要求，选择合适的类型、额定电流和熔断速度的断路器或熔断器。遵循安全操作规程，在安装和更换时断开电源并注意防触电。定期检查和维护断路器和熔断器，确保其正常工作和鲁棒性。如果有任何疑问或需要，建议咨询专业人士，以获得更准确的指导。断路器和熔断器的选型规则如下：

- 使用于主要（线电压）电路中的断路器和熔断器需要符合适当的法规（安全）标准，在指定元件之前请咨询产品法规工程师。

- 断路器和熔断器的作用是与温度有关的，请务必查阅制造商的数据表，以了解温度的影响。

- 断路器有多种款式和不同的跳闸机制，使用供应商的规格说明确定适合你的应用的类型，包括额定电流、额定电压、断开能力、跳闸速度与电流水平的关系以及对温度的敏感性。

- 已经确定断路器有可能对系统的电磁特性产生影响。更改元件类型时应考虑其对电磁兼容性的影响。

- 切勿直接使用熔断器保护电子元件（例如将熔断器串联在功率晶体管输出端）。电子元件的破坏速度比熔断器的反应速度快得多。

- 请记住，熔断器或断路器在过电流情况下需要一定的时间才能起作用；过电流水平越高，反应时间越快。每种类型的熔断器和断路器都有描述在特定条件下开启时间的规格参数。非常高的过载电流可以在几分之一秒内打开熔断器，但你的电路不能因此条件而受损，否则熔断器并没有真正起到保护作用。

- 熔断器的额定和测试不尽相同，要注意不同制造商之间的差异。

- 表面贴装（SMT）熔断器的散热能力可能比相同的穿孔或夹持安装版本差，并且可能需要额外的温度降额。请参考制造商的数据表。

- 可重置聚合物熔断器在跳闸时不会提供"开路"状态，它们的电阻会从"开启"状态增加几个数量级（通常是 1000~10000 倍）。

- 在故障情况下，避免在没有电流限制的情况下操作聚合物可重置熔断器，超过其最大电流额定值的电流可能会导致电弧、烧毁和破坏。

● 聚合物可重置熔断器在重复使用中无法提供稳定的"开"或"关"电阻，在你的电路设计中要考虑这一点。有陶瓷可重置熔断器可提供更稳定的"开"电阻和在恒定环境温度下可重复的"关"电阻，但陶瓷可重置熔断器的成本比聚合物可重置熔断器更高。

# 2.14 插接器设计

插接器是一种机电系统，它在电子系统的两个子系统之间提供一个可分离连接，而不会对元件的性能产生不可接受的影响。插接器通过机械方式创建电气连接，属于机电元件。

插接器在电气线路中起着连接或断开电气元件的作用，广泛应用于各种电气线路中。因此，选择和使用插接器是保证电路可靠性的重要方面。

插接器的电气参数是选择插接器时首要考虑的问题。不同的应用需要不同的电气参数，如额定电流、电压、接触阻抗等。正确选择插接器的电气参数，可以确保电路的稳定性和可靠性。

同时，插接器的可靠性也是保证电路稳定性的一个重要方面。插接器的制造厂商有责任提高插接器的可靠性，并确保其质量。然而，由于插接器的种类繁多，应用范围广泛，正确选择插接器也是提高插接器可靠性的关键。只有制造厂商和使用者共同努力，才能最大限度地发挥插接器的功能。

## 2.14.1 插接器的选型考虑因素

插接器作为一种机电系统，在电子系统中起着关键的连接作用。选择和使用插接器需要考虑多个因素，包括电气参数、机械强度、环境应力等。电气参数是首要考虑的因素，但也需要考虑机械强度、防水性能、耐高温、耐腐蚀等要求。此外，插接器的尺寸、功能、可靠性和成本效益也需要综合考虑。通过正确选择插接器，可以确保电路的可靠性和稳定性。制造厂商和使用者应共同努力，提高插接器的可靠性，并确保插接器发挥应有的功能。

插接器的选型考虑因素如下：

额定电流（Rated Current）：插接器的额定电流表示其所能承受的最大电流。选择插接器时需确保其额定电流能够满足电路的工作电流需求。

额定电压（Rated Voltage）：插接器的额定电压表示其所能承受的最大电压。选择插接器时需确保其额定电压能够匹配电路的工作电压。

防护等级（Protection Rating）：插接器的防护等级表示其对环境的防尘、防水等能力。根据应用需求选择具有适当防护等级的插接器。

接插次数（Mating Cycles）：插接器的接插次数表示其能够承受的反复连接和拆卸次数。选择插接器时需考虑插接器的接插次数要求和使用寿命。

环境条件：考虑连接器在使用环境中的工作温度范围、湿度要求、抗振动和抗冲击能力等因素。选择能够在给定环境条件下正常工作的插接器。

尺寸和布局（Size and Layout）：选择合适尺寸和布局的插接器，以适应电路的物理空间和布线要求。

安装方式（Mount Style）：插接器的安装方式包括插针式、焊接式、表面贴装等。根据应用需求选择合适的安装方式。

供应商选择：选择可靠的供应商，确保插接器的质量和性能可靠。考虑供应商的经验、可靠性、性能、价格和供应链等因素。

## 2.14.2 插接器的选型步骤

插接器的设计和技术涉及众多问题，且不断变化。具体选择插接器时，应结合具体应用和产品，仔细评估所有相关要求，并参考插接器制造商的最新信息。

插接器的选型步骤如下：

选择合适的插接器类型：在选择插接器时，需要考虑应用的需求和要求。不同类型的插接器适用于不同的应用场景。例如，D-sub 插接器适用于数据传输和通信应用，而圆形插接器适用于工业环境中的耐久性要求高的应用。根据应用需求，选择合适的插接器类型。

考虑插接器的电流容量：插接器的电流容量是一个重要的考虑因素。根据电路中的电流需求，选择能够承受所需电流的插接器。确保插接器的额定电流满足应用的需求，并有一定的余量。

保证插接器的鲁棒性和耐久性：插接器在使用过程中可能会遇到振动、冲击、湿度等环境因素。因此，选择具有良好的耐久性和鲁棒性的插接器非常重要。了解插接器的材料、密封等级、耐久性测试等信息，以确保其适应所需的环境条件。

正确进行插接器的布线和引脚规划：在进行插接器布线时，需要考虑信号的完整性和电磁干扰的问题。避免信号线和电源线交叉干扰，采用合适的引脚规划和布线方式，以确保信号的稳定传输和最小的干扰。

注意插接器的安装和拆卸：插接器的正确安装和拆卸非常重要，以避免损坏插接器或引起连接问题。遵循制造商提供的安装和拆卸指南，确保正确的插入力和拔出力，并避免使用过大的力量。

进行插接器的鲁棒性测试：在使用插接器之前，进行鲁棒性测试是必要的。通过测试插接器的插拔次数、电气性能、机械性能等，可以评估插接器的鲁棒性和性能。确保插接器符合应用的鲁棒性要求。

### 2.14.3  插接器的选型准则

选择合适的插接器类型，考虑电流容量、鲁棒性和耐久性，正确进行布线和引脚规划，注意插接器的安装和拆卸，以及进行鲁棒性测试，可以确保插接器在电路中的鲁棒性和性能。定期检查和维护插接器，以确保其长期稳定运行。插接器的选型规则如下：

- 插接器引脚可以并联连接以增加电流容量。对于并联的多个引脚，应额外降额 10%。插接器内的气流可以帮助降低热点温度。

- 高电流引脚可以放置在插接器的端部而不是中间，以实现更好的散热传递。

- 较小宽度和多个插接器可能比一个更长宽度的插接器更适合减少辐射排放。

- 温度、湿度、过高的接触电流和振动可能导致插接器故障。摩擦腐蚀可能导致间歇性连接。由于电路中的浪涌电流，接触点也可能会被焊死。

## 2.15  二极管设计

二极管作为一种重要的电子元件，通过其正向导通和反向截止的特性，在电路中发挥着重要作用。了解二极管的原理、特性和应用，对于电子电路的设计和应用至关重要。通过合理选择和使用二极管，可以实现各种功能，并确保电路的可靠性和稳定性。

二极管的基本原理：二极管由 P 型和 N 型半导体材料组成，形成了 PN 结。当二极管处于正向偏置时，电流可以流动，称为正向导通；而当二极管处于反向偏置时，电流无法流动，称为反向截止。这是由于 PN 结中的电场效应和能级差异所致。正向偏置时，P 区的正电荷与 N 区的自由电子相吸引，形成电流通路；反向偏置时，正电荷与自由电子被电场分开，阻止电流通过。

二极管的特性曲线：二极管的电流与电压之间存在一定关系，可以通过特性曲线来表示。在正向特性曲线上，当正向电压超过二极管的阈值电压（正向压降）时，电流急剧增加；而在反向特性曲线上，当反向电压超过二极管的击穿电压时，电流急剧增加。

二极管的应用：二极管的导通和截止特性使其在电子电路中有广泛应用。

整流器：二极管可以将交流信号转换为直流信号，实现整流功能。在半波整流和全波整流电路中，二极管起到关键作用。

信号调理：二极管可以用作信号调理元件，如限幅器、削波器、反向保护等。通过合理选择二极管的工作状态，可以对信号进行调整和保护。

开关：二极管可以用作开关元件，通过正向偏置和反向偏置来控制电流的通断。在数字电路、逻辑门电路等应用中，二极管常常被用作开关。

光电二极管：光电二极管是一种将光能转换为电能的元件。它在光电传感、光通信等领域有广泛应用。

此外，二极管还可以用于温度测量、电压稳定、频率调制等应用中。

## 2.15.1　二极管的选型考虑因素

二极管的选型考虑因素包括额定电流、反向电压、正向电压降、开关速度、温度特性、封装类型以及供应商选择。根据这些因素选择适合应用需求的二极管，以确保二极管能够满足电路要求、稳定可靠地工作，并具有适应温度和封装要求的能力。二极管的选型考虑因素如下：

额定电流（Rated Current）：二极管的额定电流表示其所能承受的最大电流。选择二极管时需确保其额定电流能够满足电路的工作电流需求。

反向电压（Reverse Voltage）：二极管的反向电压表示其能够承受的最大反向电压。选择二极管时需确保其反向电压能够匹配电路的工作电压。

正向电压降（Forward Voltage Drop）：二极管的正向电压降表示其在正向导通时的电压损失。选择二极管时需考虑电路的电压要求和二极管的正向电压降。

开关速度（Switch Speed）：二极管的开关速度表示其从导通到截止或从截止到导通的响应时间。选择二极管时需根据应用需求选择合适的开关速度。

温度特性（Temperature Characteristics）：二极管的温度特性表示其在不同温度下的性能变化情况。选择二极管时需考虑电路的工作温度范围和二极管的温度特性。

封装类型（Package Type）：二极管的封装类型包括直插式、贴片式、表面贴装等。根据应用需求选择合适的封装类型。

供应商选择：选择可靠的供应商，确保二极管的质量和性能可靠。考虑供应商的经验、可靠性、性能、价格和供应链等因素。

## 2.15.2　二极管的选型步骤

二极管的一般选型步骤如下：

确定应用需求：在进行二极管选型之前，首先需要明确应用的需求和要求。这包括电压范围、电流要求、功率需求以及其他特殊功能或特性的要求。清楚定义应用需求有助于选择合适的二极管和相应的设计方案。

确定二极管类型：根据应用需求，选择适合的二极管类型。常见的二极管类型包括普通二极管、快恢复二极管、肖特基二极管等。了解二极管的特性和优缺点，并根据应用需求选择最合适的类型。

确定电压和电流需求：根据应用需求确定二极管所需的最大额定电压和最大额定电流。这有助于选择合适的二极管并确保其能够在预期的工作条件下正常运行。

了解二极管参数：在进行选型之前，对二极管的参数有一定的了解是必要的。这包括最大额定值、反向漏电流、正向压降、响应时间等。这些参数对于正确选择和使用二极管非常重要。

考虑温度特性：根据应用环境和工作温度范围的要求，选择具有合适温度特性的二极管。确保在高温或低温环境下二极管的性能和鲁棒性。

进行仿真和分析：在进行实际设计之前，进行电路仿真和分析是非常有帮助的。使用电路仿真软件可以模拟和验证电路的性能和行为，并进行电流、电压和功率的分析。这有助于优化设计并避免潜在的问题。

优化电路布局与布线：良好的电路布局和布线对于二极管电路的性能和鲁棒性至关重要。确保适当的接地和电源布局，最小化信号回路和干扰源之间的距离，以及降低寄生电容和电感等都是重要的考虑因素。

进行鲁棒性测试和验证：在设计完成后，进行鲁棒性测试和验证对于保证二极管的性能和鲁棒性非常重要。这包括温度循环测试、鲁棒性评估和长期稳定性测试等。

持续学习和更新知识：二极管技术不断发展和演变，因此持续学习和更新相关知识非常重要。保持对新技术和趋势的了解，可以帮助改进设计和应对不断变化的需求。

通过按照上述步骤进行二极管选型，可以确保选择合适的二极管，以满足应用需求并保证其性能和鲁棒性。

### 2.15.3　二极管的选型准则

二极管设计选型的准则涵盖了多个方面，包括电流和电压特性、温度特性、反向恢复时间、热特性、极性连接、特殊应用需求等。通过仔细考虑这些准则，可以选择合适的二极管并确保设计的鲁棒性和性能。

二极管设计选型的准则如下：

- 在桥式整流器中，典型的故障是由于过大的浪涌电流和反向电压条件导致的。在通用电源中，建议二极管的峰值反向电压为至少 600V。

- 开关损耗和导通损耗对开关电路中的二极管的总功耗有贡献。在确定额定值时，应考虑二极管在高温条件下的峰值反向电压。

· 在将二极管组装到散热器中时，需要特别注意。需要正确规定绝缘和螺钉的扭矩，以避免二极管的任何故障。

· 如果二极管串联，则应在每个二极管的并联处使用电阻和电容来共同承担击穿电压。该特定情况下的最大结温应降低到100℃。

· 肖特基整流器的功耗来自均方根电流损耗+平均电流损耗+漏电流损耗，每个部分都有重要的组成部分。

· 过大的功耗是齐纳二极管故障的主要原因。

· 应使用串联电阻来限制通过齐纳二极管的电流（功耗）。

· 齐纳二极管上的电容可以稳定齐纳电压并减少高频噪声。

· 靠近5V电压的齐纳二极管具有最低的电压温度系数。

· 将齐纳二极管偏置到制造商测试时的电流水平，可以为电路中的齐纳电压提供准确的值。

· 对于功率二极管，需要考虑其导通和关断特性，以确保其能够承受所需的电流和电压。选择具有适当电流和电压额定值的二极管，并确保其能够在设计条件下正常工作。

· 对于高频应用，选择具有较低的开关时间和载流能力的快速恢复二极管或肖特基二极管。这可以提高系统的开关速度并降低开关损耗。

· 考虑二极管的热特性，以确保其能够在设计条件下有效散热。在高功率应用中，可能需要使用散热器来降低二极管的温度。

· 考虑二极管的温度特性，并确保其在不同温度下的性能稳定性。选择具有较低温度系数的二极管，以减少温度变化对其特性的影响。

· 对于反向电压保护电路，选择具有较高反向电压额定值的二极管，这可以保护电路免受过电压的损害。

· 在设计中考虑二极管的封装类型和尺寸，以确保其适应所需的安装空间和散热要求。

· 注意选择可靠的二极管供应商，并查阅其数据手册以了解二极管的特性和鲁棒性指标。

· 根据应用需求，选择具有适当特性和性能的二极管，例如低噪声、低反向漏电流、高温度稳定性等。

· 在选择二极管时，需要考虑其反向恢复时间（Reverse Recovery Time，通常用$t_{rr}$表示）。较短的恢复时间可以减小开关损耗和反向电压峰值。

· 对于高温应用，选择具有较高的温度额定值和较低的热阻的二极管。这可以确保二极管在高温环境下的鲁棒性和稳定性。

· 对于高速开关电路，考虑使用快速恢复二极管或超快恢复二极管。这些二极管具有较短的恢复时间，可以提高开关速度和效率。

- 在高电流应用中，需要选择具有较低导通压降的二极管。低压降可以减少能量损耗和热量产生。

- 对于特殊应用，例如功率电子元件和光电子元件，可能需要选择特殊类型的二极管，如 IGBT 二极管、PIN 二极管或光电二极管。这些二极管具有特定的性能和应用要求。

- 在组装二极管时，确保正确连接极性。反向连接或连接了错误的极性可能导致二极管遭到破坏或性能下降。

- 在设计中使用二极管时，应遵循电路设计准则，包括合适的滤波和维护电压/电流范围。

- 对于高精度应用，选择具有低漏电流和低温漂移的二极管可以提高电路的准确性和稳定性。

- 考虑二极管的鲁棒性和寿命。查看供应商提供的鲁棒性数据和测试报告，以确保所选二极管的长期性能和稳定性。

# 2.16 晶体管设计

晶体管作为一种重要的电子元件，通过控制基极电流来控制集电极电流，在电子电路中发挥着关键作用。了解晶体管的工作原理和工作模式，对于正确选择和应用晶体管至关重要。通过合理使用晶体管，可以实现各种功能，并满足电路的需求。

晶体管的基本原理：晶体管是一种半导体元件，由三种不同类型的半导体材料（N 型、P 型、N 型或 P 型）组成。它有三个引脚，分别是发射极（Emitter）、基极（Base）和集电极（Collector）。晶体管的工作原理基于 PN 结的电场效应和能级差异，通过控制基极电流来控制集电极电流。

晶体管的工作模式：晶体管有三个工作模式，分别是放大模式、截止模式和饱和模式。

放大模式：在放大模式下，将正向偏置应用在基极和发射极之间，形成正向电流。当基极电流增加时，会引起集电极电流的放大，即可以实现电流放大功能。

截止模式：在截止模式下，将基极电压设置为低电平或与发射极相同的电位，使得晶体管处于截止状态，集电极电流几乎为零。

饱和模式：在饱和模式下，将基极电压设置为高电平或与集电极相同的电位，使得晶体管处于饱和状态，集电极电流最大。

晶体管的应用：晶体管是一种重要的电子元件，广泛应用于各种电子电路中。

放大器：晶体管可以用作放大器，将弱信号放大为较强的信号。它常用于音频放大器、射频放大器等应用中。

开关：晶体管具有快速开关功能，可以将低电平的输入信号转换为高电平的输出信号。它在数字电路、逻辑门电路、计时器等应用中被广泛使用。

振荡器：晶体管可以用于构建振荡电路，产生高频振荡信号。它常用于射频发射器、时钟电路等应用中。

温度控制：晶体管的工作温度会影响其电流放大能力，因此可以利用这一特性来实现温度控制和保护功能。

电源调节器：晶体管可以用作电源调节器，通过调节基极电流来控制输出电压，实现稳压功能。

除了以上应用，晶体管还可以用于频率调制、干扰抑制、电压比较等功能。

## 2.16.1　晶体管的选型考虑因素

晶体管的选型考虑因素包括额定电压、额定电流、开关速度、放大能力、温度特性、封装类型以及供应商选择。根据这些因素选择适合应用需求的晶体管，以确保晶体管能够满足电路要求、稳定可靠地工作，并具有适应温度和封装要求的能力。晶体管的选型考虑因素如下：

额定电压（Rated Voltage）：晶体管的额定电压表示其能够承受的最大电压。选择晶体管时需确保其额定电压能够匹配电路的工作电压。

额定电流（Rated Current）：晶体管的额定电流表示其所能承受的最大电流。选择晶体管时需确保其额定电流能够满足电路的工作电流需求。

开关速度（Switch Speed）：晶体管的开关速度表示其从截止到导通或从导通到截止的响应时间。选择晶体管时需根据应用需求选择合适的开关速度。

放大能力（Gain）：晶体管的放大能力表示其能够放大输入信号的能力。选择晶体管时需考虑电路的放大要求和晶体管的放大能力。

温度特性（Temperature Features）：晶体管的温度特性表示其在不同温度下的性能变化情况。选择晶体管时需考虑电路的工作温度范围和晶体管的温度特性。

封装类型（Package Type）：晶体管的封装类型包括直插式、贴片式、表面贴装等。根据应用需求选择合适的封装类型。

供应商选择：选择可靠的供应商，确保晶体管的质量和性能可靠。考虑供应商的经验、可靠性、性能、价格和供应链等因素。

## 2.16.2　晶体管的选型步骤

晶体管设计选型是一项复杂而关键的任务，涉及多个方面的考虑和技术。从明确应用需求开始，选择适当的晶体管类型，并了解其参数和特性。通过仿真和分析来优化设计，在布局和布线中注意电路布局和热管理。进行鲁棒性测试和验证，以确保设计的性能和鲁棒性。持续学习和更新知识，保持对新技术的了解。通过遵循这些步骤和综述，可以进行成功的晶体管设计。

晶体管选型的一般步骤：

● 确定应用需求：

在进行晶体管设计之前，首先需要明确应用的要求和需求。这包括电压范围、电流要求、功率需求以及其他特殊功能或特性的要求。清楚定义应用需求有助于选择合适的晶体管和相应的设计方案。

● 选择适当的晶体管类型：

根据应用需求，选择适合的晶体管类型。常见的晶体管类型包括 BJT（双极型晶体管）和 MOSFET（金属氧化物半导体场效应晶体管）。了解晶体管的特性和优缺点，并根据应用需求选择最合适的类型。

● 了解晶体管参数：

在进行设计之前，对晶体管的参数有一定的了解是必要的。这包括最大额定值、增益、频率响应、输入和输出电容等。这些参数对于正确选择和使用晶体管非常重要。

● 进行仿真和分析：

在进行实际设计之前，进行电路仿真和分析是非常有帮助的。使用电路仿真软件可以模拟和验证电路的性能和行为，并进行电流、电压和功率的分析。这有助于优化设计并避免潜在的问题。

● 优化电路布局与布线：

良好的电路布局和布线对于晶体管电路的性能和鲁棒性至关重要。确保适当的接地和电源布局，最小化信号回路和干扰源之间的距离，以及降低寄生电容和电感等都是重要的考虑因素。

● 注意热管理：

晶体管在工作过程中会产生热量，因此热管理是必不可少的。适当的散热设计和热管理技术可以帮助保持晶体管的温度在安全范围内，以确保其性能和寿命。

● 进行鲁棒性测试和验证：

在设计完成后，进行鲁棒性测试和验证对于保证晶体管的性能和鲁棒性非常重要。这包括温度循环测试、鲁棒性评估和长期稳定性测试等。

● 持续学习和更新知识：晶体管技术不断发展和演变，因此持续学习和更新相关知识非常重要。保持对新技术和趋势的了解，可以帮助改进设计和应对不断变化的需求。

通过按照上述步骤进行晶体管选型，可以确保选择合适的晶体管，以满足应用需求并保证其性能和鲁棒性。

## 2.16.3 晶体管的选型准则

晶体管的选型准则如下：

● 晶体管失效的主要原因是结温过高和电压超过元件额定击穿电压。测量的电压必须包括所有瞬态条件（动态负载或启动条件）。

● 尽量避免使用 TO220 元件。如果必须使用 TO220 元件，引线必须具有绝缘套，在引线与元件本体的交点处必须涂上绝缘涂层。

● 对于晶体管，供应商必须考虑参数随时间的退化：增益（+50%）、泄漏电流——$I_{CBO}$ 或 $I_{CEO}$（+100%）、开关时间（+20%）、饱和电压（+20%）。

● 供应商应使用基极到发射极电阻来减少由泄漏引起的虚假开启。

● 在将晶体管组装到散热器时应采取极端的预防措施。需正确指定绝缘和螺钉的扭矩，以避免晶体管的任何故障。

● 静电可以损坏或破坏 MOSFET，尤其是栅极到源极电压。处理和设计时应尽量减少栅极上 ESD 事件发生的可能性。

● 为了防止振荡，供应商在并联 FETs 时应使用栅极电阻。电阻提供阻尼，以减弱由寄生电感和栅极电容引起的振铃。

● MOSFET 元件不应经常发生雪崩击穿，并且即使在最坏情况（如启动或关闭）或故障条件下，也应尽量减少雪崩击穿的可能性。

● 注意功率额定值，通常在 25℃ 的盒子温度下指定。对于较高的盒子/环境温度，应用适当的降载曲线（由供应商提供）。

● 对于高温和高频（微波）应用，使用 GaAs FETs。

● 在特定的应用中，正确计算和选择适当的晶体管封装非常重要，考虑因素包括功率耗散、热阻和电气隔离要求。

● 避免超过晶体管制造商规定的最大额定值。这包括最大电压、电流、功耗和温度限制。

● 考虑晶体管电路设计的稳定性和鲁棒性。这包括最小化寄生电容和电感，确保正确的绕线和旁路技术的实施。

● 注意晶体管电路的 PCB（印制电路板）布局和布线。适当的接地、信号完整性和最小化寄生效应对于性能和鲁棒性至关重要。

● 采取措施保护晶体管免受过多的电磁干扰和射频噪声。可以通过适当的屏蔽和滤波技术实现。

- 考虑晶体管将要使用的工作环境和条件，包括温度、湿度、振动和冲击。选择适合这些条件的晶体管，并考虑适当的保护措施。
- 实施适当的散热技术，以散发晶体管所产生的热量。这可能包括使用散热器、热界面材料和足够的空气流动。
- 在设计和开发阶段对晶体管进行全面的测试和表征。这包括鲁棒性测试、热循环测试和老化测试，以确保性能和长期稳定性。
- 遵循晶体管制造商提供的推荐指南和规格。这包括应用笔记、数据手册和设计资源，提供有价值的信息和见解，以实现成功的晶体管设计。

# 2.17 单片微电路和混合微电路设计

单片微电路（IC）和混合微电路的选型考虑因素包括功能和性能需求、集成度和封装类型、电源电压和电流、温度特性和稳定性、成本和鲁棒性，以及供应商选择。根据这些因素选择适合应用需求的微电路，以确保系统能够正常运行并满足性能要求，同时考虑经济性和供应商的鲁棒性。

## 2.17.1 单片微电路和混合微电路的选型考虑因素

单片微电路（IC）和混合微电路的选型考虑因素如下：

功能和性能需求：首先确定所需的功能和性能，包括输入输出端口数量、时钟频率、存储容量、处理能力等。根据这些需求选择适合的单片或混合微电路。

集成度和封装类型：单片微电路以芯片形式存在，集成度高，封装紧凑。混合微电路则通常由多个芯片组成，封装相对较大。根据空间限制和系统需求，选择合适的集成度和封装类型。

电源电压和电流：根据系统的电源供应要求，选择能够适应的单片或混合微电路的电源电压范围和电流需求。

温度特性和稳定性：考虑工作环境的温度范围和稳定性要求，选择具有良好温度特性和稳定性的单片或混合微电路。

成本和鲁棒性：根据项目预算和鲁棒性需求，选择符合成本效益和鲁棒性要求的单片或混合微电路。

供应商选择：选择可靠的供应商，考虑其经验、质量控制、技术支持和供应链等因素。

## 2.17.2　单片微电路和混合微电路的选型步骤

选型单片微电路（IC）和混合微电路的步骤如下：

确定需求：明确所需的功能、性能、接口、电源电压等要求。了解系统的基本要求和特殊需求。

研究市场：调研市场上可用的单片微电路和混合微电路产品，了解它们的特点、规格、性能和适用领域。

比较评估：对比不同的单片微电路和混合微电路产品，评估其功能、性能、成本、鲁棒性、供应商信誉等方面的差异。

考虑集成度和封装：根据系统的空间限制和接口要求，确定所需的集成度和封装类型。如果需要更小的封装或更高的集成度，则可能需要选择单片微电路。

查找样片和技术支持：尽可能获取样片，进行实际测试和验证。与供应商联系，了解其技术支持、文档和评估鲁棒性和质量。

了解供应商的质量控制措施，查看产品的鲁棒性指标和故障率数据。考虑供应商的声誉和客户反馈。

综合考虑成本：综合考虑单片微电路和混合微电路的成本，包括芯片价格、外围元件成本、设计成本、生产成本和维护成本。

综合评估：根据以上步骤的结果，综合评估不同单片微电路和混合微电路产品的优缺点，并选择最适合的一款。

进一步验证和测试：在实际系统中使用选定的单片微电路或混合微电路进行进一步验证和测试，确保其能够满足系统要求。

订购和采购：确定选定单片微电路或混合微电路的供应商，并进行订购和采购。

选型单片微电路和混合微电路的步骤可以帮助用户选择适合的元件，并确保其能够满足系统需求。请根据实际情况和需求细化每个步骤，并在选型过程中充分考虑鲁棒性、成本和供应链等因素。

## 2.17.3　单片微电路和混合微电路的选型准则

单片微电路（IC）和混合微电路的选型准则如下：

- 连续功率需要降额，以确保设计中的任何公差或错误、其他元件或工作条件都不会使实际功率超过元件规格或数据表中推荐的最大工作功率。

- 最大内核电压需要降额，以确保设计中的任何公差或错误、其他元件或工作条件都不会使实际内核电压超过最大推荐内核电压。

- 最小内核电压需要降额，以确保设计中的任何公差或错误、其他元件或工作条件都不会使实际内核电压低于最小推荐内核电压。

• 最大 IO（输入输出）电压需要降额，以确保设计中的任何公差或错误、其他元件或工作条件都不会使实际 IO 电压超过最大推荐工作 IO 电压。

• 最小 IO 电压需要降额，以确保设计中的任何公差或错误、其他元件或工作条件都不会使实际 IO 电压低于最小推荐工作 IO 电压。

• 最大工作频率需要降额到规定的最大工作频率以下，以考虑到由于热载流子注入（HCI）和负偏晶体管不稳定（NBTI）效应引起的元件性能退化。HCI 和 NBTI 效应会导致核心晶体管的阈值电压随时间的推移向上漂移，这对处理器和 DRAM 尤其会产生影响。

• 注意最小工作频率问题。不要令动态电路运行在最低指定的时钟频率以下，否则它们会在高温下"忘记"数据！

• 开启顺序（输入信号、输出负载、时钟和电源转换器电压的顺序）通常非常关键。错误的开启顺序（例如输入电压高于或在供电电压之前出现）可能导致激活锁存，对集成电路造成永久性损坏。在分别供电的电路之间的接口处可能需要输入钳位二极管到电源和地。

• 遵循集成电路制造商对未使用输入端的终端建议；通常情况下，它们不应该被悬空。为了最小化元件数量，可以用相同的电阻接入多个输入终端。

• 线性集成电路，无论是双极性还是 MOS，通常非常容易受到静电放电（ESD）损坏。亚灾害性 ESD 损伤会增加噪声、改变直流工作参数，并导致长期的不稳定操作和功能故障。

• 线性电路的斜率可能受到可用电流的限制，以使其在整个带宽上无法实现全幅输出。例如，放大器可能具有 1MHz 的小信号带宽，并能够输出 20V 峰峰值，但要同时达到两者而没有失真，需要具备大于 63V/$\mu$s 的斜率能力。

• 线性集成电路通常具有寄生热反馈。例如，运算放大器或比较器的输入级零偏会随着输出幅度或极性的改变而改变，因为输出级的温度变化会影响同一芯片上的输入状态。热效应引起的偏移漂移通常为 $50\mu V \sim 1mV$（以输入为参考），除非 IC 布局已经设计为最小化此效应。

• 为了避免热问题，需要注意电路的散热设计。确保电路能够有效地散热，避免过热对性能和鲁棒性的影响。

• 对于高频电路，需要特别注意信号完整性和传输线特性。使用合适的阻抗匹配和传输线设计，以减少信号反射和损耗。

• 在设计中考虑电源抗干扰能力。使用合适的电源滤波和去耦电容，以降低电源噪声和干扰对电路的影响。

• 了解并遵循集成电路的静电放电（ESD）保护要求。使用合适的 ESD 保护元件和电路设计，以提高电路的抗 ESD 能力。

● 对于混合微电路设计，需要注意各个组件的互连和封装。确保封装和互连方式能够满足性能和鲁棒性要求，并且尽量减少互连长度和阻抗不匹配。

● 进行严格的鲁棒性测试和验证。在设计完成后，进行鲁棒性测试可以评估电路的性能和鲁棒性，并发现潜在问题。

● 持续学习和关注最新的微电路设计技术和趋势。微电路技术不断发展和演进，了解最新的设计方法和工具可以帮助优化设计并提高电路性能。

通过遵循以上指南和注意事项，可以设计出性能优良、可靠稳定的单片微电路和混合微电路。同时，持续学习和更新知识，保持对新技术和趋势的了解也是非常重要的。

# 第 3 章

# 应 力 分 析

元件应力分析法是用于详细设计阶段的一种预计方法。在这个阶段，所使用的元件规格、数量、工作应力和环境、质量系数等应该是已知的，或者根据硬件定义可以确定的，当使用相同元件时，对它们的失效率因子所做的假设应该是相同的和正确的。在实际或模拟使用条件下进行鲁棒性测量之前，元件应力分析法是最精确的可靠性预计方法。

物理应力分析是评估电子组件可靠性的一个重要方面。它涉及评估设备的物理封装，以确保其能够保持结构完整性、电路互连完整性，并为电子电路可靠运行提供合适的环境。

电子组件的物理封装包括机械支持、电气连接、电源管理、热管理和环境管理等各个方面。这些功能对于保护电子元件并确保其正常运行至关重要。

通过采用可靠性物理和失效原理，可以分析评估设计承受其将遇到的工作应力的能力。这种分析性评估将电子封装从主观艺术转变为客观科学。

应力是使用和环境负荷对设备及其材料的影响。当负荷施加到设备上或在设备内产生时，它会导致设备材料和结构内的运动或应力分布。这种分布平衡了施加的力。

设备所经历的应变量受其尺寸、形状和材料特性的影响，这些特性决定了其强度。弹性、屈服强度和极限强度等材料特性是决定设备如何响应应力的重要因素。

物理应力的分析评估涉及评估设备结构中使用的材料的机械和热性能。这包括分析材料强度、抗疲劳性、热膨胀和散热能力等因素。

通过进行这些分析评估，可以识别物理封装设计中的潜在弱点或关注领域，如图 3-1 所示。这允许实施设计改进或修改，以确保设备能够承受预期的工作应力，并在其预期的使用寿命内保持其可靠性。

在评估电子组件的可靠性时，重要的是要考虑设备应力的可能结果。这些结果可能会影响设备的性能和使用寿命，必须考虑这些结果才能获得可靠的产品。

无关紧要的应变：在某些情况下，施加应力产生的应变可以忽略不计，并且对设备没有显著影响。这是所需的状态，因为这意味着设备可以承受应力而不会产生任何不利影响。

电气特性变化：应力会导致电气特性的变化，例如电阻和电容。这可能导致应力条件下电路性能发生变化。在不降低系统性能的情况下确定可以容忍的漂移量非常重要，以确保元件能够保持其预期功能。

过应力失效：如果施加的应力超过材料的屈服点，则可能会触发失效机制，例如断裂、屈曲、过度变形、熔化或其他热事件。识别和评估这些故障机制以防止灾难性故障并确保设备的可靠性至关重要。

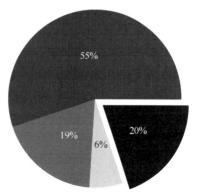

图 3-1　电子组件应力源

磨损失效：当设备受到稳定应力或一系列应力循环时，材料内可能会发生增量损坏累积。这种逐渐的分子分解会导致磨损失效机制，如疲劳、分层、蠕变、腐蚀等。确定在发生磨损故障之前保持所需性能的耐久性时间段对于确保设备的可靠性和使用寿命至关重要。

为了解决这些潜在的结果，可以采用耐久性和可靠性建模技术。这些技术包括评估设备承受应力的能力，预测其使用寿命，并确定提高可靠性可能需要的任何设计或材料更改。

通过考虑这些潜在结果并采用适当的分析和建模技术，设计师和工程师可以更好地了解和减轻应力对电子组件的影响，从而获得更可靠的产品。

##  3.1　应力与强度概念

在工程中，应力和强度的概念，不仅适用于机械材料，也适用于电子元件。电子元件在工作过程中会受到各种外部力的作用，包括机械应力、热应力和环境应力等。因此，了解和评估电子元件的应力和强度是确保元件鲁棒性和性能的重要因素。

首先，应力与电子元件的机械鲁棒性密切相关。机械应力是指元件在组装、安装和运输过程中由于物理量的作用而产生的应力。机械应力可能会导致元件的物理损坏、焊点断裂、引线脱落等问题。因此，在元件的设计和选择过程中，需要考虑元件的机械鲁棒性，并确保其能够承受所受到的机械应力。

其次，热应力也是电子元件中常见的应力源。电子元件在工作过程中会产生热量，而热量会引起元件的膨胀和收缩，从而产生热应力。热应力可能导致元件的材料疲劳、焊点断裂、内部结构破坏等问题。因此，在元件的设计和布局中，需要考虑热应力的影响，并采取适当的散热措施和材料选择，以确保元件能够在合适的温度范围内工作，并抵抗热应力带来的影响。

此外，环境应力也是电子元件需要考虑的因素之一。环境应力包括湿度、温度变化、振动和冲击等。这些环境应力可能会导致元件的性能下降、封装破裂、电气连接松动等问题。因此，在元件的设计和选择中，需要考虑元件所处的工作环境，并选择适用的元件封装和材料，以确保元件能够在相应的环境应力下正常工作。

在电子元件的设计和制造过程中，需要进行应力和强度的分析和测试，以确保元件能够在各种应力条件下保持良好的性能和鲁棒性。通过合理的设计、可靠的制造和适当的测试，可以提高电子元件的应力容忍度和强度，从而提高电子组件的稳定性和鲁棒性。

### 3.1.1　PSA 的定义和概述

元件应力分析（Part Stress Analysis，PSA）是一种系统化的方法，用于评估和分析电子元件在实际工作条件下的应力水平。它旨在识别元件的应力容限，预测元件的鲁棒性，并为设计和制造团队提供应力优化和改进的方向。

在元件应力分析中，首先需要了解元件的物理特性和工作环境。这可以包括元件的材料性质、尺寸、结构等方面的信息，以及元件所处的温度、湿度、振动等工作环境条件。通过收集和分析这些信息，可以确定元件在工作过程中所受的应力来源。

然后，使用数值模拟和实验测试等方法来评估元件在实际工作条件下的应力水平。数值模拟可以通过建立元件的有限元模型，考虑工作环境和负荷条件，来模拟元件的应力分布和变形情况。实验测试可以通过应力传感器、应变计等工具，直接测量元件在工作过程中所受到的应力。

基于应力分析的结果，可以确定元件的应力容限。应力容限是指元件能够承受的最大应力水平，超过该容限可能导致元件的失效或性能降低。通过对元件的应力容限进行评估，可以判断元件在实际工作条件下的可靠性和鲁棒性。

最后，根据应力分析的结果，可以提出应力优化和改进的方向。例如，可以通过改变元件的材料、尺寸、结构等方面的设计，来减少元件的应力集中和应力水平，提高元件的鲁棒性和可靠性。此外，还可以通过改进元件的制造工艺和组装方式，来减少应力引入和应力集中的可能性。

### 3.1.2　PSA 的方法和步骤

PSA 通常包括以下步骤：

1）元件特性分析：首先，对要进行 PSA 的元件进行特性分析，包括电气特性、材料属性和几何结构等。这些信息是应力分析的基础。

2）应力源分析：PSA 需要识别和分析元件所受的应力源。这包括内部应力源（例如电流、热量）和外部应力源（例如机械负荷、温度变化）。对应力源进行定量和定性分析，以了解其对元件的应力影响。

3）应力分析和建模：基于元件的特性和应力源的分析，进行应力分析和建模。这可以使用各种工程工具和软件进行，例如有限元分析（FEA）或计算流体动力学（CFD）等。

4）应力预测和寿命评估：根据应力分析的结果，进行应力预测和寿命评估。这可以通过应力-寿命模型、可靠性预测方法和测试验证等来完成。

5）优化和改进措施：根据应力预测和寿命评估的结果，提出优化和改进措施，包括设计优化、材料选择、工艺改进等，以减少元件的应力水平，提高其鲁棒性和性能。

### 3.1.3　PSA 的关键参数和指标

参数和指标用于评估和量化元件的应力水平和鲁棒性。一些常见的关键参数和指标包括：

1）应力水平：用于表示元件所受应力的大小。可以根据不同应力源和应力类型来确定应力水平。

2）应力容限：表示元件能够承受的最大应力水平。应力容限是根据元件的设计和材料特性确定的。

3）鲁棒性指标：用于评估元件的鲁棒性水平，例如故障率、可靠性指数等。这些指标可以根据应力分析结果和鲁棒性模型进行计算和预测。

### 3.1.4　理想的应力与强度关系

理想情况下，元件的应力应该远低于其强度，如图 3-2 所示，这意味着元件由于应力过大而导致失效的可能性很小。然而，在实际设计中，完全表征产品每个元件的所有应力和所有强度通常是非常困难

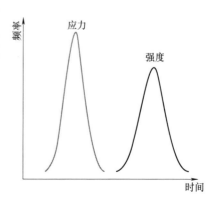

图 3-2　理想的应力与强度关系

的，很少有设计能够达到这种程度。

在设计过程中，为了确保元件的安全可靠性，通常会考虑一系列设计原则和方法，包括以下几项：

经验和标准：根据行业经验和相关标准，制定适用于特定应用的设计规范和要求。这些规范和要求可以指导工程师选择合适的元件和材料，以及进行必要的应力分析和测试。

模拟和仿真：通过使用计算机辅助设计（CAD）和有限元分析（FEA）等工具，可以对元件进行模拟和仿真，以评估其在不同应力条件下的性能。这可以帮助设计师优化元件的结构和材料选择，并预测元件的应力水平。

实验和测试：进行实验和测试是验证设计的重要手段。通过对元件进行负载测试、振动测试和温度测试等，可以验证元件在实际工作条件下的应力水平，并检验其可靠性。

尽管存在这些设计原则和方法，但完全表征产品每个元件的所有应力和所有强度通常是不现实的。这是因为元件的应力受到多种因素的影响，包括使用环境、运行条件和外部负荷等，难以完全预测和模拟。

此外，尽管元件的强度通常有标准值可供参考，但元件的实际强度可能会存在一定的偏差和不确定性。这可能是由于制造过程中的变异、材料性能的差异或设计原则的限制等因素引起的。

## 3.1.5　实际的应力与强度关系

在实际设计中，工程师通常会采用一系列风险评估和容差设计的方法来处理这些不确定性。这包括引入安全系数、使用可靠的材料和制造过程、进行充分的测试和验证等，以确保元件在实际使用中具有足够的安全余量。

在设计中完全表征产品每个元件的所有应力和所有强度往往是困难的，但通过合理的设计原则、模拟和测试方法，可以最大限度地确保元件的安全可靠性。同时，风险评估和容差设计也是必不可少的，以处理不确定性和保证系统的性能和可靠性。

在实践中，为了处理复杂的设计问题，通常会缩小关键元件的列表，并对这些元件执行应力和强度计算。然而，在某些情况下，某些元件可能会承受高于其生存能力的应力水平。为了评估元件失效的概率，研究人员可以考虑两条曲线之间的交点，这些曲线分别代表元件的应力分布和强度分布，如图 3-3 所示。

通过计算这两条曲线之间的面积，研究人员可以得到应力高于强度的概率。这个概率可以用一个二重积分来定义。在这个积分中，研究人员考虑的是应力分布和强度分布之间的重叠区域。

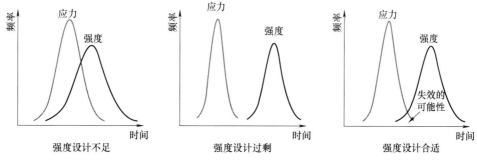

图 3-3 实际的应力与强度关系

如果研究人员将这个重叠的区域想象成一个曲线下面积，它可能是一个小的正态曲线。这是因为应力和强度通常都服从正态分布。在这种情况下，研究人员可以使用统计学中的概率密度函数来计算该曲线下的面积，从而得到应力高于强度的概率。

这种方法可以帮助工程师评估元件的可靠性和寿命，并做出相应的设计决策。通过考虑应力和强度之间的差距，研究人员可以识别潜在的失效点，并采取措施来降低失效的概率，例如选择强度更高的元件、改进结构设计或增加安全系数。

### 3.1.6 应力曲线和强度曲线分析方法

#### 1. 统计分析方法

通常情况下，应力曲线和强度曲线是未知的，研究人员需要通过实验和测试来获取这些数据。然而，在许多情况下，只需稍加努力，研究人员就可以收集足够的数据来绘制应力和强度的直方图，并以直观的方式评估它们之间的边距。

通过收集足够的样本数据，研究人员可以将这些数据绘制成直方图，从而得到应力和强度的分布情况。这些直方图可以显示数据的分布形状、均值和标准差等重要统计信息。

通过观察直方图，研究人员可以直观地检查应力和强度之间的边距。如果两个分布之间有足够的边距，即强度分布明显高于应力分布，那么元件的可靠性可能会更高。反之，如果两个分布之间的边距很小，即强度分布接近或重叠于应力分布，那么元件的可靠性可能会较低。

然而，仅仅通过直方图进行观察可能无法提供准确的概率估计。在这种情况下，研究人员可以使用统计工具来进行更深入的分析。例如，研究人员可以使用概率密度函数、分布拟合和统计模型来估计应用于低强度项目的强度概率。

通过使用这些统计工具，研究人员可以更精确地计算强度应用于低应力项的概率。这可以帮助工程师更好地评估元件的可靠性，并采取适当的措施来降低失效的概率。

**2. 工程分析方法**

在实际应用中，除了使用统计工具来评估元件的可靠性外，研究人员还可以采用一系列工程方法来隔离可能需要详细应力和强度分析的元件。这些方法包括工程判断、设计 FMEA（失效模式与影响分析）、HALT（加速寿命测试）和原型失效等。

工程判断是基于工程师的经验和专业知识进行的决策过程。通过对设计的各个方面进行综合评估，工程师可以识别出潜在的风险和问题，并将重点放在可能需要进一步分析的元件上。

设计 FMEA 是一种系统的方法，用于识别和评估设计中的潜在失效模式及其可能的影响。通过对设计进行细致的分析，包括元件的应力和强度特性，研究人员可以确定哪些元件可能需要进行详细的应力和强度分析。

HALT 是一种加速寿命测试方法，旨在模拟产品在实际使用中可能遇到的应力。通过对元件在加速条件下进行测试，研究人员可以识别出潜在的失效模式，并进一步评估其强度和可靠性。

原型失效是通过制造和测试原型来观察和记录元件的失效情况。通过对失效进行分析，研究人员可以识别可能需要进一步进行应力和强度分析的元件，并确定适当的设计改进措施。

即使在没有足够数据来绘制应力曲线和强度曲线的情况下，这些方法仍然适用于做出设计决策。设计或降额指南和最佳实践可以帮助团队在初始设计阶段为元件提供足够的设计余量。这些指南和实践经验可以帮助工程师在设计过程中做出合理的假设并采取相应的措施，以确保元件能够满足要求，并具有良好的可靠性。

## 3.1.7  时间的影响

在实际应用中，材料的降解、蠕变或变脆是导致产品失效的常见原因之一。这些因素可以导致金属生锈、触点腐蚀、PN 结边界模糊等问题。

当产品开始投入使用时，它可能在理想的应力范围内运行，但随着时间的推移，应力可能会超过材料的承受能力，导致失效。强度曲线可以简单地向应力曲线移动，或者它可能会扩大曲线的传播。无论是哪种情况，都会增加发生失效的概率。

此外，应力曲线并不是静态的。产品在使用过程中会不断暴露在更恶劣、更苛刻的环境中，这可能导致应力曲线的变化。例如，产品可能在高温、高湿度或腐蚀性环境中运行，这会增加材料的应力并加速失效的可能性。

因此，研究人员需要意识到产品的可靠性不仅仅取决于初始设计时的应力和强度关系，还取决于产品在实际环境中的应力和材料的耐久性。为了最大限度地提高产品的可靠性，研究人员需要考虑这些因素，并在设计和工程决策中加以考虑。

## 3.1.8 PSA 流程

元件应力分析（PSA）的一般流程如图 3-4 所示。首先，工程师需要了解产品和组成电路所安装的现场应用范围。在组织内，根据以往产品的经验教训，将其纳入分析中进行适当的改进。使用各种数值方法，结合电路模拟工具，进行开发性能规格与模型行为之间的比较。如果需要修改，将进行回归分析。只有当设计余量足够时，电路才会被实施。

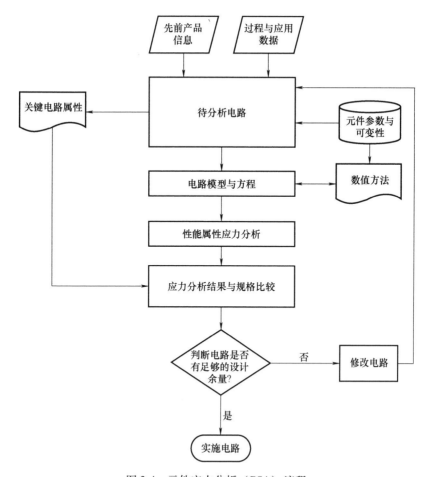

图 3-4　元件应力分析（PSA）流程

在进行 PSA 时，首先，工程师需要了解产品和组成电路的现场应用范围。这可以帮助他们确定分析的重点和关注的性能指标。之后，工程师会考虑以往产品的经验教训，并将其纳入分析中，以避免重复的错误或问题。

在分析过程中，工程师会使用各种数值方法和电路模拟工具来进行开发性能规格和模型行为之间的比较。这可以帮助他们确定电路在不同工作条件下的性能范围，并了解可能的风险和挑战。

如果在比较中发现性能规格和模型行为之间存在差异或不符合要求，工程师就需要进行修改。这可能涉及对电路参数或设计进行调整，以满足性能规格。

在进行修改之前，工程师还会进行回归分析。这可以帮助他们确定所做的修改是否能够改进电路的性能，并确保设计余量充足。

最后，在确保设计余量足够的情况下，工程师将实施电路。这意味着他们已经确定了最坏情况下的性能边界，并且电路的设计可以在各种场景下正常工作。

## 3.2 应力与强度分析

### 3.2.1 应力与强度正态假设

在实践中，实现这种理想情况通常是困难的，并且很少有设计能够做到这种程度，原因如下。

首先，工程师很难完全了解和表征产品每个元件的所有应力和所有强度。在设计过程中，工程师通常依赖于已有的数据、文献研究和经验知识来估计元件的应力和强度。这些估计值可能存在不确定性，因为它们可能是基于相似元件或相似环境条件的数据，而不是针对具体设计的实际测试数据。

其次，产品在使用过程中的应力条件可能会有所变化。环境条件、工作负荷、使用习惯等因素都可能导致应力的变化。这使得设计阶段确定的应力和强度关系可能无法准确预测产品在实际使用中的可靠性。

此外，由于成本和时间等因素的限制，设计中可能存在一定的设计余量。这意味着工程师在设计阶段可能会将一些元件的强度设定为较低的值，以确保其在实际使用中不会超过限制。这种设计余量的设置使得应力和强度关系无法完全达到理想情况。

在某些情况下，由于各种因素，某些元件可能会承受高于其生存能力的应力。这种情况下，失效的概率可以通过两条曲线的交点来计算。这两条曲线分别代表应力和强度的分布。

为了计算应力高于强度的概率，工程师可以通过计算两个曲线之间的面积来求解。这个面积可以通过进行二重积分来定义。这个二重积分将会考虑到应力和强度的分布函数以及它们之间的关系。

当工程师想象这个面积时，可以将其视为重叠曲线下的一条小的正态曲线。该正态曲线代表了在给定应力和强度条件下失效的概率。

通过对这个面积进行计算，工程师可以获得应力高于强度的概率。这个概率可以用来评估产品的可靠性，并帮助工程师在设计和工程决策中采取适当的措施来降低失效的风险。

需要注意的是，这种概率计算是基于统计和概率理论的，它假设应力和强度的分布函数是已知的，并且它们之间的关系是线性的。然而，在实际情况中，这些分布函数可能并不完全已知，并且应力和强度之间的关系可能是非线性的。因此，在进行概率计算时，工程师需要考虑到这些因素，并进行适当的调整和估计。

### 3.2.2 符号

当工程师表征应力和强度时，通常可以使用概率分布来描述它们的值的位置和变化。

失效概率可以用符号 $p_f$ 表示，其定义为 $P(Y<X)$，其中 $Y$ 是强度的随机变量，$X$ 是应力的随机变量。

强度 $Y$ 是一个随机变量，其均值（平均值）可以表示为 $\mu_y$，标准差可以表示为 $\sigma_y$。强度的分布可以用各种概率分布来描述，如正态分布、指数分布等。

应力 $X$ 也是一个随机变量，其均值可以表示为 $\mu_x$，标准差可以表示为 $\sigma_x$。应力的分布也可以用各种概率分布来描述。

安全系数可以定义为强度的均值与应力的均值之间的比值，即安全系数 = $\mu_y/\mu_x$。安全系数表示了强度相对于应力的保守程度。

安全余量可以定义为强度的均值减去应力的均值，即安全余量 = $\mu_y - \mu_x$。安全余量表示了强度与应力之间的余量。

随机变量可以用任何分布来描述，如正态分布、指数分布、韦伯分布等。选择适当的分布函数取决于具体的应用场景和数据特征。

### 3.2.3 三种情况

在某些情况下，工程师可能只有应力或强度的估计，或者可能存在不完整的信息。在这种情况下，有三种可能的情况可以用于应力和强度的计算。

第一种情况是当工程师只有应力的概率分布函数（PDF）时。在这种情况下，工程师可以直接使用应力的 PDF 来计算失效的概率。对于固定且已知的强度，工程师可以将强度与应力进行比较，并计算强度小于应力的概率。这个概率就是失效的概率。

第二种情况是当工程师只有强度的概率分布函数（PDF）时。在这种情况下，工程师可以直接使用强度的 PDF 来计算失效的概率。对于固定且已知的应力，工程师可以将应力与强度进行比较，并计算强度小于应力的概率。这个概率也是失效的概率。

第三种情况是当工程师只有固定且已知的强度，但应力是一个随机变量时。在这种情况下，工程师需要使用一些微积分方法来计算失效的概率。工程师需要将应力的 PDF 与强度进行卷积，然后计算强度小于应力的概率。

在这三种情况中，失效的概率可以通过计算强度小于应力的概率来得到。这可以帮助工程师评估系统或材料的可靠性，并采取相应的措施来降低失效的风险。图 3-5 说明了如何通过概率密度函数计算元件在给定强度水平下的失效概率。

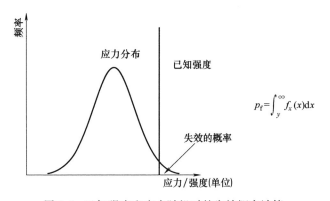

$$p_f = \int_y^\infty f_x(x)\mathrm{d}x$$

图 3-5　已知强度和应力随机时的失效概率计算

当应力超过预期强度时，就会发生失效。在这种情况下，工程师可以将应力视为已知，并且强度是一个随机变量。

在统计学中，工程师可以用分布函数来描述随机变量的性质。对于强度这个随机变量 $Y$，工程师可以使用一个概率分布函数来表示它的分布。常见的分布函数有正态分布、指数分布、韦伯分布等。

在这种情况下，失效的概率可以表示为应力超过强度分布函数右侧区域的面积。这个区域代表了强度小于应力的概率，也就是发生失效的概率。因此，失效的概率可以通过计算这个面积来得到。

在实际应用中，工程师可能会根据已知数据和统计分析来估计强度的分布函数，并计算失效的概率。这可以帮助工程师评估系统或材料的可靠性，并制定相应的措施来降低失效的风险。

已知固定强度，应力为随机变量：如果应力超过已知的强度，则发生故障。故障概率是应力分布右侧已知强度值下的面积。

已知固定应力，强度为随机变量：如果强度低于已知的应力，则发生故障。故障概率是强度分布左侧已知应力下的面积。

应力和强度都是随机变量：当应力大于强度时发生故障。故障概率由两个曲线下面积的交集表示，这是一个单独的分布，需要近似计算。当强度低于已知应力时，就会发生失效。在这种情况下，应力和强度都是随机变量，并且工程师可以使用它们的分布函数来描述它们的性质。

图 3-6 说明了如何通过强度分布的概率密度函数计算元件在给定压力水平下的失效概率。这里的失效概率是指元件强度小于或等于已知应力的概率，即元件在该应力下发生失效的可能性。

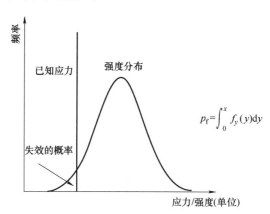

图 3-6　已知应力和强度随机时的失效概率计算

工程师可以假设应力和强度都服从特定的概率分布，例如正态分布、指数分布或韦伯分布。这些分布函数可以帮助工程师理解应力和强度的变化范围以及其概率特性。

在这种情况下，失效的概率可以表示为强度小于已知应力分布函数左侧区域的面积。这个区域代表了强度低于应力的概率，即发生失效的概率。

通过计算这个面积，工程师可以得到失效的概率。这个概率可以通过统计方法和已知数据来估计，从而帮助工程师评估系统或材料的可靠性，并采取相应的措施来降低失效的风险。

图 3-7 说明了元件在不同应力水平下的失效概率。这里的失效概率是指元件

所承受的应力超过其强度的概率,即元件在该应力下发生失效的可能性。通过比较应力分布和强度分布,可以评估元件的可靠性和安全性。

在统计学中,失效可以用概率来描述。工程师可以通过将强度-应力曲线下方的面积作为概率来表示失效的可能性。这个面积代表了在给定条件下材料失效的概率。

在实际应用中,失效概率往往是一个随机变量,并且其具有自己的分布。在下一节中,工程师可以对失效概率进行近似,使用适当的统计分布来描述失效概率的特性。

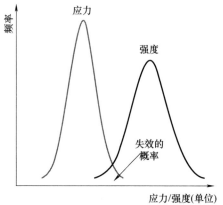

图 3-7 应力和强度都随机时的失效概率计算

$$R = P[\text{应力} \leq \text{强度}] = \int_0^\infty f_{\text{应力}}(x) R_{\text{应力}}(x) \, \mathrm{d}x$$

### 3.2.4 两个正态分布

在某些情况下,当应力和强度都符合合理的正态分布时,可以采用差异分布(Difference Distribution)来分析两个分布之间的差异。在这种情况下,工程师可以定义差异变量 $D$,表示两个分布的差异,即 $D = y - x$,其中 $X$ 和 $Y$ 分别为表示应力和强度的变量。

$$\mu_D = \mu_y - \mu_x$$

由于应力和强度都符合正态分布,根据正态分布的性质,差异变量 $D$ 也将具有正态分布的特性。具体而言,差异变量 $D$ 的均值为两个分布均值的差值,即 $E(D) = E(y) - E(x)$,而差异变量 $D$ 的方差为两个分布方差之和,即 $\mathrm{Var}(D) = \mathrm{Var}(y) + \mathrm{Var}(x)$。

通过分析差异变量 $D$ 的正态分布特性,工程师可以对两个分布之间的差异进行推断和比较。例如,可以计算差异变量 $D$ 的置信区间,从而估计两个分布均值之间的差异范围。此外,可以进行假设检验,检验两个分布之间的差异是否显著。

需要注意的是,差异分布的应用前提是应力和强度都合理地符合正态分布。如果分布不符合正态分布,或者在特定情况下有其他的分布特性,可能需要使用其他的统计方法来分析差异。此外,还需要注意数据的收集和样本量的大小,以确保分析结果的可靠性和准确性。

安全余量(Margin of Safety)是指在两个分布的均值差异中,强度分布相对于应力分布的差值。它可以用来评估系统或组件的可靠性和安全性。

$$\sigma_D^2 = \sigma_y^2 + \sigma_x^2$$

通过计算安全余量，工程师可以直接估计失效的概率。具体而言，工程师可以使用标准正态分布的累积分布函数 $\Phi$ 来计算 $Z$ 值右侧的面积，表示足够高的应力施加到强度足够弱的项目导致失效的概率。

$$p_f = \Phi\left(-\frac{\mu_y - \mu_x}{\sqrt{\sigma_y^2 + \sigma_x^2}}\right)$$

式中，$p_f$ 是失效概率；$\Phi$ 是标准正态分布的累积分布函数（CDF）；$\mu_y$ 和 $\mu_x$ 分别是强度和应力的均值；$\sigma_y$ 和 $\sigma_x$ 分别是强度和应力的方差。

这个公式的计算步骤如下：

1）计算强度和应力均值之差：$\mu_y - \mu_x$。

2）计算强度和应力方差的和：$\sigma_y + \sigma_x$。

3）计算标准正态分布的 $Z$ 值：

$$-\frac{\mu_y - \mu_x}{\sqrt{\sigma_y^2 + \sigma_x^2}}$$

4）使用标准正态分布的累积分布函数 $\Phi$ 计算失效概率 $p_f$。

这个公式假设强度和应力都服从正态分布，并且它们是相互独立的。通过这个公式，可以评估在给定的应力水平下，材料发生失效的概率。失效概率是指材料的强度小于所承受的应力的概率。

在这里，$Z$ 值是标准正态分布的一个统计量，通过计算 $Z$ 值右侧的面积，工程师可以获得失效概率。这个面积或概率表示了在给定的应力和强度分布下，由于应力超过强度而导致失效的机会。

安全余量的计算和解释可以帮助工程师评估系统或组件的可靠性和安全性。较大的安全余量表示系统或组件更具有可靠性和安全性，因为它们具有更大的阻力来抵抗应力的影响。相反，较小的安全余量可能意味着系统或组件存在较高的风险和失效概率。

需要注意的是，安全余量的计算依赖于应力和强度的概率分布。因此，在进行安全余量分析时，需要准确收集和分析应力和强度数据，并了解它们的分布特性。此外，还需要考虑其他因素，例如设计容限和可靠性要求，以便确定安全余量的合理范围。

### 3.2.5 计算示例

给定均值 $\mu_x$ 为 1500 且标准差 $\sigma_x$ 为 20 的应力分布，以及均值 $\mu_y$ 为 1600 且标准差 $\sigma_y$ 为 30 的强度分布，确定失效概率是多少。

$$p_\mathrm{f} = \Phi\left(-\frac{1600-1500}{\sqrt{30^2+20^2}}\right) = \Phi\left(\frac{100}{\sqrt{1300}}\right) = \Phi(2.77) = 0.0028$$

要确定失效的概率，工程师需要将应力和强度的分布函数进行比较。给定均值 $\mu_x$ 为 1500 且标准差 $\sigma_x$ 为 20 的应力分布和均值 $\mu_y$ 为 1600 且标准差 $\sigma_y$ 为 30 的强度分布，工程师可以假设应力和强度分别服从正态分布。

首先，工程师需要标准化应力和强度，这样可以将它们转化为标准正态分布（具有均值 0 和标准差 1）。

对于应力，标准化公式为：$Z_x = (X - \mu_x)/\sigma_x$

对于强度，标准化公式为：$Z_y = (Y - \mu_y)/\sigma_y$

其中，$X$ 和 $Y$ 分别代表应力和强度的随机变量。

然后，工程师可以使用标准正态分布的累积分布函数（CDF）来计算失效的概率。在这种情况下，失效发生在强度小于应力的情况下。

失效概率可以通过以下公式计算：$P(\text{失效}) = P(Y < X)$

工程师将标准化后的应力 $Z_x$ 代入标准正态分布的 CDF，并计算概率 $P(Y < Z_x)$。最后，工程师将得到的概率转化为失效概率。

需要注意的是，由于工程师的应力和强度分布都是正态分布，工程师可以使用公式来计算失效概率。但对于其他类型的分布，可能需要使用数值方法来进行计算。

希望这个计算示例能帮助读者了解如何确定失效的概率。如果需要具体的计算结果，请提供应力和强度的具体数值。

# 3.3　应力类型

## 3.3.1　机械应力分析

机械应力分析是针对材料或结构在机械负荷下受到的应力进行的一种分析。其目的是确定材料或结构在不同负荷条件下的应力分布和变化情况，以评估其可靠性和耐久性。

在机械应力分析中，主要关注以下几个方面：

弯曲应力分析：当材料或结构受到弯曲负荷时，会在其表面和内部产生弯曲应力。弯曲应力的分布和变化情况对材料或结构的弯曲强度和刚度有重要影响。通过模拟弯曲负荷对材料或结构的影响，可以确定弯曲应力的分布情况。

拉伸和压缩应力分析：材料或结构在受到拉伸或压缩负荷时，会在其表面和内部产生拉伸或压缩应力。拉伸和压缩应力的分布和变化情况对材料或结构的强度和变形性能有重要影响。通过模拟拉伸和压缩负荷对材料或结构的影响，可以确定拉伸和压缩应力的分布情况。

剪切应力分析：当材料或结构受到剪切负荷时，会在其表面和内部产生剪切应力。剪切应力的分布和变化情况对材料或结构的剪切强度和形变性能有重要影响。通过模拟剪切负荷对材料或结构的影响，可以确定剪切应力的分布情况。

疲劳应力分析：长期的循环负荷会引起材料或结构的疲劳破坏。疲劳应力是指在循环负荷下产生的应力。通过模拟负荷循环对材料或结构的影响，可以评估其疲劳寿命和可靠性。

通过机械应力分析，可以了解材料或结构在不同负荷条件下的应力情况，并评估其在实际使用中的可靠性和耐久性。这有助于设计和优化材料或结构，以提高其强度、刚度和耐久性，并预测其在特定负荷条件下的寿命。

## 3.3.2  热应力分析

热应力分析是针对材料在温度变化下受到的内部应力进行的一种分析。其目的是确定材料在不同温度条件下的应力分布和变化情况，以评估其可靠性和耐久性。

在热应力分析中，主要关注以下几个方面：

热膨胀：材料在受热时会膨胀，受冷时会收缩。由于不同部分的温度变化不一致，不同部分之间会产生应力。热膨胀系数是描述材料热膨胀性质的重要参数，通过模拟温度变化对材料的热膨胀影响，可以确定热应力的分布情况。

温度梯度：材料在温度变化时，不同部分的温度变化可能会存在梯度。温度梯度会导致材料内部的热应力分布不均匀，从而产生内部应力。通过模拟温度梯度对材料的影响，可以确定热应力的分布和变化情况。

热传导：热传导是材料在温度变化下的重要因素。不同部分的温度变化速率不同，热传导会导致材料内部出现温度和热应力的梯度。通过模拟热传导过程，可以了解材料中热应力的分布情况。

热疲劳：由于温度变化引起的热应力往往会导致材料的疲劳行为。当材料在温度循环负荷下经历不断的热膨胀和收缩时，可能会导致热疲劳破坏。通过分析热应力对材料的影响，可以评估材料在热循环负荷下的可靠性和耐久性。

通过热应力分析，可以了解材料在不同温度条件下的应力情况，并评估其在实际使用中的可靠性和耐久性。这有助于设计和优化材料，以提高其热稳定性和耐热性，并预测其在特定温度条件下的寿命。

在热应力分析中，主要目的是确定功耗自热对机电模块的影响。通过热分析，可以预测模块的最高温度以及各个组件的温度。这对于了解模块在不同功率和使用负荷条件下以及外部环境加热条件下的耐受性非常重要，尤其是在车辆等环境中。

热应力分析的建模和仿真任务包括模拟功耗消耗自加热的情况，并分析导线和电路走线的热分布情况。通过这些分析，可以确定模块的热应力情况，了解模块在各种工作条件下的温度变化和热应力分布情况。

建议在不同条件下进行热应力分析建模仿真，包括额定运行条件、超负荷条件、最坏情况运行条件以及短路条件。这些条件下的功率模型可以作为热应力模型的输入，从而更准确地分析热应力情况。

通过热应力分析，可以评估模块的热稳定性和可靠性，并提供设计优化的指导。这对于确保模块在各种工作条件下能够稳定运行非常重要，同时也有助于延长模块的使用寿命。

### 3.3.3　电应力分析

电应力分析是针对电子组件中的电流和电压应力进行的一种分析。该分析的目的是确定电子组件中电流和电压的分布情况，以评估设备在不同电源和使用负荷条件下的电应力情况。电应力分析主要关注以下几个方面：

电流路径分析：通过模拟电流在电路板上的传输路径，可以确定电流在不同元件和导线中的分布情况。这有助于了解电流密度和热量的分布，从而评估电路板和组件的电应力。

电压分析：通过模拟电压在电路板和其他组件上的传输情况，可以确定电压在不同元件之间的分布情况。这有助于了解电压梯度和电场强度的分布，从而评估电路板和组件的电应力。

电热耦合分析：在电应力分析中，通常还需要考虑电热耦合效应。电流通过电阻产生热量，这会导致温度升高并对电路板和组件产生影响。通过将电流密度和电阻与热传导和热辐射效应相结合，可以进行电热耦合分析，评估电路板和组件在电热耦合环境下的电应力。

电磁干扰分析：电子组件中的电流和电压也可能会引起电磁干扰。通过电磁场分析，可以确定电流和电压在设备周围和其他干扰源之间的相互作用，并评估电磁干扰对设备性能和电应力的影响。

通过电应力分析，工程师可以了解电子组件在不同工作条件下的电应力情况，并评估其耐久性和可靠性。这有助于设计和优化电路板和组件，从而提高设备的性能和寿命。

电应力仿真与建模是指对电子元件或电气系统中的电场分布和电流分布进行建模和仿真分析的过程。以下是关于电应力建模与仿真的展开：

1）电应力建模：

几何建模：对电子元件或电气系统的几何形状进行建模，包括导线、电路板、电容等的形状和尺寸。

材料属性建模：为每个元件指定相应的材料属性，例如电导率、介电常数、热膨胀系数等。

电路建模：将电子元件之间的电路连接关系进行建模，包括电阻、电容、电感等元件的连接方式和数值。

2）电应力仿真：

输入条件定义：为仿真模型指定相应的输入条件，例如电压、电流、频率等。

电场分布分析：通过数值方法（如有限元法）计算模型中的电场分布情况，包括各个元件内部和周围的电场强度。

电流分布分析：通过数值方法计算模型中的电流分布情况，包括导线、电路板等的电流密度分布。

电应力分析：基于电场和电流分布，计算模型中的电应力分布情况，包括电场强度引起的电应力、导线中的电流引起的磁场应力等。

3）输入条件：

几何信息：电子元件或电气系统的几何形状、尺寸和位置。

材料属性：各个元件的材料属性，包括电导率、介电常数等。

输入电压、电流和频率：用于定义电应力仿真模型中的输入条件。

4）结果分析：

电场分析：分析模型中的电场分布情况，检查是否满足设计要求，避免电场过强引起的击穿或电弧放电问题。

电流分析：分析模型中的电流分布情况，检查导线或电路板上的电流密度是否超过承载能力。

电应力分析：分析模型中的电应力分布情况，检查是否存在过高的电应力引起的机械破坏或失效。

5）结果优化：

几何结构优化：根据仿真结果进行几何结构的优化设计，例如调整导线宽度、间距等，以减少电应力集中。

材料选择优化：根据仿真结果选择合适的材料，以提高材料的电绝缘性能或导电性能。

电路优化：根据仿真结果优化电路连接方式，以提高电流分布均匀性或降低电压降。

电应力仿真与建模可以帮助评估电子元件或电气系统在不同工况下的电场分布和电流分布情况，并预测电应力的分布。通过优化设计和材料选择，可以改善电子元件或电气系统的性能和可靠性，确保其安全运行。

### 3.3.4　化学应力分析

化学应力分析是针对材料中由于化学反应引起的内部应力进行的分析。它的目的是确定材料在不同化学环境下的应力分布和变化情况，以评估材料的可靠性和耐久性。

在化学应力分析中，主要关注以下几个方面：

化学反应：首先需要了解材料所处的化学环境以及可能发生的化学反应。这包括材料与周围环境中气体、液体或其他物质之间的相互作用。根据化学反应的类型和速率，会产生物质的扩散、吸附、溶解等现象，从而引起材料中的化学变化。

应力分析：通过模拟化学反应对材料内部的应力产生的影响，可以确定材料中的化学应力分布。化学反应引起的材料体积的变化或化学物质的扩散会导致内部应力的分布不均匀。这些应力可以通过数值模拟或实验测试来进行分析和测量。

力学性能：通过分析化学应力，可以评估材料的力学性能，如强度、刚度和韧性等。化学应力可能导致材料的破裂、变形或腐蚀等问题，因此，了解化学应力的分布和变化情况对于设计和优化材料的性能至关重要。

可靠性评估：通过化学应力分析，可以评估材料在特定化学环境下的可靠性和耐久性。这有助于预测材料在实际使用条件下的寿命，并采取适当的措施来延长材料的使用寿命。

### 3.3.5　环境应力分析

环境应力分析是针对材料或结构在特定环境条件下受到的外部应力进行的一种分析。其目的是确定材料或结构在不同环境条件下的应力分布和变化情况，以评估其可靠性和耐久性，环境应力分析的考虑因素如图 3-8 所示。

环境应力分析主要关注以下几个方面：

温度应力分析：温度是材料或结构受到的最常见的环境应力之一。温度的变化会导致材料或结构的热膨胀或收缩，从而产生内部应力。通过模拟温度变化对材料或结构的影响，可以确定温度应力的分布情况。

湿度应力分析：湿度是另一个常见的环境应力来源。湿度变化会导致材料中的水分的吸收或损失，从而引起体积的变化和应力的产生。湿度应力分析可

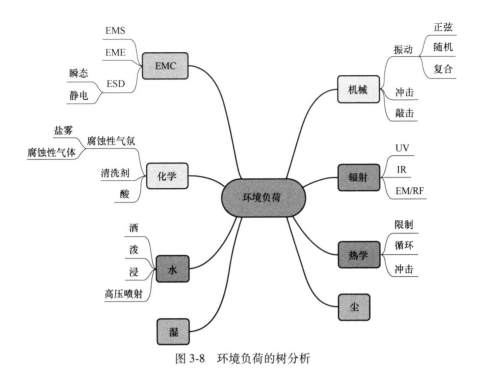

图 3-8　环境负荷的树分析

以帮助评估材料在潮湿或干燥环境下的性能和耐久性。

　　化学腐蚀应力分析：某些环境条件下，如酸性、碱性或盐性环境，会引起材料的腐蚀反应。化学腐蚀会导致材料表面的损坏和质量的损失，从而产生应力。通过分析化学腐蚀对材料的影响，可以确定材料在特定环境下的应力分布情况。

　　振动应力分析：振动是一种常见的环境应力形式，特别是对于结构和机械系统来说。振动引起的应力可以导致材料疲劳、断裂或变形。振动应力分析可以帮助评估材料或结构在工作环境中的可靠性和耐久性。

　　通过环境应力分析，可以了解材料或结构在不同环境条件下的应力情况，并评估其在实际使用中的可靠性。这有助于设计和优化材料或结构，以提高其性能和耐久性，并预测其在特定环境条件下的寿命。

 **3.4　环境和使用因素**

　　鲁棒性的定义包括四个要素，其中之一就是组件或系统将承受一系列应力的预期环境。这意味着在设计和制造组件或系统时，需要考虑到可能遇到的多种应力情况，包括温度变化、湿度、振动、压力等。根据预期环境的不同，组件或系统需要具备相应的抗应力能力，以确保其稳定和可靠的运行。

为了评估鲁棒性，可以进行应力测试和环境试验，以模拟不同的应力条件。这些测试可以揭示组件或系统在不同应力下的性能，并确定其在预期环境中的适应能力。通过对测试结果的分析和评估，可以确定组件或系统的鲁棒性水平，并做出相应的改进和调整。

鲁棒性的提高可以通过多种方法实现，例如使用强度更高的材料、改进设计以增加结构的稳定性、采用防护措施来减少应力的影响等。此外，定期的维护和保养也是确保组件或系统保持鲁棒性的重要措施。

需要指出的是，鲁棒性不仅关乎组件或系统本身的性能和可靠性，还与整个系统的可持续性和安全性密切相关。在面对复杂和多变的环境条件时，健壮的组件或系统能够更好地应对挑战，减少潜在的故障和发生事故的风险。

健壮的组件或系统能够在预期环境下承受一系列应力，以满足客户期望并具备适当的可设计性。以下是了解项目在何处以及如何运作能够实现这些目标的关键要点：

适当设计：了解项目将在何处以及如何运作对于设计适当的组件或系统至关重要。这意味着需要了解项目的工作条件、环境要求、使用频率和负载要求等。基于这些信息，可以进行合理的设计，以确保组件或系统能够满足客户期望。

耐久性：在运输、储存和使用过程中，耐久性是不可或缺的。了解项目在这些方面的要求，可以确保组件或系统具备耐用性。这可能涉及选择合适的材料、设计结构和采取适当的保护措施，以抵御外部应力和环境影响。

应力计算：完整的应力计算是确保组件或系统能够应对应力及其变化的关键。通过了解项目的工作条件和应力来源，可以进行应力分析和计算。这可以涉及使用工程计算和分析软件，以评估应力分布和应力集中区域，并确定是否存在潜在的弱点或故障点。

应力降额技术：应力降额技术是应对高应力情况的有效手段。了解项目的工作条件和要求，可以选择合适的技术来减轻应力。这可能包括使用缓冲材料、改变结构设计、增加支撑或采用其他减轻应力的方法。

应力跟踪的安装和监控：对于健壮的组件或系统，高效的应力跟踪是必不可少的。这可以通过安装应力传感器或监测装置来实现。通过实时监控应力水平，可以及时发现潜在的问题，并采取适当的措施进行修复或调整。

一个项目的操作或功能通常会发生在特定的地方，在不同的环境中会承受不同的应力。例如，办公室的环境应力与汽车机舱盖下或轨道通信卫星外部的环境应力是不同的。在进行初始设计过程和后续产品操作时，深入了解所施加应力的类型和数量是非常重要的。

作为设计过程的一部分，需要考虑可能影响产品性能或寿命的外部应力。这些外部应力可能包括温度变化、湿度、振动、压力、腐蚀、辐射等。了解并评估这些应力对产品的影响，可以帮助设计人员采取相应的措施来增强产品的鲁棒性和可靠性。

需要明确的是，并非所有的应力都是有害的，也不一定会降低产品的功能。事实上，一些应力对产品的性能和功能具有积极的影响。例如，在汽车机舱盖下，高温和压力可能是必要的，以确保发动机的正常工作。在轨道通信卫星的外部，承受辐射和真空环境可能是必要的，以确保通信信号的稳定性。

因此，在考虑外部应力时，需要综合考虑产品的设计需求和预期的应力环境。通过深入了解应力的类型和数量，可以更好地评估其对产品性能和寿命的影响，并采取适当的措施来确保产品在特定环境中的可靠性和功能。

## 3.4.1 使用因素的类型

通过考虑产品存在的每个阶段以及不同类型的使用情况，生成使用因素列表，如图 3-9 所示。除了了解储存期间预期的气候条件外，储存将持续多长时间？以汽车的使用为例，有许多因素会对汽车施加应力和影响其运行能力。以下是一些常见的使用因素类型：

驾驶方式：驾驶方式会对汽车的各个组件施加应力。例如，急加速、紧急制动、频繁变道和高速行驶等激烈的驾驶方式会增加发动机、制动系统和悬架系统的负荷，可能导致更快的磨损和故障。

使用频率和持续时间：汽车的使用频率和每次使用的持续时间也会对其运行能力产生影响。频繁的长时间使用可能导致各个组件的磨损更快，而长时间停放后再次启动可能导致部分系统的问题。

道路条件：不同的道路条件会给汽车带来不同的应力。例如，恶劣的路面、颠簸的路段和频繁的过坑会增加悬架系统和轮胎的负荷，可能导致更快的磨损和损坏。

负荷和拖车：在需要携带重物或拖车的情况下，汽车的发动机、悬架系统和制动系统等都会承受更大的负荷。超载和不正确的拖车使用可能导致汽车组件的过度磨损和故障。

维护和保养：汽车的定期维护和保养对其运行能力至关重要。不规范的维护和保养可能导致各个组件的早期故障和损坏。

存储条件：如果汽车需要长期存放，存储条件也会影响其运行能力。例如，长期暴露在恶劣的气候条件下可能导致腐蚀、漏水和电气问题。

轻度用户和重度用户：轻度用户指的是相对较少使用汽车的用户，可能只在必要时才使用汽车，如偶尔的短途出行；重度用户则是经常使用汽车，可能每天使用或长距离驾驶。重度用户对汽车的使用频率更高，可能会更早暴露出潜在故障和磨损。他们的驾驶方式可能更激烈，对各个组件的负荷更大。

男性用户和女性用户：男性用户和女性用户在驾驶方式、行驶习惯和维护保养方面可能存在差异。例如，男性用户可能更倾向于激烈的驾驶方式，如高速行驶和超车，而女性用户可能更注重平稳的驾驶和燃油经济性。此外，维护保养方面，男性用户可能更倾向于自己进行汽车维修和保养，而女性用户可能更倾向于寻求专业技术支持。

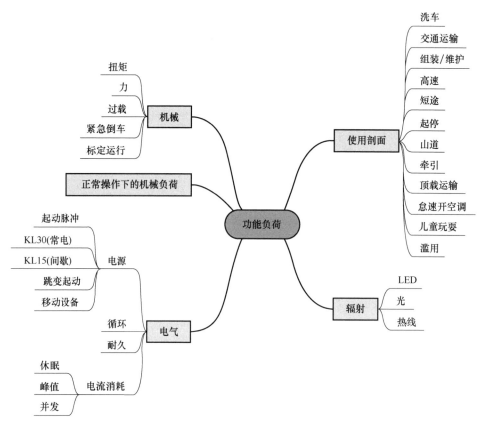

图 3-9　功能负荷的树分析

## 3.4.2　产品的任务剖面

以图 3-10 所示的汽车的使用为例，汽车的任务剖面是指车辆在不同的使用任务下所受到的要求和应力。根据上文所讨论的不同用户类型和性别，工程师可以进一步探讨汽车的任务剖面。

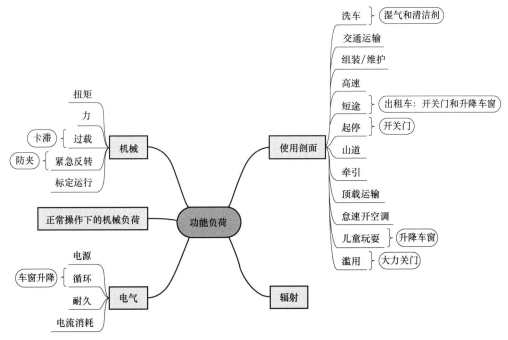

图 3-10　车门模块树状分析功能负荷

城市驾驶任务：城市驾驶任务指的是在城市环境中进行日常驾驶，如上下班通勤、购物、接送孩子等。在城市驾驶任务中，汽车可能频繁起动和停止，需要更多的低速行驶和加速。此外，在城市驾驶任务中，车辆可能面临更多的拥堵和交通限制，需要更好的操控性和机动性。

长途旅行任务：长途旅行任务指的是在公路上进行长距离驾驶，如家庭度假、商务出差等。在长途旅行任务中，车辆需要具备较好的燃油经济性、舒适性和安全性能。长时间的连续驾驶可能对发动机、悬架系统和制动系统等产生更高的负荷。此外，更大的储物空间和舒适的座椅对于长途旅行任务也很重要。

越野驾驶任务：越野驾驶任务指的是在崎岖的地形上进行驾驶，如山地探险、越野赛车等。在越野驾驶任务中，车辆需要更强的悬架系统、足够的离地间隙和可靠的四驱系统。同时，保护车辆底部和车身的防护板和护栏也是必要的。

在考虑任务剖面时，还应该考虑不同用户类型和性别对汽车的需求。例如，男性用户可能更注重汽车的性能和操控性，而女性用户可能更注重汽车的舒适性和安全性。因此，汽车制造商可以根据不同用户和任务的需求来设计和定位车型，以提供更符合用户期望的产品。同时，用户在选择汽车时也可以根据自己的使用任务和需求来选择最适合的车型。

对于手持或运输的产品，掉落是一个重要的使用场景，它可能是预期使用的常规部分，也可能是罕见的非预期经历。掉落的频率、高度和表面条件等因素都会对产品的鲁棒性和功能产生影响。

掉落频率和高度：不同产品和使用场景下的掉落频率和高度会有所不同。例如，对于移动电话或平板电脑等手持设备，掉落可能相对频繁，可能发生在较低的高度，如从手掌高度或膝盖高度。而对于一些工业设备或专业仪器，掉落可能较为罕见，但可能发生在较高的高度，如从梯子或台阶上掉落。

掉落表面：不同的表面条件也会影响掉落产生的冲击力和对产品的损伤程度。例如，掉落在硬地面上（如水泥地面）可能会导致更严重的损坏，而掉落在柔软的地毯或草地上可能会减轻冲击力。

使用方式：产品被撞击、撞击、坐在或踩在上面的情况也会对产品的功能和鲁棒性产生影响。例如，对于一个运动鞋，经常遇到踩踏和撞击的情况是正常的，而对于一个智能手表，经常遇到撞击和坐在上面的情况则是不合适的。

在产品寿命周期中，工程师需要考虑不同类型的应用和用户。轻度用户和重度用户之间的比例可能会根据不同产品和市场有所变化。轻度用户可能更注重产品的外观和易用性，而重度用户可能更注重产品的耐用性和性能。

针对掉落和其他使用因素，工程师可以建立一个影响功能或鲁棒性的使用因素列表，以便更好地理解和评估产品设计的要求。这个列表可以包括掉落、撞击、振动、温度变化、湿度、灰尘和水溅等因素。通过对这些因素进行考虑和测试，工程师可以优化产品的设计和材料选择，以提供更好的功能和耐用性。

在考虑任务剖面时，还应该考虑道路状况和气候条件，以及汽车的预期使用方式和驾驶风格：

道路状况：汽车在不同道路状况下所经历的应力是非常重要的。例如，平整的公路上行驶相对较为平稳，而在崎岖的山路或不平的乡村道路上行驶则会对汽车的悬架系统和底盘产生更大的冲击。此外，湿滑的路面和冰雪覆盖的路面也对车辆的牵引和操控性能提出了更高的要求。

气候条件：气候条件也会对汽车产生影响。在极端的温度条件下，如酷寒的冬天或酷热的夏天，汽车的发动机、电池和冷却系统等组件可能面临更大的负荷和应力。此外，湿润的气候（海风气候）条件下，车辆的防锈和防腐保护也更为重要。

负荷和使用方式：汽车的负荷和使用方式也会对其应力剖面产生影响。例如，长途旅行时，汽车可能需要承载更多的货物和乘客，对发动机、悬架系统和制动系统提出更高的要求。同时，大量的城市行驶和频繁的起停也会对发动机、变速器和燃油经济性产生影响。

驾驶方式和风格：驾驶方式和风格也是影响汽车应力剖面的因素之一。激进的驾驶方式、高速行驶、频繁的超车和紧急制动等行为都会对汽车的发动机、悬架系统和制动系统造成更大的应力和负荷。

### 3.4.3　应力与故障机制的关联

不同应力可以引起元件的特定失效模式，下面将详细介绍几个常见的失效模式及其背后的物理原理和过程。

温度应力引发焊接破裂：在电子组件制造过程中，焊接是常用的连接方式。当元件在运行过程中经历温度变化时，焊点会受到温度应力的作用。由于不同材料的热膨胀系数不同，当温度变化引起材料膨胀或收缩时，焊点可能会受到拉力或压力。这种温度应力可能导致焊点破裂，从而引发电路中断或功能失效。

例如，对于表面贴装技术（SMT）中的焊接连接，当电子组件在使用中经历温度变化时，焊点可能会受到应力的影响。如果焊点的强度不足以抵抗温度应力，焊点就会发生破裂，导致电路中断或连接失效。

振动应力导致电路板断裂：振动应力是一种常见的机械应力，可能由于元件的自重、外部力或运输过程中的振动引起。当电子组件受到振动应力时，电路板可能会发生弯曲或振动。如果振动应力超过了电路板材料的强度极限，电路板可能会发生断裂或开裂，导致连接失效或功能损坏。

举例来说，某个电子组件的主板上安装了一些电子元件和插接器。当设备在运行时，由于设备的振动，电路板可能会受到剧烈的振动应力。如果电路板的材料或结构不足以承受这种振动应力，电路板可能会发生裂纹或断裂，导致插接器失效或电子元件间断。

环境应力导致电气绝缘性能下降：环境中的湿度和化学物质可以对电子组件产生应力，并导致特定的失效模式。湿度可以渗入元件的封装或接触点，导致电路中的电气绝缘性能下降。这可能会导致电气短路、电路失效或功能降低。

举例来说，某个电子组件被放置在高湿度的环境中，湿气可能渗入封装中的电路板或电子元件。湿气会导致金属腐蚀或绝缘材料的损坏，从而导致电路中的电气短路。这可能会导致电路失效或功能降低。

热周期性应力引起焊点疲劳：电子组件在开启和关闭过程中经历温度周期性变化，这会导致热应力的产生。这种热应力可以导致焊点的疲劳，从而引发焊点断裂。

举例来说，某个电子元件的焊点连接在电路板上。当设备频繁开启和关闭时，焊点会经历反复的热膨胀和冷收缩。这种热膨胀和冷收缩可能会导致焊点材料疲劳，最终导致焊点断裂。这可能会导致电路中断、连接失效或功能损坏。

这些示例说明了应力与故障机制之间的关联。不适当或过大的应力会导致元件的特定失效模式，从而影响元件的性能和可靠性。了解并控制不同应力类型对元件的影响是设计和制造过程中的重要考虑因素，以确保元件的可靠性和寿命。

# 3.5 应力和使用因素的表征

应力的信息对于项目的设计、验证和确认具有重要的作用。以下是有关应力表征的丰富性如何有助于项目的不同方面：

理解标称值和应力值范围：应力的表征提供了对标称值和应力值范围的理解。标称值是指设计中所规定的理想应力条件，而应力值范围则涵盖了实际使用中可能出现的不同应力情况。通过了解标称值和应力值范围，设计团队可以更好地评估元件和系统在不同应力条件下的性能和鲁棒性。

权衡计算：应力表征的丰富性使得可以对不同的应力条件和功能或鲁棒性影响进行权衡计算。通过考虑不同应力条件下的性能和鲁棒性要求，设计团队可以做出合理的决策，以实现最佳的性能和鲁棒性平衡。

特定安全系数的设计：应力表征的丰富性使得可以针对特定场景和情况设计特定的安全系数。设计团队可以根据应力的特征和预期的鲁棒性要求来确定适当的安全系数，以确保系统在各种应力条件下的鲁棒性和安全性。

材料、组件、构造和装配技术选择：应力表征的丰富性使得可以适当地选择材料、组件、构造和装配技术。不同的材料和技术在应力条件下的性能可能有所不同，通过了解应力的特征，设计团队可以选择最适合的材料和技术，以提高系统的性能和鲁棒性。

应力条件下的模拟：应力表征的丰富性使得可以进行应力条件下的模拟。通过模拟不同应力条件下的性能和鲁棒性，设计团队可以评估系统在实际使用中的性能，并做出相应的优化和改进。

失效模型的建模：应力表征使得可以使用失效模型对失效机制进行建模。通过了解应力对元件和系统的影响，可以使用物理学模型来预测和分析失效机制，并采取相应的措施来减少失效的风险。

应力和强度分析：应力表征的丰富性使得可以进行应力和强度分析。通过对应力和强度的分析，可以评估系统在不同应力条件下的安全性和鲁棒性，并确定是否满足设计要求。

应力的丰富表征对于项目的设计、验证和确认具有重要的作用。它不仅可以提供关于应力值和范围的理解，还可以帮助进行权衡计算、设计特定安全系数、选择适当的材料和技术、进行应力条件下的模拟、建立失效模型以及进行应力和强度分析。这些能力使设计团队能够更好地评估和优化系统的性能和鲁棒性。

### 3.5.1 列表

在环境数据的使用中，仅仅列出标称值的应力和使用因素只能建立一个基准，但对于大多数情况下的环境数据使用来说，这并不能提供足够的信息。这是因为仅仅包括预期应力和使用因素的最小值和最大值只提供了一种限制，而没有提供其他实际应用中的环境数据。

使用最坏情况下的环境应力的方法并不总是可行。举个例子，设计一种能够承受最大温度暴露的产品可能会极大地增加产品的热管理成本，而在绝大多数情况下，产品并不会遭受到严酷的高温环境。因此，在实际应用中，需要更加综合和实际的环境数据来进行设计和制造，而不仅仅是基于最坏情况。

为了更好地应对各种环境条件，一种常见的方法是使用统计分析和可靠性工程技术，来确定更合理的环境数据范围。通过收集和分析实际环境数据，可以确定应力和使用因素的概率分布，并基于这些统计信息来进行设计和制造决策。这种方法可以更好地平衡产品性能与成本之间的关系，避免过度设计和不必要的成本。

### 3.5.2 表征

表征可以包括描述应力值变化的直方图或分布，这对于应力/强度计算特别有用。直方图可以显示应力值在不同范围内的分布情况，帮助工程师了解应力值的变化范围和概率分布。这样可以更好地评估结构或材料的强度是否能够满足设计要求。

直方图通常以应力值（或应力比）为横轴，频率（或概率）为纵轴。通过收集大量的应力数据，并将其统计分析和处理，可以得到应力值的频率分布曲线。这些数据可以来自实际测量、模拟计算或试验结果等。

对于气候应力，可以使用气象站读数数据库找到合适的气候数据列表。这些数据库通常包含长期的气象观测数据，如温度、湿度、风速等。通过获取特定地点的气象数据，可以得到该地点不同时间段内气候条件的统计分布情况。

使用这些数据，可以确定在不同气候条件下的应力值范围和概率分布。这对于结构的设计和材料的选择非常有帮助，可以更准确地评估结构在不同气候条件下的强度和可靠性。同时，还可以用于验证设计和材料选择的合理性，并指导合理的结构维护和修复措施。

收集适当数据的另一种方法是随时间直接测量应力值。一组传感器和一个数据记录器可以为一系列不同的情况和使用剖面文件快速提供适当的数据。一些系统包括应力和使用监控功能；另一些系统包括传感器和算法来收集数据和监控性能。这些复杂的系统可能会提供需要维护的警告。汽车部分基于行驶里程来做到这一点，但也考虑了其他应力因素。表征是指通过各种方法和工具对应力值进行描述和记录的过程。以下是一些常见的表征方法：

直方图或分布：可以使用直方图或概率分布函数来描述应力值的变化情况。这对于应力和强度计算特别有用，可以帮助工程师了解应力值的范围和分布。通过直方图或分布，可以确定应力值的平均值、最大值、最小值以及每个范围的频率。

气候数据：对于气候应力，可以使用气象站读数数据库来获取合适的气候数据列表。这些数据可以用来分析不同气候条件下的应力变化，帮助工程师评估产品在不同环境中的鲁棒性和性能。

传感器和数据记录器：另一种收集应力数据的方法是直接测量应力值。通过使用一组传感器和数据记录器，可以快速获取各种情况和使用剖面文件下的适当数据。这些传感器可以安装在产品或组件上，实时监测应力值，并将数据记录下来。这种方法可以提供更精确和详细的应力数据，帮助工程师更好地理解产品的应力状况。

智能系统和算法：一些复杂的系统可能包含传感器和算法，用于收集数据并监测性能。这些智能系统可以通过传感器收集应力数据，并使用算法分析和解释这些数据。它们可以提供实时警报和通知，以便在需要维护或采取措施之前，工程师可以采取相应的行动。例如，一些汽车组件可以根据行驶里程来预测维护需求，并考虑其他应力因素。

### 3.5.3　注意事项

在考虑环境应力和使用因素时，需要注意以下事项：

一组测试或协议条件不是环境应力或使用因素的真实表征。这些测试是由某人创建的，旨在评估项目或技术在特定条件下的运行能力。例如，将三个样品放置在85℃下168h进行测试，并不能完全代表您的产品在所有情况下的真实情况。

标准环境测试可能具有或者可能没有重要意义。如果您的产品在实际使用中只会暴露于85℃的温度下并持续168h，那么进行该测试可能是有意义的，并且测试结果可能反映出产品在预期温度应力下的性能。然而，如果产品在实际使用中不会经历这样的条件，那么该测试结果可能并不具有实际意义。

请务必将环境测试与相关特性联系起来。环境测试结果应与产品的特性和实际使用情况相结合，以便更好地理解如何解释测试结果。例如，如果产品在实际应用中经常受到高温环境的影响，并且85℃下168h的测试结果显示出性能下降，那么该测试结果可能具有较高的可靠性。

在评估产品的环境应力和使用因素时，需要综合考虑实际应用情况和相关特性，并避免仅仅依赖于一组标准环境测试结果来做出决策。这样可以更准确地评估产品的可靠性和性能，并采取相应的措施来提高产品的质量和可靠性。

## 应力比

应力比是一个重要的概念，用于评估和预测电子元件和产品的鲁棒性。

应力比的定义：应力比是指所施加应力的最大值与元件或产品的设计极限之间的比值。它是通过对收集到的应力数据进行分析和计算得出的。应力比可以用来评估元件或产品在特定应力条件下的鲁棒性，以及其在实际使用中的寿命和失效机会。

应力比的计算：应力比的计算通常基于所施加应力的最大值和元件或产品的设计极限。设计极限是指元件或产品在能够承受的最大应力或负荷下的性能限制。通过将所施加应力的最大值与设计极限进行比较，可以得出应力比的值。应力比的计算还可以考虑脉冲负荷和其他参数值，以更准确地评估鲁棒性和预测失效概率。

应力比的应用：应力比的值可以用来确定元件或产品在特定应力条件下的鲁棒性水平。较低的应力比表示元件或产品在所施加应力下具有更大的安全余量，更可靠且具有较长的寿命。相反，较高的应力比可能意味着元件或产品在所施加应力下的鲁棒性较低，存在失效的风险。通过对应力比进行评估，设计和工程团队可以采取适当的措施来优化设计，减少失效机会，并提高鲁棒性。

应力比与鲁棒性模型：应力比的值通常与鲁棒性模型（如 MIL-HMBK-217 和 IEC 62380 等）中所需的参数相对应。鲁棒性模型是一种数学模型，用于描述元件或产品在特定应力条件下的鲁棒性。通过将应力比与鲁棒性模型相结合，可以进行失效概率的计算和鲁棒性分析。这有助于设计团队预测元件或产品的寿命，并评估其在实际使用中的鲁棒性。

应力比（SR）是一个用来评估组件或系统在实际应力下的可靠性的指标。它通过将最大可接受应力与额定值进行比较来衡量该组件或系统的鲁棒性。

以一个例子来说明，假设一个 0805 贴片电阻的额定值为 125mW（根据供应商数据表），而"鲁棒性"规则要求在 70℃ 时施加的最大功率为 $0.9 \times 125mW = 112.5mW$。这个 112.5mW 就是应力比最大允许值，也是失效率计算时使用的默认值。

另一个例子是针对 MLCC 电容器的应力比计算。如果在原理图的架构中施加了 13.6V 的电压，而该电容器的"最大应力比"符合"鲁棒性"规则，SR = 60%。电容器的选择将根据最低额定电压与应力比之间的关系来确定，即 SR = 13.6V/

25V=54.4%。根据设计规则，最大应力比将作为初始鲁棒性计算的默认值。

应力比的目的是确保组件或系统在实际使用中能够承受的应力不超过其额定值的一定比例。通过使用应力比计算，可以评估组件或系统在特定应力下的可靠性，并选择合适的元件或采取适当的措施来保证其鲁棒性。

需要注意的是，应力比仅是一个指标，实际的鲁棒性计算可能还需要考虑其他因素，如环境因素、温度变化等。因此，在进行鲁棒性计算时，应综合考虑多个因素，并根据实际情况进行评估和决策。

### 3.6.1 质量信息

质量信息在元件应力分析中发挥着重要的作用，以下是关于质量信息在元件应力分析中的作用和所需的辅助信息：

质量等级信息：元件的质量等级反映了其质量和鲁棒性水平。具有质量等级信息的元件，如微电子元件、分立半导体元件、有鲁棒性要求的电阻器和电容器，可以使用质量因子来评估其鲁棒性。不同质量等级的元件的失效率可能会有所差异。因此，在应力分析中，考虑元件的质量等级可以更准确地估计其鲁棒性。

其他元件的质量假设：对于其他元件，如非电元件，如果它们是按照相应的元件规范生产的，可以假设其质量因子为1。这意味着这些元件的质量水平可以视为符合规范要求，没有额外的质量影响。

失效率信息来源：元件应力分析所使用的失效率信息可以选择使用 IEC 62380 标准或其他可靠的数据来源。这些失效率数据提供了元件在不同应力条件下的失效率估计。在选择失效率数据时，应确保这些数据经过了原始设备制造商（OEM）的认可，以确保其准确性和鲁棒性。

除了质量信息，元件应力分析还需要以下辅助信息：

1）特定的元件种类：不同种类的元件在应力条件下的性能和鲁棒性可能有所不同。因此，应力分析需要了解具体的元件种类，包括微电子元件的复杂度。这样可以考虑其特定的应力特征，并进行相应的分析和评估。

2）元件数量：元件数量对于评估整个系统的鲁棒性至关重要。应力分析需要知道系统中使用的元件数量，以计算整个系统的鲁棒性水平。大量的元件可能增加系统的失效率，因此需要对元件数量进行准确的评估。

3）元件质量水平：除了质量等级信息外，还需要了解元件的质量水平。元件的质量水平可能会对其鲁棒性产生影响。高质量的元件通常具有更低的失效率，因此需要考虑它们的质量水平，以准确评估其失效率。

4）产品工作环境（使用因素）：产品的工作环境是元件应力分析的重要考虑因素。不同的工作环境会施加不同的应力和使用因素，对元件的鲁棒性产生影响。因此，需要详细了解产品的工作环境，以确定适当的应力条件和相应的失效率数据。

## 3.6.2　应力比

应力比是一种用于电子元件和产品的初步可靠性预测的方法。它是通过将元件或产品的应力与其可承受的强度进行比较来评估其可靠性。

应力比的计算方法是将元件或产品的应力除以其可承受的强度。这个比值可以告诉工程师应力相对于强度的大小，从而评估元件或产品的可靠性。

通常，应力比被定义为安全应力与应力极限之比。安全应力是指元件或产品在正常工作条件下所受到的应力，应力极限是指元件或产品所能承受的最大应力。

应力比的计算公式如下：应力比＝安全应力/（额定）应力极限

应力比的值在 0～1 之间，表示元件或产品所受应力相对于其强度的比例。如果应力比接近于 1，意味着元件或产品所受应力接近其强度极限，可能存在较高的失效风险。相反，如果应力比接近于 0，意味着元件或产品所受应力远低于其强度，可靠性较高。

通过计算应力比，工程师可以初步预测电子元件或产品的可靠性，并采取相应的措施来降低失效的风险。然而，需要注意的是，应力比仅仅是一个初步的可靠性预测指标，实际的可靠性还需要考虑其他因素，如环境条件、材料质量等。因此，在进行可靠性评估时，应综合考虑多个因素来获得更准确的预测结果。

## 3.6.3　示例

鲁棒性设计和最佳实践是一种通过综合供应商、专业知识、第三方研究机构和国际电工委员会（IEC）标准（如 IEC 62380）以及汽车制造商的建议，提供关于最大应力建议的详细信息的方法。以下是这些来源对鲁棒性设计的建议和最佳实践的贡献：

供应商（S）：供应商在元件和材料方面拥有专业知识和经验，可以提供关于元件的最佳选择和性能评估的建议。他们可以根据其供应的元件的特点和质量水平，以及其应用和使用条件，为鲁棒性设计提供关键建议。

专业知识（E）：电子专家中心汇集了电子领域的专业知识，可以提供关于鲁棒性设计的专业建议。他们了解电子系统和组件的工作原理、性能特征和失效模式，并能够根据设计需求和约束提供相应的建议和指导。

第三方研究机构（R）：第三方研究机构进行独立的研究和评估，可以提供关于元件鲁棒性和性能的科学数据和实证结果。他们的研究可以基于大规模的测试和分析，以验证元件在不同应力条件下的性能，并为鲁棒性设计提供依据和建议。

IEC 62380（C）：IEC 62380 是一项国际标准，提供了关于电子元件可靠性预测和评估的指导。它包含了关于元件失效率、失效模式和可靠性预测方法的规定。遵循这一标准可以帮助设计团队进行鲁棒性评估，并采取相应的措施来提高系统的鲁棒性。

汽车制造商（CM）：汽车制造商在汽车电子系统的设计和生产方面具有丰富的经验。他们可以提供关于汽车应用环境和要求的专业知识，以及对元件和系统的性能和鲁棒性的要求。通过与汽车制造商合作，设计团队可以获得针对特定汽车应用的鲁棒性设计建议和最佳实践。

综合以上来源的建议和实践，可以制定出鲁棒性设计的指导原则和行动计划，以确保电子系统和组件在各种应力条件下的鲁棒性和性能。这些建议包括元件选型、设计方法、应力分析、测试和验证等方面，旨在最大限度地提高系统的鲁棒性。

### 3.6.4 不同的应力类型导致的失效

应力类型通常是指在电子元件和产品中对其造成应力的各种环境和操作条件。不同的应力类型会导致不同类型的失效。以下是对每种应力类型导致的失效的示例：

低温应力导致的失效：在低温环境中，材料容易变脆，可能会发生断裂、裂纹扩展等失效。此外，低温还会引起热胀冷缩不匹配，导致焊点断裂、接触不良等问题。

高温应力导致的失效：高温环境下，材料的力学性能和化学稳定性可能会降低，导致材料的蠕变、熔化、氧化等失效。高温还会引起热膨胀不匹配，导致焊点开裂、金属疲劳等问题。

温湿应力导致的失效：温湿环境下，材料可能会受到腐蚀、气体介质的侵蚀，导致材料的化学性能降低。此外，温湿还会引起热胀冷缩不匹配，导致焊点腐蚀、电介质击穿等问题。

热循环应力导致的失效：热循环应力会导致材料在高温和低温循环中的热胀冷缩不匹配，引起焊点开裂、金属疲劳、绝缘材料断裂等失效。

振动应力导致的失效：振动应力会导致材料的疲劳破坏和松动，引起焊点断裂、接触不良、元件松动等失效。

机械冲击应力导致的失效：机械冲击应力可能导致材料的断裂和破坏，引起焊点断裂、元件脱落等失效。

开关循环应力导致的失效：频繁的开关操作会引起材料的疲劳破坏，导致焊点断裂、接触不良等失效。

组合应力导致的失效：当不同的应力类型同时作用时，会增加元件和产品失效的风险。例如，低温低电压组合、低温开关组合、振动温度组合等。组合应力会导致多种失效机制同时发生，如焊点开裂、材料脆化、接触不良等。

电气应力导致的失效：电流或电压的施加会导致电介质击穿、电子迁移、电线间短路等电器性能失效。

温度、湿度、气压组合导致的失效：同时受到温度、湿度和气压变化的应力可能导致材料的膨胀、腐蚀、气体介质的损害等失效。

# 3.7 应力分析的应用

## 3.7.1 应力分析在元件选型和评估中的应用

在设计阶段，选择合适的元件对电子产品的性能和鲁棒性至关重要。通过应力分析，可以评估不同元件的应力容限和鲁棒性，以帮助设计团队选择最合适的元件。应力分析可以预测元件在实际工作条件下的应力水平，并比较不同元件的性能。这有助于降低设计风险，提高产品的鲁棒性和性能。

在设计阶段进行应力分析可以帮助设计团队识别元件的应力容限，即元件能够承受的最大应力水平。通过评估元件的应力容限，可以确定哪些元件能够在实际工作条件下稳定运行，而哪些元件可能会因为应力过大而导致故障或性能下降。对于关键的电子产品，选择具有较高的应力容限的元件是至关重要的，以确保产品的可靠性和长寿命。

应力分析还可以比较不同元件的性能和鲁棒性。通过预测元件在实际工作条件下的应力水平，可以对比不同元件之间的应力分布和变形情况。这有助于设计团队了解不同元件的应力承受能力和稳定性，并选择最适合产品需求的元件。例如，在高温环境下工作的电子产品中，选择具有较好热稳定性和耐高温特性的元件可以提高产品的可靠性和性能。

通过应力分析，设计团队可以降低设计风险并提高产品的鲁棒性和性能。在设计阶段选择合适的元件，可以避免因为元件应力过大而导致的故障和性能下降。此外，合理选择元件可以提高产品的稳定性和可靠性，减少维修和更换的需求。

## 3.7.2 应力分析在电路板布局和设计中的应用

电路板布局和设计对元件的应力分布和传递起着重要作用。通过应力分析，可以评估电路板上不同区域的应力水平，并根据这些结果进行布局和连接优化。应力分析可以帮助设计团队避免应力集中区域，减少应力对元件的影响，提高电路板的鲁棒性和性能。此外，还可以通过应力分析指导电路板材料的选择，以满足应力容限的要求。

在电路板设计中，应力分析可以帮助确定元件的布局和连接方式，以减少应力集中区域。应力集中可能会导致元件的应力超过其容限，从而引起故障或性能下降。通过应力分析，设计团队可以识别潜在的应力集中区域，例如焊点、接插件或电路板的弯曲区域。然后，可以通过重新布局元件或优化连接方式，将应力更均匀地分布到整个电路板上，减少应力对元件的影响。

此外，应力分析还可以指导电路板材料的选择。不同的材料具有不同的应力容限和机械性能，因此在选择电路板材料时需要考虑应力分析的结果。通过应力分析，可以确定元件在实际工作条件下可能受到的应力水平，并选择具有适当应力容限的材料。这样可以确保电路板在实际工作条件下能够承受应力，提高电路板的可靠性和鲁棒性。

### 3.7.3　应力分析在封装和连接技术中的应用

封装和连接技术是电子组件组装和焊接的关键环节。应力分析可以帮助评估不同封装和连接技术对元件的应力影响。通过应力分析，可以确定最适合元件的封装和连接方法，以减少应力引起的失效风险。应力分析可以指导焊接工艺的优化，减少焊接应力和热应力对元件的影响。这将提高封装和连接的鲁棒性，减少元件失效的风险。

在封装选择方面，应力分析可以帮助确定最适合元件的封装类型和尺寸。不同的封装类型和尺寸在焊接和使用过程中会受到不同的应力。通过应力分析，可以评估不同封装类型和尺寸对元件的应力影响，并选择相对较低的应力封装。这有助于降低元件在组装和使用过程中的应力水平，减少应力引起的失效风险。

在连接技术方面，应力分析可以指导焊接工艺的优化。焊接过程中会产生应力和热应力，这可能对元件造成损害。通过应力分析，可以评估不同焊接工艺对元件的应力影响，并找到最优的焊接参数和工艺，以减少应力对元件的影响。例如，通过调整焊接温度、焊接时间和焊接压力等参数，可以减少焊接应力和热应力的影响，提高连接的鲁棒性。

通过应力分析，设计团队可以选择最适合元件的封装和连接技术，以减少应力引起的失效风险。这有助于提高封装和连接的鲁棒性，减少元件失效的风险。在电子产品的设计和组装过程中，应力分析是必不可少的工具，可以提高产品的可靠性和性能，降低维修和更换的需求。因此，应力分析在电子组件的封装和连接方面具有重要的应用价值。

图 3-11 所描述的内容强调了在设计印制电路板（PCB）时，应避免将球栅阵列（BGA）元件放置在 PCB 的中心区域。这一建议主要是基于以下考虑：

1）弯曲和压缩问题：当 PCB 受到外部力量时，比如在装配过程中或使用中，PCB 可能会发生弯曲。如果 BGA 位于 PCB 中心，它将直接承受这些弯曲力，可能导致 BGA 焊点断裂或元件损坏。

2）热管理：中心位置可能不利于热量的散发，因为热量需要通过 PCB 传导到边缘才能被散热系统带走。这可能导致 BGA 元件过热，影响其性能和寿命。

3）机械应力：放置在中心的 BGA 可能会成为机械应力的集中点，特别是在 PCB 受到压缩或弯曲时。这种应力可能导致 BGA 焊点的疲劳断裂，影响整个电路板的可靠性。

4）装配和维修：中心位置的 BGA 可能会给装配和维修带来困难，因为它可能阻碍对 PCB 上其他元件的访问。此外，中心位置可能不利于自动化装配流程，增加生产成本。

5）信号完整性：BGA 放置在中心可能会影响信号的传输路径，特别是在高速设计中。这可能会增加信号的传输延迟，影响信号完整性。

因此，为了提高 PCB 的可靠性和性能，通常建议将 BGA 放置在 PCB 的边缘区域，这样可以更好地管理热量、减少机械应力、简化装配和维修过程，并优化信号完整性。

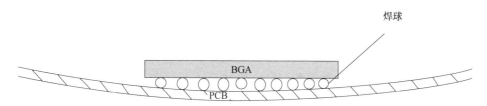

图 3-11　BGA 避免放置在 PCB 的中心区域（弯曲与压缩）

图 3-12 强调了在设计和制造过程中选择合适的安装策略的重要性，以确保产品的质量和可靠性。偏移安装在检测和返工方面更为简单，而镜像安装则面临更多的挑战。

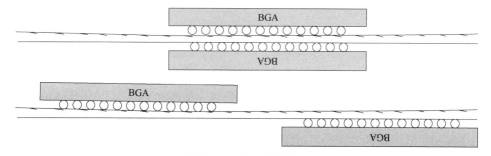

图 3-12　BGA 安装策略

## 3.8 PSA 与鲁棒性设计的关系

### 3.8.1 PSA 在鲁棒性设计中的作用与意义

鲁棒性设计旨在确保产品在其整个寿命周期内能够正常运行而不发生故障。PSA 在鲁棒性设计中起到重要的作用，它可以帮助设计团队预测元件的鲁棒性，识别应力容限，提供优化和改进的方向。

### 3.8.2 PSA 与鲁棒性评估方法的结合

鲁棒性评估是评估产品在特定环境条件下的寿命和鲁棒性水平的过程。PSA 可以为鲁棒性评估提供重要的输入数据和依据。通过 PSA 得到的应力分析结果，可以与鲁棒性模型和可靠性预测方法结合，进行产品的寿命评估和可靠性预测。这种结合可以更准确地评估产品的寿命和鲁棒性，帮助设计团队制定鲁棒性改进计划。

### 3.8.3 PSA 与故障分析和预测的关联

故障分析和预测是评估产品故障发生概率和失效机制的过程。PSA 可以为故障分析提供重要的输入数据和信息。通过 PSA 得到的应力分析结果，可以与故障模型和失效机制相关的数据结合，进行故障分析和预测。这种关联可以帮助设计团队识别元件的潜在故障机制，预测元件的失效概率，从而采取相应的措施来提高产品的鲁棒性和故障耐受性。

## 3.9 实例研究与案例分析

### 3.9.1 电阻器的应力分析示例

在电阻器中，应力分析主要关注电阻元件的稳定性和温度特性。通过分析电阻元件在不同温度和电压条件下的应力分布，如图 3-13 所示，并预测电阻值的变化情况。案例研究可以展示电阻器的应力容限、应力集中区域以及与电阻值漂移和失效机制的关联。通过这些分析，可以优化电阻器的设计和材料选择，提高其稳定性和鲁棒性。

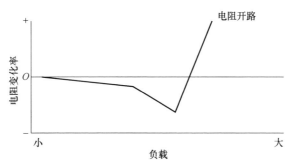

图 3-13　施加过电压时的电阻值变化示例

## 3.9.2　电容器的应力分析示例

在电容器中,应力分析主要关注电介质层的应力分布和失效机制。通过分析电容器在工作条件下的电场和热应力分布,预测电介质层的应力容限和电容值的变化,如图 3-14 所示。案例研究可以展示电容器的应力容限、电场集中区域以及与电介质击穿和损耗机制的关联。通过这些分析,可以改进电容器的设计和材料选择,提高其鲁棒性和性能。

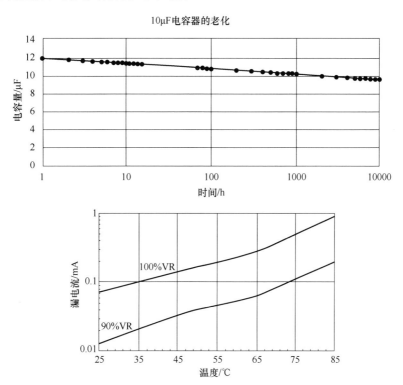

图 3-14　电容器在工作条件下的老化以及温度、电压对电容器性能的影响

153

### 3.9.3　晶体管的应力分析示例

在晶体管中，应力分析主要关注晶体管的机械应力和热应力对性能和可靠性的影响。通过分析晶体管中不同材料和层的应力分布，如图 3-15 所示，预测应力对晶体管的导通特性、耐压特性和寿命等的影响。案例研究可以展示晶体管的应力容限、应力集中区域以及与晶体管失效机制（如电压击穿、热疲劳等）的关联。通过这些分析，可以优化晶体管的结构设计和制造工艺，提高其鲁棒性和性能。

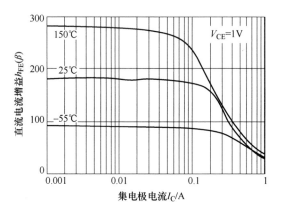

图 3-15　BJT（双极型晶体管）的 $\beta$ 参数随温度变化示意

## 3.10　PSA 工具与技术

### 3.10.1　应力测试与分析设备

应力测试设备包括压力传感器、应变计、振动传感器、温度计、湿度计等，用于测量不同应力源的参数。这些设备可以提供实时的应力数据，帮助分析师了解元件所受的应力水平。应力分析设备还包括扫描电子显微镜（SEM）、X 射线衍射仪（XRD）等，用于分析元件表面的微观结构和应力分布。

### 3.10.2　应力仿真与模拟软件

应力仿真软件可以基于元件的特性和应力源的参数，进行应力分析和预测。这些软件通常使用有限元分析（FEA）等数值模拟技术，模拟元件在实际工作条件下的应力响应。它们可以提供应力分布图、应力云图等结果，帮助分析师理解元件的应力状态。

## 3.10.3 应力测量方法与技术

常用的应力测量方法包括应变测量、振动测量、温度测量等。应变测量可以通过应变计或光栅应变测量仪等设备进行，用于测量元件在应力作用下的变形情况。振动测量可以使用加速度计和振动传感器来测量元件在振动环境下的应力响应。温度测量可以使用热电偶、红外测温仪等设备进行，用于测量元件的温度变化。

# 第4章

# 参数趋势分析

参数趋势分析（Part Trend Analysis，PTA）是一种工程技术，通过考虑元件技术参数的可变性，在最坏应力情况下确定元件关键参数的性能。它主要关注在极端环境或运行条件下，元件在关键参数上的性能。PTA 考虑了施加在每个元件上的外部应力，如电压、温度、湿度或时间，并且还考虑了元件质量水平、元件之间的相互作用以及元件老化引起的漂移等因素。

通过执行 PTA，可以评估元件在实际施加的单一元件应力下的性能。这对于确保元件具有足够的应力降额以满足设计要求至关重要。PTA 需要考虑关键元件的所有参数，尤其是那些对安全或成功至关重要的参数。

实施 PTA 的结果可以帮助确定设计问题并提供替代方案。它可以帮助制造商减少财务、法规和安全风险，并确保产品在几乎所有运行条件下都能满足客户的性能要求。通过 PTA，设计团队可以在产品开发的早期阶段发现潜在问题，并提前采取措施来减少风险。此外，PTA 还可以为设计团队提供关于元件参数的洞察，以帮助优化设计并提供可靠的解决方案。

## 4.1 概述

参数趋势分析在早期设计阶段量化电子元件受到的各种应力对其参数的影响，以帮助技术专家评估元件在整个产品运行周期中的性能，并考虑初始参数可变性和老化效应。

如图 4-1 所示，在最后一次热循环后，电容每十倍时损失约 5% 的总电容值。在回流制程后一个小时，它的读数约为 $12\mu F$。十个小时或十倍时后，它的电容将下降 5%。一百个小时或二十倍时后，它又会下降 5%。一千个小时或三十倍时后，它又会再下降 5%，这符合其预期的设计公差。

每十倍时下降 5% 的现象将在电容的生命周期内无限期持续，直到它经受另

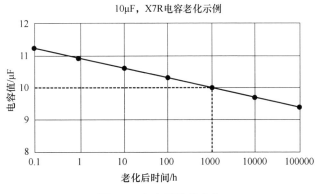

图 4-1  电容随温度老化

一次超过 130℃ 的热应力事件。这会将电容重置为 12μF，并启动十倍计时器，从而实现物料的"去老化"。

在汽车电子系统中，高级电子组件广泛应用于关键任务，因此必须确保在各种条件下保持产品的鲁棒性。在汽车环境中，电子元件会受到多种应力影响，如温度变化、振动、湿度、电磁干扰等。这些应力可能会导致元件的性能发生变化，进而影响整个系统的可靠性和稳定性。

通过参数趋势分析，技术专家可以对电子元件的参数进行监测和分析，以了解其在不同应力条件下的变化趋势。这包括对元件的电性能、热性能、机械性能等参数进行测试和评估。通过收集和分析大量的测试数据，可以建立参数变化的模型和趋势，预测元件在实际应用中的性能，并评估其在不同应力条件下的可靠性。

参数趋势分析还可以用于考虑初始参数可变性和老化效应。在电子元件制造过程中，存在一定的参数可变性，即同一型号的元件在性能上会有一定的差异。而随着时间的推移，元件还会经历老化过程，其性能可能会逐渐劣化。参数趋势分析可以帮助评估这些可变性和老化效应对产品性能的影响，并制定相应的设计策略和维护计划。

## 4.1.1  参数趋势分析的定义

参数趋势分析（PTA）是一种技术，通过考虑元件的可变性来评估其在不同运行条件下的鲁棒性。它考虑了初始可变性和元件老化对性能的影响，以及元件所处的外部条件。通过进行参数趋势分析，开发团队可以获得有关元件参数变化的洞察，从而能够早期发现潜在问题并最小化终端用户应用中的风险。

### 4.1.2　参数趋势分析的作用

参数变化趋势分析的目的是通过对系统或过程中关键参数的变化进行分析，以了解参数变化的规律和趋势，从而预测未来的发展趋势和做出相应的决策。具体来说，参数变化趋势分析的作用包括：

早期发现问题：通过分析元件参数的变化趋势，设计团队可以在产品开发的早期阶段识别出潜在的问题和风险。这使他们能够及时采取纠正措施，避免在后期阶段出现更严重的问题。

风险管理：通过对元件参数的趋势分析，设计团队可以评估元件在不同条件下的鲁棒性风险，并采取相应的措施来管理这些风险。他们可以确定关键参数的变化范围，并确保设计在这些变化下依然稳定可靠。

优化设计：参数趋势分析提供了对元件性能和可变性的深入了解，使设计团队能够优化设计，以提高元件的鲁棒性。他们可以通过选择更稳定的元件、改进设计参数或引入偏移机制等方式来减少不利的参数变化。

验证和确认：通过参数趋势分析，设计团队可以验证设计的鲁棒性，并通过实际测试和验证来验证分析的准确性。这有助于确保产品在各种条件下的性能和鲁棒性符合预期。

元件应力分析和参数趋势分析是一种早期设计关键的鲁棒性技术，帮助设计团队评估元件在不同应力条件下的鲁棒性，并采取相应的措施来最小化风险并优化设计。它为设计团队提供了洞察元件性能变化的工具，从而确保产品在各种运行条件下的稳定性和鲁棒性。

### 4.1.3　PTA 和 WCCA 的比较

在实际情况中，考虑到多个应力条件下的组合情况可能非常复杂，难以模拟或成本过高。因此，参数趋势分析（PTA）更多关注的是在单一应力条件下多个参数的变化趋势和最坏情况。

与之相对的是最坏情况电路分析（WCCA），它主要关注在多种最坏应力条件下单一参数的最坏情况。在这种情况下，元件被假设处于最坏的运行参数，但考虑到多个应力条件的组合则变得复杂。

举个例子，考虑一个电阻器，它可能会承受电压应力和功率应力。后者与电流和温度相关。在不同的现场使用场景下，同一个电阻器可能会面临高电压应力、高功率应力或同时存在两者。因此，对于参数趋势分析来说，必须包含所有这些“单一最坏应力”的情况，以涵盖正在分析的元件中的所有电子参数。

PTA 和 WCCA 是两种不同的方法，各自关注不同的方面：

PTA：PTA 主要关注单一应力条件下多个参数的变化趋势和最坏情况。它通过考虑不同的应力情况，评估元件在最坏应力下的性能。PTA能够综合考虑多个参数的影响，并提供对元件参数变化趋势的洞察。

WCCA：WCCA主要关注在多种最坏应力条件下电路单一参数的最坏情况。它针对元件可能遭受的最坏运行参数进行分析，以确保元件在这些条件下的鲁棒性。WCCA主要用于确定元件的极限工作条件，并确保元件在这些条件下的性能满足要求。

举例来说，对于电阻器而言，它可能会受到电压应力和功率应力的影响。电压应力取决于电阻器所承受的电压，而功率应力则与电流和温度相关。在不同的使用场景下，同一电阻器可能会遭受高电压应力、高功率应力或二者的组合。因此，PTA需要考虑所有这些可能的"单一最坏应力"情况，以全面评估电阻器的性能。

## 4.2 开发元件特性数据库的关键步骤

在实施有意义的参数趋势分析时，开发元件特性数据库是其中一个关键步骤。该数据库包含了量化元件参数变化的信息来源，以便进行综合分析。以下是开发元件特性数据库的关键步骤：

确定数据源：确定用于收集元件参数变化的数据源。这可能包括元件制造商提供的数据、实验室测试数据、相关文献和专业知识等。确保数据源的鲁棒性和准确性对于构建准确的数据库至关重要。

数据收集和整理：收集来自不同数据源的元件参数变化数据，并对其进行整理和归档。这可能涉及参数值、变化趋势、工作条件和环境影响等方面的数据。确保数据的一致性和标准化，以便后续的分析和计算。

数据分析和建模：利用收集到的数据，进行统计分析和建模，以了解元件参数的变化模式和趋势。可以使用统计方法和数学模型来量化元件参数的可变性，并预测在不同应力条件下的参数漂移。

最坏情况参数漂移计算：基于收集到的数据和建立的模型，计算元件关键参数的最坏情况参数漂移。这将考虑到元件的初始可变性以及环境条件对参数可变性的贡献。

环境影响分析：评估环境条件对元件参数可变性的影响。这包括分析环境因素对元件参数的随机性和有偏性的影响。通过理解环境对元件参数的影响，可以更好地预测元件在不同应力条件下的性能。

数据库维护和更新：确保元件特性数据库的及时维护和更新，以反映最新的数据和知识。随着新的元件和数据源的出现，数据库应进行适当的扩充和修订。

通过完成上述步骤，可以建立一个准确和可靠的元件特性数据库，为 PTA 提供必要的数据支持。这将有助于更好地理解元件参数的变化和影响因素，并进行有效的参数趋势分析。这样，设计团队可以更好地评估元件在不同应力条件下的性能，并制定相应的设计策略和决策，以确保产品的稳定性和鲁棒性。

## 4.2.1　参考数据库来源

在构建元件特性数据库时，可以从多个来源获取参考数据。以下是常见的参考数据库来源：

公司数据：这包括公司内部的历史测试数据，可以是来自其他产品的测试数据或特定的测试方案。公司数据可以提供与公司产品和环境条件相关的实际数据，具有较高的鲁棒性和适用性。

供应商数据：元件供应商可以提供有关元件参数变化的数据。这些数据应包括测试条件、样品大小、批次数等详细信息，以便更好地理解元件的可变性和性能。

行业数据：行业数据是根据广泛的研究和统计所得到的数据，通常是非常保守的。行业数据可以提供一般性的参考，用于评估元件的参数变化和鲁棒性。

外部来源：外部来源包括第三方提供的统计数据和研究报告。这些数据可以提供行业范围内的参考，以支持元件应力分析和参数趋势分析。

每种来源都有其优缺点和适用范围。选择适当的参考数据库来源取决于项目需求、可用数据的准确性和鲁棒性，以及对元件可变性的理解程度。综合使用多个来源的数据可以提供更全面和可靠的分析结果，帮助评估元件的性能和稳定性。

## 4.2.2　元件参数趋势分析

在进行元件参数趋势分析时，需要针对关键元件进行检查，这些元件在最坏应力条件下的预期功能非常重要。以下是一些元件的例子，其性能在元件参数趋势分析中需要特别关注：

数字元件的关键时钟：对于数字系统中的关键时钟元件，其时钟频率和稳定性对系统的操作至关重要。在元件参数趋势分析中，需要考虑时钟元件在最坏应力情况下的频率偏移、时钟抖动等参数变化。

滤波网络的传输功能：滤波网络通常用于信号处理和频率选择。在元件参数趋势分析中，需要评估滤波网络在最坏应力情况下的传输功能变化，例如通带衰减、截止频率等。

放大器的特性：放大器用于信号放大和增益控制。在元件参数趋势分析中，需要关注放大器在最坏应力条件下的增益稳定性、失真、噪声等特性的变化。

表 4-4 描述了在数字和模拟元件中进行参数趋势分析的关键参数。这些参数涉及电压、电流、频率、传输功能、增益、失真等方面。通过对这些参数进行分析，可以评估元件在不同应力条件下的性能变化，并确定是否需要采取相应的措施来满足设计要求。

电压参数：包括工作电压范围、最大允许电压、电源电压等。对于数字元件，电压参数的稳定性和兼容性是关键考虑因素。对于模拟元件，电压参数可能直接影响信号传输和电路放大的可靠性和精确性。

电流参数：包括工作电流范围、最大允许电流、静态电流等。电流参数的分析可以帮助评估元件在不同工作条件下的功耗、发热和电源需求。

频率参数：包括工作频率范围、最大允许频率、带宽等。对于数字和模拟元件来说，频率参数的分析可以评估信号传输和处理的能力，以及元件的响应速度和带宽限制。

传输功能参数：包括时钟速率、数据传输速率、时序要求等。这些参数对于数字元件的正常运行和通信功能至关重要。

增益参数：对于模拟放大器和滤波器等元件，增益参数描述了信号放大或衰减的能力。通过对增益参数进行趋势分析，可以评估元件在不同频率和工作条件下的放大性能。

失真参数：包括谐波失真、杂散失真、非线性失真等。失真参数的分析可以帮助评估元件在信号处理过程中引入的失真程度，从而确定是否满足设计要求。

通过对关键参数进行趋势分析，可以评估元件在不同应力条件下的性能变化，并确定是否需要采取相应的措施来满足设计要求。这种分析有助于优化元件的选型、设计和应用，从而提高系统的性能和可靠性。

## 4.2.3 元件参数趋势量化

对于工程师来说，量化电子元件的设计裕量是非常重要的，而最坏应力下的参数趋势分析是最常用的方法之一。通过 PTA，工程师可以确定每个元件在最大应力变化情况下的参数性能，从而量化元件的应力水平。

在进行 PTA 时，需要考虑以下可变参数：

元件的初始和老化公差：元件的初始公差是指在制造过程中存在的参数可变性，而老化公差则表示元件在使用过程中随时间发生的变化。这些公差需要考虑在内，以确保元件在整个使用寿命内仍能满足性能要求。

元件外部的应力：元件外部的应力包括电源电压和电流、工作频率以及局部环境温度等。这些应力对元件的性能产生影响，因此需要考虑它们在最坏情况下的取值，以评估元件的应力水平。

通过将每个变量参数设置为元件所分析的最大值，可以得出元件在最坏应力下的应力水平。这些应力可以与制造商的评级、降低准则和行业最佳实践进行比较，以确保元件、子系统和产品在整个运行环境中具有足够的鲁棒性。

最终目标是确保设计具有足够的裕量，以应对各种应力情况下的元件性能变化。通过使用 PTA 等方法，工程师可以量化和评估这些应力，并采取必要的措施来确保设计的鲁棒性。

# 4.3  参数趋势分析过程

参数趋势分析是一种用于监测和评估系统或设备性能随时间变化的方法。它通常用于质量控制、生产过程监控、设备维护以及预测性维护等领域。参数趋势分析过程如表 4-1 所示。

表 4-1  PTA 分析过程

| 行动 | 理由 |
|---|---|
| 确定分析方法 | 全分析与划分到元件关键参数<br>定义要分析的元件（模拟、数字等）<br>确定元件数据的可用性<br>确定支持分析的可用工具 |
| 获取数据 | 分析人员必须了解正在检查的元件和参数，包括适当的时序图、性能要求和规格<br>运行原理，元件运行环境，元件运行剖面 |
| 分析计划<br>分解功能和运行模式<br>建立分析范围<br>开发元件参数数据库<br>（参见表 4-2、表 4-4 和表 4-5） | 关键元件参数包括环境（环境和自热温度、振动、湿度、电压）和元件老化特性 |
| 执行参数分析 | 识别在最坏情况下过应力的元件，分析元件，以确定在最坏情况下是否实现了性能（同时改变环境条件和元件参数，使其达到最坏的可实现极端）<br>对于电路分割，将有源元件最小化到尽可能少的逻辑块<br>在分析中酌情包括元件和时序图<br>将 PTA 结果与规范进行比较，记录所有不一致之处 |
| 记录结果 | 分析结果应可验证（记录或参考用于开发分析的所有信息——元件方程、元件数据源和所使用的元件模拟工具）<br>如果在分析过程中发现问题，开发并提出潜在的解决方案和替代解决方案 |

这种分析的结果和任何相关的元件修改是初始开发过程中的一个重要因素，与其他鲁棒性技术设计一样，分析是可以迭代和更新的，因为技术团队会不断完善对元件使用参数的理解。

## 4.3.1  确定分析方法

确定分析方法是进行全面分析和将元件的关键参数进行划分的重要步骤。以下是一些可以帮助确定分析方法的步骤：

定义要分析的元件：首先确定要分析的元件类型，例如模拟电路元件、数字电路元件或混合信号元件。不同类型的元件可能需要不同分析方法和工具。

划分元件关键参数：对于要分析的元件，识别和划分关键参数是非常重要的。关键参数是影响元件性能或可靠性的重要因素，例如工作电压、工作温度、功耗等。将这些参数进行划分和分类可以帮助理解元件的工作条件和性能要求。

确定元件数据的可用性：在进行分析之前，需要确定可用的元件数据。这可能包括元件的规格书、测试数据、性能指标等。如果没有可用的数据，可能需要进行测试或模拟来获取所需的参数。

确定支持分析的可用工具：根据分析的需求和可用数据，确定支持分析的工具和软件。这可能包括电路仿真软件、可靠性分析工具、电磁场仿真工具等。选择适当的工具可以帮助进行准确和有效的分析。

在进行元件分析之前，确保准确理解元件的工作原理和特性，并根据需求选择适当的分析方法和工具。同时，保持持续学习和更新，以便掌握最新的分析技术和工具，以提高分析的准确性和效率。

## 4.3.2  获取数据

为了获得分析所需的数据，需要考虑几个来源。这些来源包括：

性能要求和规格：这些文件概述了产品所需的性能特征和规格。它们提供有关功率要求、工作电压范围、频率响应、传输速率、精度、准确性和可靠性等关键信息。

原理图和框图：原理图和框图提供了产品电路及其功能块的可视化表示。它们有助于理解整体架构和不同功能块之间的互连。

互连列表和接线图：这些文档详细介绍了产品中各种组件和子系统之间的互连。它们提供有关信号、电源和接地连接布线的信息，这对于分析电气行为和潜在干扰问题至关重要。

完整的元件清单：全面的元件清单包括产品中使用的所有元件及其规格和元件号。它有助于识别需要分析的特定元件并获得其详细数据表。

运行原理：了解产品的运行原理对于识别关键组件及其功能至关重要。这

些知识有助于将分析重点放在有助于整体性能和可靠性的关键领域。

产品运行环境：了解产品使用的运行环境对于分析温度、湿度、振动和电磁干扰等外部因素的潜在影响非常重要。此信息有助于选择适当的分析技术和工具。

产品运行剖面：了解产品将使用的各种操作配置有助于识别任何潜在的应力因素或性能变化。例如，如果产品在需要不同功率水平或操作条件的不同模式或设置下使用，则需要在分析中考虑这些变化。

热设计分析：热分析对于了解和管理产品的散热和热性能至关重要。该分析涉及考虑功耗、材料导热性、气流和冷却机制等因素。

通过获取和分析这些不同类型的数据，工程师可以全面了解产品及其操作特性。这些知识构成了进行全面分析并确保产品满足其性能和可靠性要求的基础。

### 4.3.3 分析计划

为了进行有效的分析，需要制定一个详细的分析计划。以下是一些可以包含在分析计划中的步骤：

分解功能和运行模式：对产品功能进行分解，确定每个功能的运行模式和要求。这有助于确定要关注的关键元件和参数。

建立分析范围：确定分析的范围和目标。根据产品的重要性和性能要求，确定需要进行详细分析的关键元件和参数。

开发元件参数数据库：建立一个元件参数数据库，记录关键元件的环境和老化特性。这包括元件的工作温度范围、振动和湿度要求以及元件老化特性等。

评估元件可靠性：根据元件的老化特性和环境要求，评估元件的可靠性。这可以包括使用可靠性工具和技术，如可靠性预测模型和可靠性试验。

进行环境分析：分析产品的工作环境，包括温度、湿度、振动和电压等因素的影响。通过环境分析，确定元件在不同工作条件下的性能和可靠性。

进行元件老化分析：分析元件的老化特性和寿命。考虑元件在长期使用和特定条件下的老化情况，评估其寿命和性能衰减。

进行元件故障分析：分析元件可能出现的失效模式和原因。使用故障分析工具和技术，如失效模式和影响分析（FMEA）和故障树分析（FTA），确定元件故障的潜在原因和影响。

开展元件的可靠性测试和验证：根据分析结果，进行元件的可靠性测试和验证。这包括使用可靠性测试方法和技术，如加速老化测试、振动测试和温度循环测试，来验证元件的可靠性。

通过制定一个详细的分析计划，可以确保对关键元件进行全面和系统的分析，并有效地评估产品的性能和可靠性。同时，持续监控和更新元件参数数据库，以便及时识别和处理任何潜在的问题。

### 4.3.4　执行参数分析

执行参数分析是用于评估电路在最坏情况下的性能的一种方法。下面对执行参数分析的步骤进行展开：

识别在最坏情况下过应力的元件：首先，需要确定在最坏情况下可能会过应力的元件。这些元件可能是电流、电压或功率等方面处于极端情况下的元件。

分析元件，以确定在最坏情况下是否实现了性能：针对识别的元件，进行详细的分析，以确定在最坏情况下是否达到了设计要求的性能。这包括检查元件的数据手册、规格书和设计规范等，以了解其在极端条件下的可靠性和性能。

改变环境条件和元件参数，使其达到最坏的可实现极端：为了模拟最坏情况，需要通过改变环境条件和元件参数，使其达到最坏的可实现极端。这可能涉及调整工作温度、输入电压、负荷条件等，以模拟最坏的工作环境。

对电路分割，将有源元件最小化到尽可能少的逻辑块：在参数分析过程中，可以对电路进行分区，将有源元件（如晶体管等）尽可能少地包含在逻辑块中。这样可以减少元件之间的相互影响，更准确地评估元件的性能。

在分析时的考虑包括元件和时序图：在参数分析中，可以根据需要包括元件的详细参数和特性，并绘制时序图，以分析信号的传输和时序要求的满足程度。

将参数分析结果与规范进行比较，记录所有不一致之处：最后，将参数分析的结果与设计规范进行比较，记录所有不一致之处。这些不一致可能是性能不达标、可靠性问题或其他方面的潜在风险。这些记录将为后续的设计改进和优化提供指导。

执行参数分析可以帮助确定电路在最坏情况下的性能，并发现潜在的问题和风险。通过综合考虑元件和环境条件的变化，可以更准确地评估电路的可靠性和性能，从而指导设计的改进和优化。

### 4.3.5　记录结果

记录结果是执行参数分析的重要步骤之一。下面对记录结果的步骤进行展开：

分析结果应可验证：分析结果应该是可验证的，即其他人可以根据记录的信息和步骤，重新进行分析并得出相似的结果。这可以通过详细记录所有用于开发分析的信息来实现。

记录或参考用于开发分析的所有信息：在进行参数分析时，需要记录或参

考使用的所有信息。这包括元件方程、元件数据源和所使用的元件模拟工具。这些信息对于其他人理解和重现分析结果至关重要。

元件方程：记录使用的元件方程，包括元件的电流-电压关系、传输特性等。这些方程是进行参数分析的基础，对于分析结果的准确性和可靠性至关重要。

元件数据源：记录使用的元件数据源，包括元件的规格书、数据手册、厂家提供的参数等。这些数据源对于评估元件的性能和可靠性非常重要，并对分析结果的准确性起到关键作用。

使用的元件模拟工具：记录使用的元件模拟工具，包括电路仿真软件、特定电路分析工具等。这些工具对于进行参数分析和获得准确的分析结果非常重要。

如果在分析过程中发现问题，例如性能不达标或其他潜在风险，可以开发并提出潜在的解决方案和替代解决方案。这些解决方案应基于分析结果和可靠的数据支持，并经过验证和评估。

通过记录结果和提供可验证的信息，可以确保分析结果的准确性和可信度。这样不仅有助于其他人理解和评估分析结果，也为后续的设计改进和优化提供了有价值的参考。

# 4.4　参数趋势分析方法

元件统计基于两种类型的元件变异：随机和偏置。随机变异是指变异的方向是不可预测的，而偏置变异是指变异的方向可以根据已知的输入进行预测。元件变异的所有来源可以归结为这两种效应之一，它们被结合起来给出了元件参数可变性的总体指示。

对于偏置效应，需要使用迭代的方法来计算。迭代是指通过多次计算和修正来逐步逼近准确的结果。通过不断迭代，可以将偏置效应纳入考虑并进行预测。

对于随机效应，常用的计算方法是使用根运算和平方运算。根运算是指计算随机效应的平均值，而平方运算是指计算随机效应的方差。通过这些运算，可以获得关于随机效应的统计信息，如平均值和标准差。

综合考虑偏置效应和随机效应，可以得出元件参数的整体变异指示。这些指示可以提供有关元件性能的统计信息，如平均值、标准差和可信度范围。

需要注意的是，元件统计是一种复杂的过程，涉及多个变量和计算步骤。在实际应用中，可能需要借助专门的软件工具或数学模型来进行准确的计算和分析。

## 4.5　电容最小值和最大值的计算

表 4-2 的示例说明了确定 1200pF 的 CLR 电容器最坏情况下的最小值和最大值的有代表性的计算。这些参数被用来确定 CLR 电容器漂移对元件应用的潜在效应。

表 4-2　电容器变异示例

| 参数：电容 | 偏置（%） | | 随机（%） |
|---|---|---|---|
| | 负 | 正 | |
| 在 25℃初始公差 | — | — | 20 |
| 低温（-20℃） | 28 | — | — |
| 高温（+80℃） | — | 17 | — |
| 其他环境（硬真空） | 20 | — | — |
| 辐射（10kRad，$10^{13}$N/cm$^2$） | — | 12 | — |
| 老化 | — | — | 10 |

进行 PTA 显然是一项重要的工作，因此必须使用标准化的方法来提供工程团队之间的一致结果，包含范围和公差，并加快过程。

## 4.6　元件参数可变性

如表 4-3 所示，所有电子元件都具有可变性。人们最熟悉的类型是制造公差，例如电阻器阻值的额定值±5%。公差数据很方便查询，很容易被纳入设计。表 4-3 还列出了其他变异来源，包括元件老化的影响，一个熟知的例子是铝电解电容器的电容逐渐减小和等效串联电阻的增加。这些关键参数偏移的单位时间的大小和变化取决于电容器的设计类型、制造控制和具体应用。电解电容器的基本等效元件如图 4-2 所示。虽然这里只需要电容，但在所有物理可实现的元件中都存在寄生元件。与电解电容器 PTA 相关的参数如表 4-5 所示。

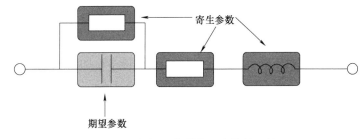

图 4-2　电解电容器的基本等效元件

表 4-3　影响参数与变异的来源

| 元件类型 | 变异的来源 | 参数产生影响 |
|---|---|---|
| 双极/场效应晶体管 | 温度<br>辐射 | $h_{FE}$（偏置），$V_{be}$（偏置）<br>$I_{cbo}$（偏置）<br>$R_{DS}$ 上（偏置），$V_{th}$（偏置）<br>$h_{FE}$（偏置），$I_{cbo}$（偏置）<br>$V_{CEO}$（饱和）（随机和偏置）<br>$V_{th}$（偏置） |
| 整流器/开关二极管 | 温度<br>辐射 | 正向电压 $V_F$（偏置）<br>TS（偏置），反向电流 $I_r$（偏置） |
| 齐纳二极管 | 温度 | $V_Z$（偏置，有时随机），ZZ（偏置） |
| 电阻器 | 温度<br>湿度<br>老化（上电）<br>寿命（不上电）<br>真空<br>机械 | 电阻（偏置和随机）<br>电阻（偏置），碳膜电阻（偏置和随机）<br>电阻（偏置和随机）<br>电阻（偏置和随机）<br>电阻（偏置）<br>电阻（偏置和随机） |
| 电容器 | 温度<br>老化<br>机械<br>电压<br>气压<br>湿度 | 电容（偏置和/或随机）<br>ESR（偏置），DF（偏置，非线性）<br>ESR（偏置）、电容（偏置或随机）<br>电容<br>电压系数<br>电容（偏置，非密封）<br>电容（偏置） |
| 线性集成元件 | 辐射<br>温度 | 电压，电流偏移（随机），AOL（偏置）<br>电压，电流偏移（偏置和随机），随机 AOL<br>（偏置） |
| 数字集成元件 | 温度<br>• 上升时间/下降时间<br>• 传播延迟<br>辐射 | 传播延迟（偏置） |
| 磁性元件<br>（强烈依赖于材料） | 温度<br>老化<br>机械 | 饱和通量密度（偏置）<br>磁导率（偏置）<br>磁心损耗（偏置，非线性，非单调）<br>饱和通量密度（偏置，非常小）<br>磁导率（偏置）<br>饱和通量密度（偏置） |
| 继电器 | 温度 | 拉入/拉出电流/电压（偏置）<br>接触电阻（偏置，二次效应）<br>机械接触电阻（偏置） |

表 4-4　PTA 参数

**数字元件参数**

- 电路逻辑　● 脉宽　● 兼容性
- 电路时钟　● 吸电流

**模拟元件参数**

- 比较器
- 阈值精度　- 迟滞
- 开关速度/时间常数
- 偏移稳定性
- 滤波器
- 插入损耗　- 相位响应
- 频率响应　- 直线性
- 输入/输出阻抗 VSWR
- 杂散或带外馈线
- 调制器
- 频率响应　- 相位响应
- 输入/输出阻抗　- 线性
- 插入损耗　- 输出电平
- 偏差（Deviation）　- 驻波比（VSVR）
- 乘法器
- 输出功率　- 输入驱动器
- 频率响应
- 输入/输出阻抗
- 混合器（转换器）
- 噪声图　- 群延迟
- 频率　- 功率耗散
- 输出频谱　- 转换损耗
- 插入点　- 驱动要求
- 压缩点
- 端接阻抗

- 振荡器
- 频率，准确性，稳定性
- 输出功率水平稳定性
- 输出阻抗　- 负载阻抗
- 相位稳定性
- 噪声和杂散输出
- 探测器
- 偏置电压　- 输入阻抗
- 频率范围　- 输出阻抗
- 驻波比（VSVR）　- 输入
- 射频开关（固态/机械）
- 驱动要求　- 插入损耗
- 功率耗散　- 频率响应
- 功率处理　- 视频信号馈通（Feedthrough）
- 开关速度　- 开关次数
- 输入/输出阻抗- 驻波比
- 耦合器，循环器（Circulator）
- 插入损耗　- 漏磁
- 频率响应　- 驻波比（VSVR）
- 功率处理　- 方向性（Directivity）
- 输入/输出阻抗
- 条纹，波导，腔
- 模式抑制　- 插入损耗
- 调整范围，- 分辨率
- 尺寸稳定性　- 驻波比（VSVR）
- 输入/输出阻抗
- 材料稳定性

表 4-5　与电解电容器 PTA 相关的参数

| 参数 | 说明 | 可变性 | |
| --- | --- | --- | --- |
| | | 初始精度 | 因老化而变化 |
| $c$ | 电容 | 适度 | 适度 |
| $r$ | 阳极氧化膜等效并联电阻 | 低 | 低 |
| $r$ | 等效串联电阻 | 适度 | 低 |
| $l$ | 等效串联电感 | 低 | 无 |

# 4.7 数值方法

在设计过程中，对典型参数进行大量分析的设计师总是寻找简化技术的方法，同时不牺牲产品质量。选择适当的数值方法类型可以加快分析过程。

一种常见的技术是通过检查具有较小应力范围的元件来进行稳态参数分析，而不考虑元件在产品应用中的情况。例如，在低功耗或低压子系统中，可以针对元件进行分析。设计师通常会创建定制的电子表格，酌情使用各种计算方法来评估元件的性能。

举个例子，假设有一个 $3k\Omega$ 电阻器；根据指南，研究人员可以计算出该电阻器的电阻和降额。通过对该电阻器进行分析，研究人员可以确定其在最大应力情况下是否具有足够的裕量，以满足制造商的规格和降额指南。

通过这样的分析，设计师可以确定特定元件在不同应力下的可靠性。如果分析结果显示元件具有足够的裕量，即使在最大应力情况下，也能满足要求，那么该元件可以被选择为设计中的合适选项。

一种常见的技术是通过检查具有较小应力范围的元件来进行稳态参数分析，如表4-6所示，而不考虑元件在产品应用中的情况。例如，在低功耗或低压子系统中，可以针对元件进行分析。设计师通常会创建定制的电子表格，酌情使用各种计算方法来评估元件的性能，如表4-7所示。

表 4-6　通过检验进行稳态参数分析的示例

| 元件规格 | 元件降额 | | | | | | |
|---|---|---|---|---|---|---|---|
| | 最大电压/V | $P_{max}$/W | 电阻公差（%） | 最大温度/℃ | 热传输/（℃/W） | 最大电压/V | $P_{max}$/W |
| SMD 电阻；3.0kΩ；0.1W；0603 | 75 | 0.1 | 1.0 | 70 | 124 | 52.5 | 0.06 |

表 4-7　PTA 示例

| 参数 | 额定电压/V | 最坏情况的电压/V | 额定功率/W | 最坏功率/W | 元件的环境温度/℃ | 温度最坏情况计算/℃ | 电压裕量（%） | 功率裕量（%） | 热裕量/℃ |
|---|---|---|---|---|---|---|---|---|---|
| 元件在具体应用中的用法 | 15.0 | 17.7 | 0.025 | 0.0290 | 50 | 53.6 | 33.7 | 48.3 | 16.4 |
| PTA 的检查结果 | | | | | | | | | |

**4.8**　**电子元件参数变化趋势分析的应用案例**

电子元件参数变化趋势分析在电阻、电容、晶体管和 LDO 线性稳压器等元件的应用案例中具有重要意义。下面将以这些元件为例，展开介绍其参数变化趋势分析的应用案例。

### 4.8.1　电阻元件参数变化趋势分析

电阻（器）是电子电路中常见的元件之一。其参数变化趋势分析可以帮助研究人员了解电阻值随时间、温度、工作电压等因素的变化情况。对于精密电路或需要高稳定性的应用，对电阻的参数变化趋势进行分析可以帮助研究人员选择合适的电阻，以确保电路的性能和稳定性。

电阻值漂移分析：

电阻元件的主要参数是其电阻值，而电阻值可能会随时间发生漂移。通过监测和分析电阻元件的电阻值变化趋势，可以评估其稳定性和可靠性。例如，可以使用统计分析方法来计算电阻值的均值和方差，并观察其随时间的变化情况。

温度系数分析：

电阻值通常会随温度变化而发生变化。通过分析电阻元件的温度系数，可以预测其在不同温度条件下的参数变化趋势。这对于在高温或低温环境中使用电阻元件的设计和选择非常重要。

在一个温度变化较大的环境下，研究人员需要选择一个稳定性较好的电阻。通过对不同温度下电阻值的测量，研究人员可以分析电阻的温度系数，了解其随温度变化的规律，并选择一个温度系数较小的电阻产品。

### 4.8.2　电容元件参数变化趋势分析

电容（器）是存储电荷的元件，其容值对电路的频率特性和响应速度有着重要影响。电容的参数变化趋势分析可以帮助研究人员了解电容容值随时间、温度、工作电压等因素的变化情况。对于需要高精度和稳定性的应用，对电容的参数变化趋势进行分析可以帮助研究人员选择合适的电容，以确保电路的性能和稳定性。

电容值漂移分析：

电容元件的主要参数是其电容值，而电容值可能会随时间或电压发生漂移，如图 4-3 所示。通过监测和分析电容元件的电容值变化趋势，可以评估其稳定性和可靠性。可以使用统计分析方法来计算电容值的均值和方差，并观察其随时间的变化情况。

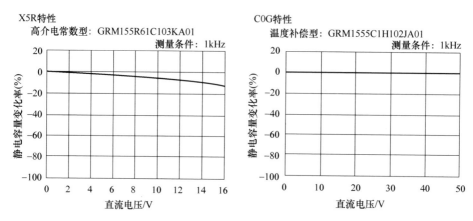

图 4-3　电容值随电压漂移

介质吸收分析：

某些电容元件在充放电过程中，会出现介质吸收效应，导致电容值的暂时变化。通过分析介质吸收特性和电容元件的充放电行为，可以预测其电容值随时间的变化趋势。

在一个需要高频响应的电路中，研究人员需要选择一个容值稳定性较好的电容，不同电容的容值随温度的变化如图 4-4 所示。通过对不同频率下电容容值的测量，研究人员可以分析电容的频率特性，了解其随频率变化的规律，如图 4-5 所示，并选择一个频率特性较好的电容产品。

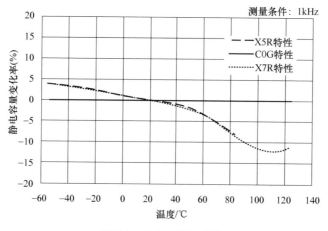

图 4-4　电容随温度变化

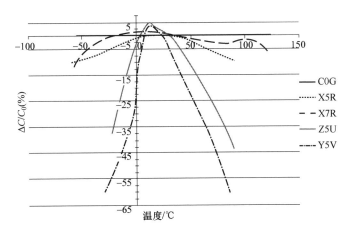

图 4-5　几种电容随温度变化示例

（资料来源：AVX 表面贴装陶瓷电容产品目录，v13.10）

### 4.8.3　晶体管元件参数变化趋势分析

晶体管是一种主要用于放大和开关电路的元件。其参数变化趋势分析可以帮助研究人员了解晶体管的增益、截止频率、漏电流等参数随温度、工作电压等因素的变化情况。对于需要高稳定性和可靠性的电路，对晶体管的参数变化趋势进行分析可以帮助研究人员选择合适的晶体管，以确保电路的性能和稳定性。

#### 1. 尺寸缩减效应

如图 4-6 所示，随着晶体管尺寸的不断缩小，晶体管的电性能和参数也可能发生变化。通过对晶体管尺寸缩减效应进行分析，可以预测晶体管的性能随时间的变化趋势，从而选择合适的工艺和材料来提高晶体管的可靠性和稳定性。

尺寸缩减效应（Scaling Effect）是半导体工艺中一个非常重要的概念，它指的是随着晶体管尺寸的不断减小，晶体管的物理特性和电性能也会随之发生变化。这种效应对于集成电路（IC）设计和制造具有深远的影响。以下是尺寸缩减效应的一些主要特点和影响：

1）电场强度增加：随着晶体管尺寸减小，电场强度会增加，这可能导致电流泄漏增加，影响晶体管的开关性能。

2）阈值电压降低：晶体管的阈值电压（$V_{th}$）会随着尺寸的减小而降低，这有助于减少功耗，但同时也可能导致晶体管的漏电流增加。

3）短沟道效应：当晶体管的沟道长度减小到一定程度时，会出现短沟道效应（Short Channel Effect，SCE），这会导致阈值电压降低、亚阈值斜率增大、载流子迁移率降低等问题。

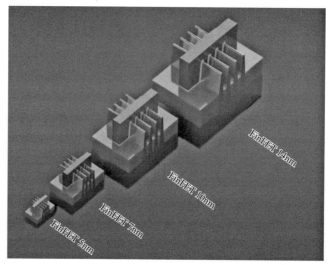

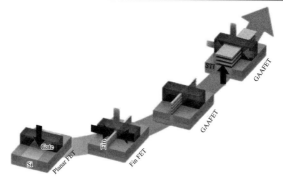

图 4-6　晶体管发展趋势

4）热效应：尺寸减小意味着晶体管的散热面积减小，这可能导致晶体管的热效应更加明显，影响其稳定性和寿命。

5）量子效应：在非常小的尺寸下，量子效应开始变得显著，晶体管的电流-电压特性可能会偏离经典物理模型的预测。

6）可靠性问题：尺寸缩减可能导致晶体管的可靠性问题，如时间相关的电介质击穿（TDDB）和热循环引起的失效。

7）制造成本：随着尺寸的减小，制造工艺变得更加复杂和昂贵，需要更先进的设备和技术。

8）设计挑战：尺寸缩减也带来了设计上的挑战，设计师需要考虑如何优化电路设计以适应这些变化。

为了应对这些挑战，工程师需要进行详细的尺寸缩减效应分析，预测晶体管性能随时间的变化趋势，并选择合适的工艺和材料来提高晶体管的可靠性和稳定性。这通常涉及：

1）工艺优化：选择合适的制造工艺，以最小化尺寸缩减带来的负面影响。

2）材料选择：使用新型半导体材料，如高介电常数（high-k）材料和金属栅极，以提高晶体管性能。

3）电路设计：优化电路设计，以适应尺寸缩减带来的性能变化。

4）可靠性工程：通过可靠性工程来评估和提高晶体管的长期稳定性和寿命。

尺寸缩减效应是半导体技术发展的关键驱动力之一，它对集成电路的性能、功耗、成本和可靠性都有重要影响。随着技术的进步，尺寸缩减效应的管理和优化将继续是电子工程领域的一个核心挑战。

**2. 封装缩减效应**

如图 4-7 所示，封装缩减效应（Package Scaling Effect）是指随着集成电路（IC）封装尺寸的减小，封装相关的物理特性和电气性能也发生变化的现象。封装是半导体器件的外部结构，它不仅保护内部的芯片免受物理损害，还提供电气连接和散热途径。以下是封装缩减效应的一些主要特点和影响：

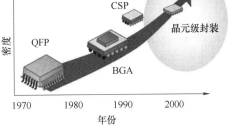

集成电路封装发展趋势

图 4-7　封装级尺寸发展趋势（SD-18）

1）热管理挑战：随着封装尺寸的减小，散热面积也随之减小，这可能导致器件的热管理变得更加困难，因为热量更难以有效地散发到环境中。

2）电气性能：封装尺寸的减小可能会导致信号的传输延迟和串扰，因为导线变得更短且更密集，这可能导致信号完整性问题。

3）机械应力：封装材料在尺寸缩减后可能会承受更大的机械应力，这可能影响器件的可靠性和寿命。

4）电磁干扰（EMI）：封装尺寸的减小可能导致电磁干扰问题，因为更小的封装和更密集的布线可能增加电磁辐射和敏感性。

5）组装和制造：封装尺寸的减小使得组装过程更加复杂，需要更精细的制造工艺和设备。

6）成本效益：虽然封装尺寸的减小可以降低成本，但同时也可能因为制造工艺的复杂性而导致成本上升。

7）互连密度：封装尺寸的减小允许更高的互连密度，这可以提高集成电路的性能和功能集成度。

8）封装类型选择：随着封装尺寸的减小，可能需要考虑不同类型的封装技术，如球栅阵列（BGA）、芯片级封装（CSP）或系统级封装（SiP）。

9）可靠性测试：封装尺寸的减小要求进行更严格的可靠性测试，以确保在更小的尺寸下器件的性能和可靠性。

10）设计规则：封装尺寸的减小要求更新设计规则，以适应新的尺寸限制和性能要求。

### 3. 应对措施

为了应对封装缩减效应带来的挑战，工程师需要采取一系列措施，包括：

1）优化封装设计：通过优化封装设计来提高电气性能和热管理能力。

2）使用新材料：采用具有更好热导性和机械性能的新材料。

3）改进制造工艺：开发新的制造工艺来适应更小的封装尺寸。

4）增强信号完整性：采取措施减少信号传输中的损失和串扰。

5）热模拟和分析：进行详细的热模拟和分析，以优化热管理方案。

6）可靠性评估：进行严格的可靠性评估，确保封装在缩小尺寸后仍能满足性能和寿命要求。

封装缩减效应是半导体技术发展的一个重要方面，它对器件的性能、可靠性和成本都有显著影响。随着技术的进步，封装缩减效应的管理和优化将继续是电子封装领域的一个核心挑战。

### 4. 退化分析

晶体管在长时间工作或特定环境条件下可能会退化，导致其性能下降或失效，如图 4-8 所示。通过分析晶体管退化的机理和特征，可以预测晶体管参数随时间的变化趋势，并采取相应的控制措施。

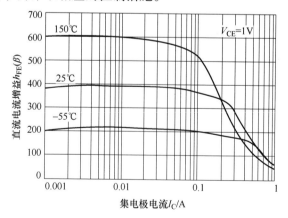

图 4-8　集电极电流增益变化

需要注意的是，晶体管的参数变化趋势不仅取决于技术进步，还受到应用需求的影响。不同的应用场景可能对晶体管的不同参数有特定的要求，因此在设计电路时需要综合考虑这些因素，并选择合适的晶体管类型和规格来满足特定需求。

在一个需要高增益的放大电路中，研究人员需要选择一个增益稳定性较好的晶体管。通过对不同工作条件下晶体管增益的测量，研究人员可以分析晶体管的增益温度系数和工作电压条件对增益的影响，并选择一个增益特性较好的晶体管产品。

## 4.8.4　LDO 元件的参数变化趋势分析

LDO 线性稳压器是一种用于稳压电源的元件，其参数变化趋势分析可以帮助研究人员了解 LDO 的输出电压、负载调整率、压降等参数随温度、负载电流等因素的变化情况。对于需要高稳定性和可靠性的电源应用，对 LDO 的参数变化趋势进行分析可以帮助研究人员选择合适的 LDO，以确保电源的性能和稳定性。

在 LDO 元件的参数变化趋势分析中，考虑应力的影响是很重要的，特别是与压降和电压偏移等相关的参数。以下是 LDO 元件参数在应力变化下的一些可能趋势：

压降（压差）：压降（或压差）是指电路中电压在通过一个负载或电源线路时的减少或差异。在电源和负载之间存在一定的电阻或阻抗，导致电流流过时产生压降。这种压降可能会导致负载电压降低或不稳定。

温度引起的压降变化：温度引起的压降变化是指在不同温度下，电路中的压降值发生变化。温度的变化可以影响电路中的电阻或导体的电阻值，从而改变电流通过时的压降。在一些电子元件中，例如 LDO（低压差稳压器），温度变化可能会导致其内部电路的电阻值变化，进而影响压降值。通过对 LDO 在不同温度条件下进行测试和分析，可以评估其压降与温度之间的关系，并预测在实际应用中可能出现的压降变化。

电压偏移：电压偏移是指输出电压与期望电压之间的差异。在某些情况下，应力或机械应力变化可能会导致 LDO 元件参考电压的漂移或变化，从而引起输出电压的偏移。通过对 LDO 在应力环境下进行测试和分析，可以评估其电压偏移与应力之间的关系，并了解在实际应用中可能出现的偏移情况。

应力对参考电压的影响：LDO 元件的电压偏移可能会受到应力变化的影响。在某些情况下，应力会导致参考电压的漂移或变化，从而引起 LDO 输出电压的偏移。通过对 LDO 在应力环境下进行测试和分析，可以评估其电压偏移与应力之间的关系，并了解在实际应用中可能出现的偏移情况。

稳定性：稳定性是指电路或系统在各种条件下的输出电压保持稳定的能力。应力的变化可能会对 LDO 元件的输出稳定性产生影响。应力引起的结构变形或热应力可能导致 LDO 的输出电压波动或不稳定（图 4-9）。通过对 LDO 在应力环境下进行稳定性测试，可以评估其输出稳定性，并确定在特定应力条件下的性能变化。

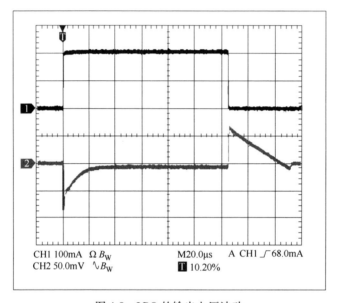

图 4-9　LDO 的输出电压波动

应力对输出稳定性的影响：应力变化可能会影响 LDO 元件的输出稳定性。应力引起的结构变形或热应力可能导致 LDO 的输出电压波动或不稳定。通过对 LDO 在应力环境下进行稳定性测试，可以评估其输出稳定性，并确定在特定应力条件下的性能变化。

需要注意的是，不同类型和品牌的 LDO 元件对应力的响应可能会有所不同。因此，在设计和选择 LDO 元件时，建议参考元件制造商提供的应力相关参数和测试数据，并根据特定的应用环境来评估 LDO 的性能和可靠性。

在一个对输出电压稳定性要求高的电源设计中，研究人员需要选择一个输出电压稳定性较好的 LDO。通过对不同温度和负载条件下 LDO 输出电压的测量，研究人员可以分析 LDO 的输出电压温度系数和负载调整率，并选择一个输出电压稳定性较好的 LDO 产品。

# 第5章

# 降额设计

降额设计是一种工程设计的方法，旨在确保产品或系统在各种不利条件下的可靠性和性能。它的目标是在设计阶段采取适当的措施，以降低风险、提高产品的持久性和可靠性。

在降额设计中，工程师会考虑各种可能的不利因素，如温度变化、湿度、电压波动、机械应力等。通过评估这些不利因素对产品或系统的影响，工程师可以确定必要的措施来降低风险和提高性能。

降额设计的一种常见方法是在设计过程中使用更高的设计裕量。这意味着在计算和选择材料、元件与组件时，需采用比实际要求更高的性能和容量。这样可以确保产品在不利条件下仍然能够正常运行，并且具有足够的余量来应对可能的变化和挑战。

另一种常见的降额设计方法是采用冗余设计。这意味着在系统中使用额外的备件或组件，以便在一个组件故障时仍能保持系统的功能。这样可以提高系统的可靠性和容错能力。

此外，降额设计还可以包括使用更可靠的材料和元件、加强产品的维护和保养、进行严格的测试和验证等措施。通过这些措施，降额设计可以确保产品在各种不利条件下都能够正常运行，并且具有足够的寿命和性能。

在降额的过程中，设计人员需要根据产品或系统的需求和使用环境，确定一组安全余量标准。这些标准可以包括承载能力、温度容忍度、耐久性等方面的要求。设计人员会使用这些标准来评估元件和材料的性能，并选择具有足够安全余量的元件和材料。

降额的方法通常包括以下几个步骤：

强度分析：设计人员会进行应力强度分析，评估元件和材料在各种工作条件下的应力情况。通过使用工程计算和模拟软件，他们可以确定元件和材料的最大承载能力，并与安全余量标准进行比较。

可靠性评估：设计人员会对元件和材料的可靠性进行评估。这包括考虑元件和材料的寿命、可靠性指标、失效率等方面的因素。通过对元件和材料的实验室测试和历史数据分析，设计人员可以确定它们在预期使用寿命内的性能。

材料选择：基于降额的分析结果，设计人员可以选择合适的材料。他们会考虑材料的力学性能、化学性质、热性能等方面的特性。选择正确的材料可以提供足够的安全余量，以确保产品或系统在各种条件下的可靠性和稳定性。

元件选型：设计人员会根据降额的分析结果，选择符合要求的元件。他们会考虑元件的规格、性能、可靠性等方面的因素。通过选择合适的元件，设计人员可以确保产品或系统在预期工作条件下的正常运行。

降额是设计工程师在产品开发过程中的重要环节。通过应用降额方法，设计人员可以确保产品或系统在各种条件下的可靠性和性能，提高产品的质量和稳定性。同时，降额还可以帮助设计人员在元件和材料选择过程中做出明智的决策，降低产品开发的风险和成本。

# 5.1 定义

降额是设计健壮系统的一种重要手段。它是应用于产品每个元件的预期过程，旨在减少元件承受超过其能力的应力的机会。通过降低应力的影响，降额可以提高元件的鲁棒性和使用寿命。

降额的目的是通过选择合适的元件和应用条件，降低这些应力和压力对元件的影响。一种常见的降额方法是使用额定值来选择元件，确保它们能够在预期工作条件下正常运行。此外，降额还可以通过合理的设计和散热措施来降低元件的温升和应力。

在降额过程中，工程团队会参考降额指南和测试数据，以了解元件的额定值和性能降低情况。这些指南提供了关于元件在不同条件下的性能限制和鲁棒性要求的信息，帮助工程师选择合适的元件，并确保它们能够在系统中稳定运行。

通过降低元件承受的应力和压力，降额可以提高系统的鲁棒性。额外的鲁棒性可以减少应力可能带来的损坏量，从而延长元件的使用寿命。这对于设计长寿命和高鲁棒性的电子系统至关重要。

降额是设计健壮系统的重要手段，通过降低元件承受的应力和压力来提高其鲁棒性和使用寿命。通过选择合适的元件、应用条件和采取合理的设计措施，可以降低元件的温升和应力，确保系统能够在预期的工作条件下稳定运行。

## 5.1.1 降额

元件降额是通过有意降低其电气、机械和热应力，以达到在施加的应力与元件功能的实际证明极限之间提供安全余量的目的。降额策略旨在减少与应力相关的失效的发生，并有助于确保元件的长期鲁棒性。

为了实施降额策略，可以根据元件的特性和制造商提供的数据表，确定关键参数，例如施加的电压、工作电流、功耗以及工作温度（环境、外壳或结点）。这些参数的最大额定值通常可以从制造商的数据表中获取。

降额系数是以百分比形式应用于最大额定值，用于提供安全余量。通过将最大额定值乘以降额系数，可以获得降低后的运行参数。例如，如果降额系数为 80%，那么在实际应用中，运行参数将被降低到最大额定值的 80%。

在评估元件的应用时，电路设计人员和元件用户应考虑各种因素，并确保所选的降额系数足够保证元件的鲁棒性。这些因素包括元件的工作环境、负荷情况、使用寿命要求等。

降额系数的计算如下：

$$降额系数 = \frac{最大运行值}{最大额定值}$$

在选择电子元件时，除了确保其符合功能要求外，还需要考虑其他一些限制和因素。以下是一些常见的限制：

环境限制：电子元件在工作时可能受到温度变化、湿度敏感性等环境因素的影响。因此，选择的元件必须能够适应所处的环境条件，例如指定的温度范围、湿度要求等。

机械限制：电子元件的尺寸、重量等特性也是选择过程中需要考虑的因素。元件必须适应所设计系统的机械要求，例如尺寸限制、重量限制等。

成本限制：在选择电子元件时，成本也是一个重要的考虑因素。元件的价格可能会根据品牌、型号、性能等因素有所差异，因此需要在预算范围内选择性价比较高的元件。

布局和布线限制：在电路板设计中，元件的布局和布线也需要考虑。元件之间的布局和布线应符合电路设计的要求，以确保信号传输和电路功能的正常工作。

质量限制水平：某些应用对于元件的质量要求较高，例如航空航天、医疗设备等领域。选择的元件必须符合相应的质量标准和认证要求，以确保系统的鲁棒性和安全性。

经验反馈和制造商信息：在选择电子元件时，可以考虑制造商的声誉和经验反馈。通过参考其他用户对于给定技术的鲁棒性和性能的反馈，可以更好地评估元件的选择。

技术限制：不同的元件技术可能会有特定的限制和最佳实践。例如，某些技术可能在高温环境下性能更好，而另一些技术可能在低温环境下更可靠。经验反馈可以提供关于特定技术的性能和限制的实际情况，帮助选择最适合特定应用的元件技术。

过时和可维护性限制：在选择元件时，还需要考虑其是否已过时或是否存在可维护性问题。如果元件已过时或制造商不再提供支持，可能会导致后期维护和修复方面的困难。经验反馈可以提供关于元件的可维护性和长期支持的信息，帮助选择可靠的元件。

降额规则：降额规则是指制造商提供的关于元件降额策略的准则。这些规则可能会涉及元件参数的降额系数、安全余量的要求等。经验反馈可以提供关于制造商降额规则的信息，帮助设计人员和用户评估元件的鲁棒性和稳定性。

通过参考制造商的经验反馈，可以了解特定制造商的元件在给定技术领域的鲁棒性和性能。这些反馈可以包括制造商提供的数据表、技术文档、鲁棒性报告等。此外，还可以通过询问其他用户的使用经验和评价来获取更多有关制造商和元件的信息。

## 5.1.2 降额方法

降额有两种方法。首先，降低施加在产品上的应力水平。其次，选择对应力更健壮的元件。电气元件上的应力有多种形式，对于降额，降额方法可能应用以下五种类型的应力。

1）电气应力（电压、电流、瞬变）：降低电压和电流的水平，以减少电气应力对元件的影响。此外，可以采取措施来减少瞬态电压和电流的影响，如使用滤波器或稳压器。

2）热应力（热、冷、循环）：控制元件的工作温度，避免过热或过冷对元件造成的热应力。可以采用散热措施、温度监控和控制系统等来降低热应力。

3）化学应力（溶剂、腐蚀性物质、水）：避免元件与溶剂、腐蚀性物质或水接触，以减少化学应力对元件的影响。可以采用密封措施、防腐涂层等来降低化学应力。

4）机械应力（热膨胀、振动、冲击）：减少元件受到的机械应力，例如通过增强产品的结构强度、减少振动和冲击的传导等方式来降低机械应力。

5）环境应力：避免元件受到恶劣环境条件（如高温、高湿、高海拔及太空辐射等）的影响，以减少环境应力对元件的影响。可以采用防尘、防水、防腐蚀等措施来降低环境应力。

实现降额的另一种方法是减少性能应力。减少交变负荷可减少由于工作负荷引起的外加应力，例如减少电压、电流波动等。通过降低交变负荷，可以降低对元件的应力，提高其鲁棒性。这种方法在家用电器产品等场景中较为适用，但对于汽车产品等要求高鲁棒性的应用则不太适用。

另一种方法是降低系统时钟速度，减少产生的热量，降低对时序异常的敏感性。高速时钟频率会引起高功耗和较高的温度，增加了对元件的热应力和电应力要求。通过降低系统时钟速度，可以降低功耗和热量产生，减少对元件的应力，提高其鲁棒性。同时，降低时钟速度也可以降低对时序异常的敏感性，使系统在更广泛的环境应力范围内运行。

## 5.1.3 术语

降额是指在特定条件下降低设备或系统的额定功率、容量或性能，以确保其安全、可靠和稳定运行。在许多行业中，降额都是一个重要的概念。以下是一些与降额相关的行业术语盘点：

降额系数（Derating Factor）：降额系数是一种用于计算设备在特定条件下实际性能与额定性能之间差异的系数。通常，降额系数会因温度、海拔、湿度等环境因素而变化。

热降额（Thermal Derating）：热降额是指由于温度升高而导致设备性能下降的现象。为了确保设备在温度较高的环境下正常运行，需要对其额定功率进行降额处理。

功率降额（Power Derating）：功率降额是指由于设备承受的负载过大，需要对其额定功率进行降额处理，以确保设备不会过载。

电压降额（Voltage Derating）：电压降额是指由于输入电压波动或降低，需要对设备额定电压进行降额处理，以确保设备正常运行。

海拔降额（Altitude Derating）：海拔降额是指由于海拔高度增加，空气稀薄导致散热能力降低，需要对设备额定功率进行降额处理，以确保设备正常运行。

湿度降额（Humidity Derating）：湿度降额是指由于湿度增加，设备内部湿度增加，可能导致短路或腐蚀等问题，需要对设备额定功率进行降额处理，以确保设备正常运行。

环境降额（Environmental Derating）：环境降额是指由于环境因素（如温度、湿度、海拔等）导致设备性能下降，需要对设备额定性能进行降额处理，以确保设备正常运行。

安全系数（Safety Factor）：安全系数是指在设备设计时预留的一定性能冗余，以确保设备在极端条件下仍能正常运行。安全系数与降额系数密切相关，通常用于评估设备的可靠性和安全性。

设备寿命（Equipment Lifespan）：设备寿命是指设备从开始使用到报废的整

个过程。降额处理可以延长设备的使用寿命，因为降额可以降低设备在运行过程中的应力和磨损。

设备可靠性（Equipment Reliability）：设备可靠性是指设备在特定条件下能够正常运行的概率。降额处理可以提高设备的可靠性，因为降额可以降低设备在运行过程中的故障率。

## 5.1.4 最大推荐工作条件

最大推荐工作条件是指在这些条件下，元件可以正常运行且保证其性能和可靠性。这些条件通常由制造商根据元件的设计和测试结果确定，并在产品规格书中进行说明。

最大推荐工作条件通常包括以下因素：

电气参数：包括电压、电流和功率等参数。例如，一个电子元件可能要求在特定的电压范围内工作，超过这个范围可能导致元件损坏或性能下降。同样，电流和功率的限制也需要考虑，以确保元件的正常运行。

温度范围：温度是影响元件性能和寿命的重要因素之一。元件通常有一个最大工作温度范围，超过这个范围可能导致元件失效或性能下降。此外，温度的变化速率（如温度梯度）也需要考虑，以确保元件在温度变化较大的环境下能够正常工作。

湿度和湿度变化速率：湿度是另一个可能影响元件性能和寿命的因素。元件通常有一个最大工作湿度范围，在超过这个范围或湿度变化较大的环境下，元件可能会受潮、腐蚀或出现绝缘击穿等问题。

振动和冲击：振动和冲击也可能对元件的性能和可靠性产生影响。元件需要能够承受特定的振动和冲击条件，以确保其连接和内部元件的稳定性和可靠性。

其他特定条件：根据具体的元件类型和应用领域，还可能存在其他特定的工作条件。例如，对于光学元件，光照强度和光照角度可能是需要考虑的因素。

最大推荐工作条件的定义和遵守对于保证元件的正常运行和可靠性至关重要。因此，在设计和使用元件时，需要仔细阅读和理解制造商提供的规格书，并确保在推荐的最大工作条件范围内使用元件。

## 5.1.5 绝对最大额定值

绝对最大额定值是指元件能够短时间内暴露在某种条件下而不会损坏的极限条件。它是一种保护措施，确保即使在异常情况下，元件也能够安全运行。绝对最大额定值通常在元件的规格书中给出，并由制造商提供。

绝对最大额定值通常包括以下方面：

电气参数：包括电压、电流和功率等参数。绝对最大额定值定义了元件可以承受的最高电压、最大电流和最大功率。超过这些极限值可能会导致元件瞬时故障、损坏或失效。

温度范围：绝对最大额定值还包括元件可以承受的最高温度和最低温度。超过这些温度范围可能会导致元件热失控、烧毁或性能下降。

湿度和湿度变化速率：湿度也是绝对最大额定值考虑的因素之一。元件的规格书中通常指定了元件可以承受的最高湿度和湿度变化速率。超过这些限制可能导致元件受潮、腐蚀或绝缘击穿。

振动和冲击：绝对最大额定值还涉及元件可以承受的最高振动和冲击条件。超过这些条件可能导致元件内部结构松动、损坏或断裂。

绝对最大额定值的目的是确保元件在异常情况下仍能够安全运行，但这并不意味着推荐在这些条件下持续使用元件。长期在绝对最大额定值条件下使用元件可能会影响其鲁棒性和寿命。因此，在选择和使用元件时，应该尽量避免接近或超过其绝对最大额定值，以确保元件的可靠性和长寿命。

# 5.2 计算条件

降额系数的计算是为了确定元件在实际使用中的可靠性和寿命。它是根据元件使用寿命和最坏的预期条件来进行的，包括功能、电气和环境应力。

降额系数的计算通常涉及以下步骤：

确定元件的使用寿命：使用寿命是指元件在规定的工作条件下能够正常工作的时间。它通常由制造商提供，并根据元件的设计和测试结果确定。

确定最坏的预期条件：最坏的预期条件是指元件在使用过程中可能遇到的最严苛的条件。这些条件可能包括最高电压、最大电流、最高温度、最大湿度、最大振动等。根据元件的应用环境和工作要求，确定出最坏的预期条件。

计算降额系数：降额系数是根据元件使用寿命和最坏的预期条件计算得出的。它用于降低元件的额定值，以确保在最坏的条件下仍能达到可靠性要求。降额系数的计算通常使用可靠性工程的方法和模型来进行。

应用降额系数：计算得出的降额系数通常应用于元件的各种参数，如电压容忍度、电流容忍度、温度容忍度等，以获得适合实际使用条件的元件的额定值。这样可以确保元件在最坏的条件下仍能够正常工作并具有足够的寿命。

降额系数的计算是为了在设计和选择元件时考虑到最坏的预期条件，以确保系统的可靠性。通过合理计算降额系数，可以更准确地评估元件的性能和寿命，并选择适合实际使用条件的元件。

### 5.2.1 最坏情况的预期条件

最坏情况的预期条件通常包括温度参数、电气参数和温度相关额定值。

（1）温度参数 根据标准的降额规定，针对温度的95%应用分布需要满足要求。具体来说，在评估95%上限温度时，需要考虑以下温度条件：

乘客舱温度：对于乘客舱环境温度，通常将其设置为+70℃。这是基于电子控制单元（ECU）在乘客舱环境中的温度条件。

发动机舱/周围环境温度：对于发动机舱或其他周围环境温度，通常将其设置为+125℃。这是基于ECU表面温度的条件。

在评估温度剖面分布的5%上尾时，电子元件的温度应比制造商提供的绝对最大额定值低10℃。这是为了确保在极端情况下仍有足够的余量，以确保元件的可靠性和寿命。

另外，对于100%的温度剖面分布，PCB（印制电路板）的热点温度应比PCB的最低玻璃化转变温度低15℃。这是为了确保PCB在工作过程中不会超过其温度容忍度，从而保证系统的可靠性。

（2）电气参数 在最坏情况的预期条件中，电气参数也是需要考虑的重要因素。以下是关于电气参数的内容：

电压参数：对于评估的参数，需要满足标准的降额规则，即针对95%的任务分布。通常情况下，电池电压的95%上限应为+15V，除非在技术规格中另有规定。

降额系数：在参数分布的5%上尾部，降额系数应低于90%。这是为了确保在最坏情况下仍有足够的余量，以确保元件和系统的可靠性。

非周期性瞬态：对于非周期性瞬态，如EQ/TE04、EQ/IC03（抛负载）、EQ\IR03和EQ\IR04（ESD）等，电气参数应保持在制造商的绝对最大额定值以下。这是为了避免因突发瞬态而对元件造成的损害。

异常电压：如果由于线束失效（接地或电池短路）而导致异常电压，则应遵守制造商的绝对最大额定值。此外，每个参数都应达到其分配上限的95%。这是为了确保系统在异常情况下仍能够正常工作，并保证元件的可靠性。

（3）温度相关额定值 当参数的最大绝对额定值取决于温度时，需要使用相关温度分布的95%上限来确定。这意味着在评估参数时，需要考虑到不同温度条件下的影响。

具体而言，对于温度相关的额定值，需要根据相关温度分布的95%上限来确定参数的最大绝对额定值。这是为了确保在大多数情况下，参数都能够在温度范围内正常运行。

例如，如果某个元件的最大绝对额定值在高温条件下会发生变化，那么在评估该元件时，应使用相关温度分布的 95% 上限来确定其最大绝对额定值。这可以确保在大多数情况下，元件不会超过其温度容忍度，从而保证系统的可靠性。

以电子控制单元（ECU）为例，其最大绝对额定值可能与环境温度有关。因此，在评估 ECU 时，需要考虑到不同环境温度下的影响，如表 5-1 所示，使用相关温度分布的 95% 上限来确定 ECU 的最大绝对额定值。

表 5-1　电子组件的运行

| 运行于车辆（EEM 运行时间） | 相关温度分布（环境温度组件的安装位置） | 温度/℃ | 分布（%） |
|---|---|---|---|
| | | 40 | 6 |
| | | 23 | 65 |
| | | 60 | 20 |
| | | 80 | 8 |
| | | 85 | 1 |
| | 湿度 | 相对湿度高达 100% 的冷凝水和结冰 | |

## 5.2.2　温度降额系数

下文中考虑了温度降额因子估算的主要条件，如表 5-2 所示。

表 5-2　温度降额因子

| 降额因子 | 最大操作值 | 最大额定值 |
|---|---|---|
| 环境温度（$T_{AM}$） | 考虑最坏情况下预期条件，考虑到：<br>在最坏情况下的电气条件下，由于元件的功耗导致的局部空气温升；<br>靠近元件的其他耗散源的影响 | |
| 温度上限（$T_U$） | 这是元件可以安全工作的最高温度限制。超过这个温度，元件的性能可能会下降，甚至可能损坏或失效 | 温度上限通常由元件的材料特性和设计决定，以确保长期可靠性和性能 |
| 工作温度（$T_{AU}$） | $T_{AU}$ 通常指的是元件在其设计和测试中被假定为正常工作的温度范围 | 这个范围通常比温度上限和下限更窄，表示元件在该温度范围内能够最有效地工作，同时保持最佳性能和寿命 |
| 温度下限（$T_L$） | 这是元件可以安全工作的最低温度限制。低于这个温度，元件可能无法正常工作或存在性能降低的风险 | 温度下限同样受到材料特性和设计的影响，且在低温环境下，某些材料可能会变得脆弱或失去其应有的电气特性 |

（续）

| 降额因子 | 最大操作值 | 最大额定值 |
|---|---|---|
| 结温（$T_j$） | 考虑最坏情况预期条件下的元件结温<br>考虑到：<br>在最坏情况下的电气条件下（包括峰值脉冲功率）的元件功耗；<br>元件周围环境温度的最坏情况 | 由制造商或数据表中的规格表示的工作条件 |
| 外壳温度（$T_{case}$） | 考虑最坏情况预期条件下元件的外壳温度<br>考虑到：<br>在最坏情况下的电气条件下（包括峰值脉冲功率）的元件功耗；<br>最坏的情况是预期元件周围的环境空气温度；<br>其他的影响；<br>耗散源靠近元件 | |

## 5.3 降额等级的划分

在考虑电子元件降额设计时，确实需要综合考虑多种因素来确定最合适的降额等级。下面详细解释这些因素以及如何确定降额等级：

1）设备的可靠性要求：设备的可靠性是决定降额程度的重要因素之一。对于那些要求极高可靠性的设备（如航天器、医疗设备等），元件的降额会更加严格，以确保在极端环境下或在长期运行中都不会发生故障。降额可以通过减少元件的工作压力（如电压、电流、温度等），来延长其使用寿命和减小故障率。

2）设计的成熟度：新设计的元件或系统在早期可能没有充分的可靠性数据。在这种情况下，采用较高的降额标准可以作为一种预防，以确保在缺乏可靠性数据的情况下也能够保证设备的稳定运行。随着设计的成熟度逐渐提高，可以逐步放宽降额标准，以提高设备的性能和效率。

3）维修费用和难易程度：元件降额也需要考虑到维修的成本和难易程度。如果降低元件的工作应力可以降低维修频率或简化维修过程，那么适当的降额是非常值得的。例如，对于那些难以维修或需要专门设备和技术的设备，降低元件的工作应力可以减少维修的复杂性和成本。

4）安全性要求：在一些关键领域，如核能、航空航天等，安全性要求非常高。因此，对于这些应用，元件的降额等级可能需要更加严格，以确保在任何情况下都能够保持设备的安全性和稳定性。

5）对设备重量和尺寸的限制：有些应用对设备的重量和尺寸有着严格的限

制，如便携式电子设备、航天器等。在这种情况下，降低元件的工作应力可以帮助减轻设备的重量和尺寸，从而提高设备的便携性和适用性。

在选择降额等级时，需要根据具体的设备要求和应用场景来确定。较高的降额等级通常意味着更保守的设计和更低的工作应力，从而提高了设备的可靠性和稳定性。然而，较高的降额等级可能会导致设备的重量、体积和成本增加。因此，在确定降额等级时，需要综合考虑以上因素，并进行权衡取舍。

如果设备需要在极端环境下操作，比如航天器或深海探测器，那么较高的降额等级可能是必要的，以确保设备在极端条件下依然能够可靠运行。这意味着需要采取更保守的设计和更低的工作应力，以牺牲一些性能和效率换取稳定性和可靠性。

然而，对于一些便携式电子设备或消费类产品，较高的降额等级可能会带来过多的成本和重量负担，从而影响产品的市场竞争力。在这种情况下，可能需要进行更为灵活的权衡，可能选择较低的降额等级，以在可接受的范围内平衡性能、成本和重量。

## 5.3.1　Ⅰ级降额

Ⅰ级降额在工程设计和可靠性工作中起到重要的作用。它是一种常见的策略，旨在提高设备或系统的可靠性。在这种降额等级下，采取了最大程度的保守设计和工作条件，以确保设备在各种情况下都能够可靠运行。

一些常见的应用场景包括航空航天、核能、医疗设备等对可靠性要求极高的领域。在这些领域中，设备的故障可能导致严重的后果，因此采取Ⅰ级降额是至关重要的。在Ⅰ级降额下，通常采取了多重冗余设计、更为保守的材料选择以及更严格的测试和验证流程，以确保设备在极端条件下依然能够安全可靠地运行。

虽然Ⅰ级降额能够显著提高设备的可靠性，但它也带来了一些不可忽视的成本和影响。首先，采取更为保守的设计和工作条件可能会增加设备的重量、体积和成本。其次，由于采用了多重冗余设计和更严格的测试流程，Ⅰ级降额往往需要更长的开发周期和更高的技术投入。

在实际应用中，选择Ⅰ级降额需要仔细权衡各种因素。对于那些对可靠性要求极高、可以容忍较高成本和开发周期的应用，Ⅰ级降额是一个理想的选择。然而，在一些对成本、重量或开发周期有更为严格要求的应用中，可能需要考虑其他降额等级或权衡不同的设计方案。

通过Ⅰ级降额，可以采取一系列措施来提高元件的可靠性，这些措施包括但不限于：

选择更高质量的元件：在进行元件选型时，可以优先选择质量更高、可靠

性更好的元件。这些元件可能具有更长的使用寿命、更低的失效率和更好的性能，从而提高整个设备的可靠性。通常，这种选择会在供应链管理和成本上带来一定挑战，但对于关键组件，这样的投资通常是值得的。

进行更严格的元件筛选和测试：在采购和使用元件之前，进行更严格的筛选和测试是至关重要的。这样可以排除那些质量不合格或性能不稳定的元件，从而大大降低了系统故障的概率。这可能涉及对供应商进行审核、样品测试、可靠性验证等步骤。

实施冗余设计：在设备或系统设计中，引入冗余元件或备用模块是一种常见的提高可靠性的手段。通过增加系统的冗余度，当某个元件发生故障时，备用元件可以接管工作，从而保证系统的可靠性和连续性。然而，这也增加了系统的复杂性和成本，因此需要在设计阶段进行充分的权衡。

加强维护和保养：定期进行设备的维护和保养是保持设备可靠性的关键。这包括清洁、校准、更换易损件等工作，以保持设备的正常运行状态。通过定期维护，可以及时发现和修复潜在的问题，避免故障的发生，并延长设备的使用寿命。

这些措施相互配合，可以有效地提高元件和整个系统的可靠性，在关键领域如航空航天、核能和医疗设备中尤为重要。然而，需要注意的是，这些措施往往会增加成本和复杂性，因此需要在设计和实施时进行细致的考量和权衡。

对于超过Ⅰ级降额的更大降额，通常需要更多的冗余设计。冗余设计是指在设备或系统中引入冗余元件或备用模块，以提高可靠性。这包括冗余电源、冗余传感器、冗余控制器等。当主要元件发生故障时，备用元件可以接管工作，确保系统的连续性和稳定性。然而，增加冗余也会增加系统的复杂性和成本，需要在设计阶段进行权衡。

除了冗余设计，提高降额等级还可能涉及增加对元件的筛选和测试的严格性。这意味着在采购和使用元件之前，需要进行更严格的质量控制和可靠性测试，以排除不合格或不稳定的元件。这可能包括对供应商的审核、样品测试、可靠性验证等步骤，从而确保元件的质量和稳定性。

然而，超过Ⅰ级降额的更大降额往往会增加成本、复杂性和技术难度。因此，在进行可靠性改善时，选择适当的降额等级是非常重要的。Ⅰ级降额作为最大的降额等级，提供了最大的可靠性改善效果，并且相对容易实现。通过合理的设计和措施，可以最大限度地提高元件的可靠性，以确保设备在各种工作条件下的稳定运行。

Ⅰ级降额适用于以下几种情况：

人员安全或关键设备保障：当设备的失效可能导致人员伤亡或严重设备损坏时，采用Ⅰ级降额可以确保设备在关键时刻的稳定运行，最大限度地提高元件的可靠性。

高可靠性要求和新技术应用：针对可靠性要求高、同时采用了新技术或工艺的设备，Ⅰ级降额提供额外保证，确保设备在各种条件下的可靠性和稳定性。

维修限制：在由于维修费用高昂或技术限制等原因，设备失效后无法或不宜进行修复的情况下，Ⅰ级降额通过提高元件的可靠性延长设备的使用寿命。

尺寸与重量限制：在设备对尺寸和重量有严格限制的特殊应用场景中，采用Ⅰ级降额可在满足尺寸和重量要求的前提下提高设备的可靠性。

## 5.3.2　Ⅱ级降额

Ⅱ级降额是一种中等程度的降额策略，它在提高设备或系统的可靠性方面确实具有明显的改善效果。与Ⅰ级降额相比，Ⅱ级降额在设计上相对较容易实现，因为它不需要对设备进行过于极端的设计修改或采用昂贵的元件来达到降额的目的。以下是一些关于Ⅱ级降额设计相对较容易实现的具体原因：

适度调整：Ⅱ级降额的策略主要是通过对设备进行适度的调整，比如降低工作负荷、限制环境压力等方式，来提高设备的可靠性。这种调整通常涉及较小范围的设计变动，因此相对容易实现。

常规设计修改：在设计阶段，工程师可以通过选择较高质量或更耐用的元件，优化材料和结构设计来实现Ⅱ级降额。这种修改通常属于常规的设计过程，不需要大量额外的成本或复杂的技术投入。

标准化元件：Ⅱ级降额策略可以通过使用标准化的高质量元件来实现。这意味着在市场上容易获得这些元件，供应链较为稳定，设计和维护的复杂度也较低。

优化维护策略：Ⅱ级降额可以通过优化维护策略来提高设备的可靠性。这包括定期检查、更换磨损零件、调整运行参数等，这些措施可以在不影响生产效率的情况下提高设备的稳定性。

可预测性和可靠性：由于Ⅱ级降额在设计上相对较容易实现，所以它在实践中通常具有较高的可预测性和可靠性。这有助于工程师在设计和维护阶段制定更明确和有效的策略。

通过Ⅱ级降额，可以采取一系列措施来提高元件的可靠性，类似于Ⅰ级降额。这些措施可能包括：

选择更可靠的元件：在元件选型时，可以选择具有更高可靠性的元件。这些元件可能具有更长的寿命、较低的故障率和更好的性能，可以显著提高整个设备的可靠性。例如，选用由可靠供应商提供的经过充分验证和认证的元件，或者选择经过长期使用和验证的品牌产品。

引入冗余设计：通过引入冗余元件或备用模块，可以增加设备的冗余度。当一些元件发生故障时，备用元件可以接管工作，确保设备的连续运行和可靠性。这种冗余设计可以通过备用模块的自动切换或手动切换来实现，以确保设备在发生故障时能够快速恢复正常运行。

强化测试和筛选：进行更严格的元件测试和筛选，以确保元件的质量和性能符合要求。通过筛选出质量较好的元件，可以减少故障的概率。例如，可以对元件进行更严格的质量控制，包括在生产过程中进行更多的测试和检验，以确保元件的可靠性和稳定性。

加强维护和保养：定期进行设备的维护和保养，包括清洁、校准、更换易损件等，以保持设备的正常运行状态。这样可以及时发现和修复潜在的问题，避免故障的发生。同时，可以采取预防性维护措施，如定期检查和调整元件的工作状态，以延长元件的使用寿命并提高设备的可靠性。

通过以上措施，Ⅱ级降额可以有效地提高元件的可靠性，确保设备在长期运行中保持稳定的性能和可靠的运行状态。这不仅可以减少故障带来的生产损失，还可以降低维修成本，并提高设备的使用寿命和整体效率。

Ⅱ级降额适用于以下情况：

可能引起装备与保障设施损坏的场景：在某些特殊环境或工作条件下，设备可能会遭受到额外的压力或磨损，增加了装备或保障设施损坏的风险。例如，在高温、高湿、高腐蚀性或高振动的环境中，传统的设备可能很难维持其性能和寿命。在这种情况下，采用Ⅱ级降额策略，如增加设备的冗余度、改进材料选择或者调整维护策略，可以有效地提高设备的可靠性，减少损坏发生的概率。

对可靠性要求较高，并采用了某些专门的设计：在一些特殊应用场景中，例如航空、医疗设备或者军事装备，对设备的可靠性要求极高，甚至不能容忍任何故障或失效。为了满足这些高要求，Ⅱ级降额可以通过专门的设计优化、采用高可靠性元件或者引入先进的监测和诊断技术等方式，大幅度提升设备的可靠性和稳定性。

需要支付较高的维修费用：在某些设备或系统中，维修和维护的成本非常高昂，这不仅包括直接的维修费用，还可能涉及由于停机造成的生产损失和额外的人力成本。为了降低这些费用和减少停机时间，Ⅱ级降额可以通过提高设备的可靠性和减少故障发生的频率，从而降低维修和维护的需求，最终实现成本的有效控制。

对人员安全和设施完整性有一定影响的故障：相比于Ⅲ级降额，Ⅱ级降额适用于设备故障可能对人员安全或设施完整性造成一定影响的情况。这可能包括一些工业生产环境或关键基础设施中的设备，其故障可能导致生产中断或设施损坏，但并不会引发重大的人员伤亡或灾难性后果。

需要适度提高可靠性以降低故障率：Ⅱ级降额通常涉及对设备或系统进行某种程度的改进或增强，以降低故障率并提高可靠性。这可能包括采用更可靠的材料、设计更健壮的元件、优化维护计划或增加冗余性等措施，以减少故障的发生率和影响。

需要在成本和效益之间取得平衡：Ⅱ级降额考虑了改善设备可靠性所需的成本，并试图在成本和效益之间取得平衡。这意味着采取的措施通常会比Ⅲ级降额更昂贵，但相对于Ⅰ级降额而言，仍然具有可行性和经济性。

需要提高系统的容错能力和稳定性：对于一些对系统容错能力和稳定性要求较高的应用，Ⅱ级降额可以通过改进设计或增加备用设备来提高系统的鲁棒性和可靠性。这对于需要持续稳定运行的关键系统尤为重要，如电力供应、通信网络等。

Ⅱ级降额是一种在改善设备或系统可靠性方面具有中等程度效果的降额策略。它适用于需要在提高可靠性和控制成本之间找到平衡的情况，并且通常涉及对设计、材料或维护计划等方面的改进。

### 5.3.3　Ⅲ级降额

Ⅲ级降额是一种最低程度的降额策略，它主要关注于提高元件的可靠性，相对于其他两种降额级别（Ⅰ级和Ⅱ级），Ⅲ级降额在这方面的相对效益最大。换句话说，Ⅲ级降额通过一些简单的、成本相对较低的改进，可以获得较大的可靠性提升。然而，与Ⅰ级降额和Ⅱ级降额相比，在可靠性改善的绝对效果上，Ⅲ级降额可能不如前两者。这是因为它采用的是更为基础和简单的方法，无法达到Ⅰ级降额和Ⅱ级降额那样的彻底优化效果。

尽管Ⅲ级降额在可靠性改善的绝对效果上可能不如其他级别，但在实际设计中，Ⅲ级降额是最易实现的。这是因为它不涉及过多的复杂工程或高成本的改变，而是采取一些简单的措施来提高元件的可靠性。这使得Ⅲ级降额成为一种经济实惠且易于实施的选择，尤其是对于那些需要快速降低风险但又不愿意花费过多资金或时间的项目而言。

因此，尽管Ⅲ级降额可能在可靠性改善的绝对效果上不如其他级别，但由于其相对简单和经济的特点，以及易于实现的设计特性，使得Ⅲ级降额在特定情况下非常有用的原因是多方面的。

首先，Ⅲ级降额相对简单易行的设计特性意味着工程团队可以快速、有效地将这些改进措施融入现有系统或设计中。这种简易性不仅减少了实施过程中的技术挑战，也降低了系统结构调整所带来的风险。举例来说，如果一个系统需要在短时间内提高其可靠性，但是又不能承担过多的系统重构或大规模改造的成本和时间，那么Ⅲ级降额就成为了一个理想的选择。

其次，易于实现的设计特性使得Ⅲ级降额在应对紧急情况或有限资源的情况下非常实用。在一些项目中，时间和预算都是非常关键的因素。在这种情况下，采取更简单、更经济的Ⅲ级降额策略可能比其他级别的降额更为可行。这种情况下，项目团队可以迅速采取一些基础的改进措施来降低系统风险，而不必花费过多的时间和资源。

再次，Ⅲ级降额的设计特性还可以提高系统的灵活性和可维护性。由于采取的改进措施相对简单，系统的整体结构和功能不会受到过多的影响，从而更容易进行后续的维护和更新。这对于需要长期保持系统可靠性的项目或组织来说尤为重要，他们可以在需要时快速采取相应的措施，而不必担心复杂的系统调整带来的影响。

最后，Ⅲ级降额的易于实现的设计特性也是其优势之一。由于采取的改进措施相对简单，工程师和设计团队可以比较容易地将这些措施融入现有系统或设计中。这样可以减少对整体系统架构的干扰，降低了实施过程中的风险。同时，这也意味着Ⅲ级降额可以更快速地实施，从而更快地提高系统或元件的可靠性。

通过Ⅲ级降额，可以采取一些简单的措施来提高元件的可靠性。

这些措施可能包括：

选择成熟的标准设计：在设备设计中，选择已经被广泛采用和验证的成熟标准设计。这些设计已经经过长时间的使用和测试，其可靠性已经得到了验证和证明。通过采用这些成熟的标准设计，可以减少新技术或新材料引入可能带来的不确定性，从而提高系统的整体可靠性。

采用可迅速、经济地修复故障的设备：在设备设计中，考虑到故障的可能性，选择那些可以迅速修复且修复成本较低的设备。这样能够减少因故障而导致的停机时间和维修成本。例如，采用模块化设计，使得故障组件可以快速更换或修复，从而缩短系统的维修周期，提高系统的可用性。

对设备的尺寸、重量无大的限制：在设备设计中，不对设备的尺寸和重量设置过多的限制。这样可以为增加元件的可靠性提供更大的空间，并使得改进设计更加容易。例如，可以增加冗余元件或者加大元件的尺寸，以提高系统对故障的容错能力和抗干扰能力。

通过采取这些简单而有效的措施，Ⅲ级降额可以在不引入过多复杂性的情况下提高系统的可靠性。这些措施旨在降低故障发生的可能性，或者在故障发生时快速、经济地进行修复，从而保障系统的稳定运行和持续性能。

Ⅲ级降额适用于以下情况：

设备的失效不会造成人员的伤亡和设施的破坏：在一些应用中，设备的失效可能并不会对人员的安全或设施的完整性造成重大影响。在这种情况下，采用Ⅲ级降额可以是一种合理的选择。这种级别的降额意味着系统的可靠性虽然会有所提高，但不需要过度关注绝对的可靠性改善，因为系统在故障情况下的影响是可以被容忍的。

设备采用成熟的标准设计：某些设备已经采用了成熟的标准设计，这些设计经过广泛应用和验证，在可靠性方面已经具有较高的信誉度。在这种情况下，采用Ⅲ级降额可以维持原有的设计方案，而不必引入过多的变化。通过采取一些简单的措施，如优化维护流程或加强关键元件的监测，可以进一步提高设备的可靠性。

故障设备可迅速、经济地修复：在某些情况下，设备的故障可以迅速修复，并且修复成本相对较低。在这种情况下，采用Ⅲ级降额可以提高设备的可靠性，而对维修成本和停机时间的影响相对较小。通过及时响应故障并采取有效的修复措施，可以减少系统的不可用时间，从而提高系统的整体效率和可靠性。

综合而言，Ⅲ级降额是一种在特定条件下提高设备可靠性的有效方法。在应用此级别的降额时，需要根据具体情况评估风险和成本，并采取相应的措施来确保系统的稳定运行和持续性能。

## 5.4　降额规则

### 5.4.1　电阻降额规则

对电阻元件进行降额考核时，降额考核点通常包括以下几个方面：

工作电压：工作电压是指电阻元件在正常运行时所能承受的电压。对于电阻元件来说，选择适当的工作电压是非常重要的，过高的电压可能导致电阻元件烧毁或故障。因此，在降额考核中需要确定电阻元件的额定工作电压，同时考虑到环境因素和应用要求。

平均功率：平均功率是指电阻元件在正常运行时所消耗的平均功率。在设计和选择电阻元件时，需要确保电阻元件能够稳定地承受所需的平均功率。选择过小的功率容量可能导致电阻元件过热甚至损坏。因此，在降额考核中需要评估电阻元件的额定平均功率，并确保所选电阻元件能够满足实际工作条件下的功率需求。

脉冲功率：脉冲功率是指电阻元件在瞬态或脉冲工作条件下所能承受的功率。在某些特殊应用中，电阻元件可能会面临瞬态或脉冲负载，这时需要考虑电阻元件的脉冲功率承受能力。如果脉冲功率超过了电阻元件的承受能力，可能会导致电阻元件失效或损坏。因此，在降额考核中，需要评估电阻元件的额定脉冲功率，以确保其能够适应实际工作条件下的脉冲负载。

在降额考核中，除了以上提到的工作电压、平均功率和脉冲功率外，还需要考虑其他因素，如温度、环境条件、可靠性要求等。这些因素都会影响电阻元件的性能和可靠性，需要综合考虑来确定最合适的降额策略和选型，示例如表5-3所示。

表5-3 电阻降额因素

| 元件种类 | | 降额参数 | | 降额等级 | | |
|---|---|---|---|---|---|---|
| | | | | I | II | III |
| 固定电阻 | 合成型电阻 | 电压 | | 0.75 | 0.75 | 0.75 |
| | | 功率 | | 0.50 | 0.60 | 0.70 |
| | | 环境温度 | | 按元件负荷特性曲线降额 | | |
| | 薄膜型电阻 | 电压 | | 0.75 | 0.75 | 0.75 |
| | | 功率 | | 0.50 | 0.60 | 0.70 |
| | | 环境温度 | | 按元件负荷特性曲线降额 | | |
| | 电阻网络 | 电压 | | 0.75 | 0.75 | 0.75 |
| | | 功率 | | 0.50 | 0.60 | 0.70 |
| | | 环境温度 | | 按元件负荷特性曲线降额 | | |
| | 线绕电阻 | 电压 | | 0.75 | 0.75 | 0.75 |
| | | 功率 | 精密型 | 0.25 | 0.45 | 0.60 |
| | | | 功率型 | 0.50 | 0.60 | 0.70 |
| | | 环境温度 | | 按元件负荷特性曲线降额 | | |
| 热敏电阻 | | 功率 | | 0.50 | 0.50 | 0.50 |
| | | 最高环境温度/℃ | | $T_{AM}-15$ | $T_{AM}-15$ | $T_{AM}-15$ |

## 5.4.2 电容降额规则

对电容元件进行应力降额考核时，以下是一些重要的考核点：

正向电压：正向电压是指电容元件在正常工作条件下所承受的正向电压。选择适当的正向电压是非常重要的，因为过高的电压可能导致电容元件击穿或损坏。在降额考核中需要确定电容元件的额定正向电压，并确保所选电容元件能够稳定地承受所需的正向电压。

浪涌电压：浪涌电压是指电容元件所能承受的瞬态电压峰值，通常由输入过电压或其他电源干扰引起。在某些应用中，电容元件可能会面临浪涌电压的冲击，需要考虑电容元件的浪涌电压承受能力。如果浪涌电压超过了电容元件的承受能力，可能会导致击穿或损坏。因此，在降额考核中，需要评估电容元件的额定浪涌电压，并确保其能够适应实际工作条件下的浪涌电压。

反向电压：反向电压是指电容元件所能承受的反向电压。对于某些特殊应用，电容元件可能会面临承受反向电压的情况。因此，在降额考核中需要评估电容元件的反向电压承受能力，并确保所选电容元件能够安全地承受实际工作条件下的反向电压。

纹波电流：纹波电流是指电容元件所能承受的交流电流的波动。在某些应用中，电容元件可能会面临纹波电流的影响，需要考虑电容元件的纹波电流承受能力。如果纹波电流超过了电容元件的承受能力，可能会导致过热或损坏。因此，在降额考核中，需要评估电容元件的额定纹波电流，并确保其能够适应实际工作条件下的纹波电流。

预期寿命：预期寿命是指电容元件在正常工作条件下的预期使用寿命。电容元件的寿命取决于多个因素，包括电压、温度、电流等。在降额考核中，需要评估电容元件的预期寿命，并确保所选电容元件能够满足实际工作条件下的寿命要求。

除了以上提到的正向电压、浪涌电压、反向电压、纹波电流和预期寿命外，还需要考虑其他因素，如温度、湿度、环境条件、可靠性要求等。这些因素都会影响电容元件的性能和可靠性，需要综合考虑来确定最合适的降额策略和选型，示例如表 5-4 所示。

表 5-4　电容降额因素

| 元件种类 | | 降额参数 | 降额等级 | | |
|---|---|---|---|---|---|
| | | | I | II | III |
| 电容 | 固定玻璃釉型 | 直流工作电压 | 0.50 | 0.60 | 0.70 |
| | | 最高额定环境温度 $T_{AM}$/℃ | $T_{AM}-10$ | $T_{AM}-10$ | $T_{AM}-10$ |
| | 固定云母型 | 直流工作电压 | 0.50 | 0.60 | 0.70 |
| | | 最高额定环境温度 $T_{AM}$/℃ | $T_{AM}-10$ | $T_{AM}-10$ | $T_{AM}-10$ |
| | 固定陶瓷型 | 直流工作电压 | 0.50 | 0.60 | 0.70 |
| | | 最高额定环境温度 $T_{AM}$/℃ | $T_{AM}-10$ | $T_{AM}-10$ | $T_{AM}-10$ |
| | 固定纸/塑料薄膜 | 直流工作电压 | 0.50 | 0.60 | 0.70 |
| | | 最高额定环境温度 $T_{AM}$/℃ | $T_{AM}-10$ | $T_{AM}-10$ | $T_{AM}-10$ |
| | 电解电容 铝电解 | 直流工作电压 | — | — | 0.75 |
| | | 最高额定环境温度 $T_{AM}$/℃ | — | — | $T_{AM}-20$ |
| | 钽电解 | 直流工作电压 | 0.50 | 0.60 | 0.70 |
| | | 最高额定环境温度 $T_{AM}$/℃ | $T_{AM}-20$ | $T_{AM}-20$ | $T_{AM}-20$ |
| | 微调电容 | 直流工作电压 | 0.30~0.40 | 0.50 | 0.50 |
| | | 最高额定环境温度 $T_{AM}$/℃ | $T_{AM}-10$ | $T_{AM}-10$ | $T_{AM}-10$ |

### 5.4.3 电感与变压器降额规则

电磁元件的应力考核点包括线包最热点温度、磁心热点温度、瞬时电压/电流、介质耐压、扼流圈工作电压、居里温度、温度范围、湿度和环境条件以及可靠性要求。这些因素都会影响电磁元件的性能和可靠性，需要综合考虑来确定最合适的降额策略和选型，如表5-5所示。

对电磁元件进行应力考核时，以下是一些重要的考核点：

线包最热点温度：线包最热点温度是指电磁元件中线圈或绕组所能承受的最高温度。线圈在工作时会产生热量，因此需要评估电磁元件的线包最热点温度，以确保其能够在正常工作条件下保持稳定性能。过高的温度可能导致线圈的绝缘材料老化、热膨胀等问题。

磁心热点温度：磁心热点温度是指电磁元件中磁心所能承受的最高温度。磁心在工作时也会产生热量，因此需要评估电磁元件的磁心热点温度，以确保其能够在正常工作条件下保持稳定性能。过高的温度可能会导致磁心的磁性能下降、热膨胀等问题。

瞬时电压/电流：瞬时电压/电流是指电磁元件在瞬态或脉冲工作条件下所能承受的电压或电流。某些应用中，电磁元件可能会面临瞬态或脉冲负载，需要考虑其承受能力。如果瞬时电压或电流超过了电磁元件的承受能力，可能会导致击穿、过载或损坏。

介质耐压：介质耐压是指电磁元件所使用的绝缘材料能够承受的最高电压。绝缘材料的耐压能力直接影响电磁元件的安全性和可靠性。在降额考核中，需要评估电磁元件的介质耐压，并确保其能够满足实际工作条件下的耐压要求。

扼流圈工作电压：扼流圈工作电压是指电磁元件中扼流圈所承受的工作电压。扼流圈在电磁元件中起到限制电流的作用，因此需要评估其能够稳定工作的工作电压范围。选择合适的扼流圈工作电压是确保电磁元件正常工作的重要因素。

居里温度：居里温度是指电磁元件中磁性材料失去自发磁化性质的温度。居里温度是磁性材料的重要参数，会影响电磁元件在高温条件下的性能。超过居里温度，磁性材料的磁性能会急剧下降，可能导致电磁元件失效。

温度范围：电磁元件的工作温度范围是指其可以在正常工作条件下承受的温度范围。不同类型的电磁元件有不同的温度限制，包括最高工作温度和最低工作温度。在降额考核中，需要评估电磁元件的温度范围，并确保其能够稳定地工作在实际工作温度范围内。

湿度和环境条件：湿度和环境条件也是考虑电磁元件应力的重要因素。在一些特殊环境中，如高湿度、腐蚀性气体或化学物质的存在下，电磁元件可能面临更大的应力。因此，需要评估电磁元件的耐湿度和耐环境条件能力，并选择适合的元件来满足实际工作环境的要求。

可靠性要求：电磁元件的可靠性是评估其在一定时间内能够正常工作的能力。可靠性是电磁元件应力考核的重要指标之一。需要评估电磁元件的可靠性要求，并选择具有足够可靠性的元件来满足实际应用需求。

表 5-5　感性元件降额因素

| 元件种类 | 降额参数 | 降额等级 | | |
|---|---|---|---|---|
| | | Ⅰ | Ⅱ | Ⅲ |
| 电感元件 | 热点温度 $T_{HS}$/℃ | $T_{HS}-(40\sim25)$ | $T_{HS}-(25\sim10)$ | $T_{HS}-(15\sim0)$ |
| | 工作电流 | $0.60\sim0.70$ | $0.60\sim0.70$ | $0.60\sim0.70$ |
| | 瞬时电压/电流 | 0.9 | 0.9 | 0.9 |
| | 介质耐压 | $0.5\sim0.6$ | $0.5\sim0.6$ | $0.5\sim0.6$ |
| | 扼流圈工作电压 | 0.7 | 0.7 | 0.7 |

## 5.4.4　晶体管降额规则

晶体管元件应力考核点：正向电压、反向电压、放大倍数、集电极脉冲电流、结温等。对晶体管元件进行降额考核时，以下是一些重要的考核点：

正向电压 ($V_{CE}$)：正向电压 $V_{CE}$ 是指晶体管的集电极与发射极之间的电压。在正常工作条件下，需要评估晶体管的 $V_{CE}$，以确保其在指定的电压范围内正常工作。超过晶体管的额定正向电压可能导致电流过大、过热、损坏或失效。

反向电压 ($V_{EC}$)：反向电压 $V_{EC}$ 是指晶体管的集电极与基极之间的电压。在降额考核中，需要评估晶体管的 $V_{EC}$，以确保其在反向电压范围内正常工作。超过晶体管的额定反向电压可能导致击穿、损坏或失效。

放大倍数 ($\beta$)：放大倍数 ($\beta$) 是指晶体管的集电极电流 ($I_C$) 与基极电流 ($I_B$) 之间的比值。放大倍数描述了晶体管的放大能力。在降额考核中，需要评估晶体管的放大倍数，以确保其在额定的放大倍数范围内正常工作。过高或过低的放大倍数可能导致信号失真、功率损耗或不稳定性。

集电极平均电流 ($I_C$)：集电极平均电流 $I_C$ 是指晶体管的集电极上的平均电流。在降额考核中，需要评估晶体管的 $I_C$，以确保其在额定的电流范围内正常工作。超过晶体管的额定电流可能导致过热、损坏或失效。

集电极脉冲电流 ($I_{CM}$)：集电极脉冲电流 $I_{CM}$ 是指晶体管集电极上的瞬态或脉冲电流。在某些应用中，晶体管可能面临瞬态或脉冲负载，需要考虑其承受能力。评估晶体管的 $I_{CM}$，以确保其能够稳定工作在实际脉冲负载下。

结温 ($T_J$)：结温 $T_J$ 是指晶体管的结与外部环境之间的温度差。晶体管在工作时会产生热量，结温是导致晶体管失效的主要因素之一。在降额考核中，需要评估晶体管的结温，以确保其在指定的温度范围内正常工作。超过晶体管的额定结温可能导致热膨胀、热老化、损坏或失效。

除了以上提到的正向电压 $V_{CE}$、反向电压 $V_{EC}$、放大倍数（$\beta$）、集电极平均电流 $I_C$、集电极脉冲电流 $I_{CM}$ 和结温 $T_J$ 外，还需要考虑其他因素，如频率响应、功耗、可靠性要求等。这些因素都会影响晶体管元件的性能和可靠性，需要综合考虑来确定最合适的降额策略和选型，如表 5-6 所示。

表 5-6　分离半导体降额因素

| 元件种类 | | 降额参数 | | 降额等级 | | |
| --- | --- | --- | --- | --- | --- | --- |
| | | | | I | II | III |
| 分离半导体元件 | 晶体管 | 方向电压 | 一般晶体管 | 0.60 | 0.70 | 0.80 |
| | | | 功率 MOSFET 的栅源电压 | 0.50 | 0.60 | 0.70 |
| | | 电流 | | 0.60 | 0.70 | 0.80 |
| | | 功率 | | 0.50 | 0.65 | 0.75 |
| | | 功率管安全工作区 | 集电极-发射极电压 | 0.70 | 0.80 | 0.90 |
| | | | 集电极最大允许电流 | 0.60 | 0.70 | 0.80 |
| | | 最高结温 $T_{jm}/℃$ | 200 | 115 | 140 | 160 |
| | | | 175 | 100 | 125 | 145 |
| | | | ≤150 | $T_{jm}-65$ | $T_{jm}-40$ | $T_{jm}-20$ |
| 微波晶体管 | | 最高结温 | | 同晶体管 | | |

## 5.4.5　二极管降额规则

二极管元件降额考核点：反向电压 $V_{RM}$、正向电流 $I_F$、结温 $T_J$。

对于二极管元件进行降额考核时，以下是一些重要的考核点：

反向电压 $V_{RM}$：反向电压 $V_{RM}$ 是指二极管所能承受的最大反向电压。在降额考核中，需要评估二极管的 $V_{RM}$，以确保其在指定的反向电压范围内正常工作。超过二极管的额定反向电压可能导致击穿、损坏或失效。

正向电流 $I_F$：正向电流 $I_F$ 是指二极管在正向电压下通过的电流。在降额考核中，需要评估二极管的 $I_F$，以确保其在额定的电流范围内正常工作。超过二极管的额定电流可能导致过热、损坏或失效。

结温 $T_J$：结温 $T_J$ 是指二极管的结与外部环境之间的温度差。二极管在工作时会产生热量，结温是导致二极管失效的主要因素之一。在降额考核中，需要评估二极管的结温，以确保其在指定的温度范围内正常工作。超过二极管的额定结温可能导致热膨胀、热老化、损坏或失效。

此外，还需要考虑其他因素，如频率响应、反向恢复时间、可靠性要求等。

这些因素将影响二极管元件的性能和可靠性，需要综合考虑来确定最合适的降额策略和选型，如表 5-7 所示。

表 5-7　二极管降额因素

| 元件种类 | 降额参数 | | 降额等级 | | |
|---|---|---|---|---|---|
| | | | I | II | III |
| 二极管<br>（基准管除外） | 电压（不适用于稳压管） | | 0.60 | 0.70 | 0.80 |
| | 电流 | | 0.50 | 0.65 | 0.80 |
| | 功率 | | 0.50 | 0.65 | 0.80 |
| | 最高结温<br>$T_{jm}/℃$ | 200 | 115 | 140 | 160 |
| | | 175 | 100 | 125 | 145 |
| | | ≤150 | $T_{jm}-65$ | $T_{jm}-40$ | $T_{jm}-20$ |
| 微波二极管 | 最高结温 | | 同二极管 | | |
| 基准二极管 | | | | | |

## 5.4.6　集成芯片降额规则

元件降额考核点：电源电压 $V_{cc}$、输入端电压 $V_{in}$、输出电流 $I_o$、结温 $T_j$。

对于集成芯片进行降额考核时，以下是一些重要的考核点：

电源电压 $V_{cc}$：电源电压 $V_{cc}$ 是指集成芯片所需的供电电压。在降额考核中，需要评估芯片的 $V_{cc}$，以确保其在指定的电压范围内正常工作。超过芯片的额定电压范围可能导致电流过大、功耗过高、损坏或失效。

输入端电压 $V_{in}$：输入端电压 $V_{in}$ 是指集成芯片的输入信号电压。在降额考核中，需要评估芯片的 $V_{in}$，以确保其在指定的电压范围内正常工作。超过芯片的额定输入电压范围可能导致信号失真、逻辑错误或其他不稳定性。

输出电流 $I_o$：输出电流 $I_o$ 是指集成芯片的输出端所能提供的电流。在降额考核中，需要评估芯片的 $I_o$，以确保其在额定电流范围内正常工作。超过芯片的额定输出电流可能导致功耗过大、过热、损坏或失效。

结温 $T_j$：结温 $T_j$ 是指集成芯片内部的结温。集成芯片在工作时会产生热量，结温是导致芯片失效的主要因素之一。在降额考核中，需要评估芯片的结温，以确保其在指定的温度范围内正常工作。超过芯片的额定结温可能导致热膨胀、热老化、损坏或失效。

此外，还需要考虑其他因素，如时钟频率、功耗、信噪比、可靠性要求等。这些因素将影响集成芯片的性能和可靠性，需要综合考虑来确定最合适的降额策略和选型，如表 5-8 所示。

表 5-8　集成电路降额因素

| 元件种类 | | | 降额参数 | 降额等级 | | |
|---|---|---|---|---|---|---|
| | | | | I | II | III |
| 集成电路 | 模拟电路 | 放大器 | 电源电压 | 0.70 | 0.80 | 0.80 |
| | | | 输入电压 | 0.60 | 0.70 | 0.70 |
| | | | 输出电流 | 0.70 | 0.80 | 0.80 |
| | | | 功率 | 0.70 | 0.75 | 0.80 |
| | | | 最高结温/℃ | 80 | 95 | 105 |
| | | 比较器 | 电源电压 | 0.70 | 0.80 | 0.80 |
| | | | 输入电压 | 0.70 | 0.80 | 0.80 |
| | | | 输出电流 | 0.70 | 0.80 | 0.80 |
| | | | 功率 | 0.70 | 0.75 | 0.80 |
| | | | 最高结温/℃ | 80 | 95 | 105 |
| | | 电压调整器 | 电源电压 | 0.70 | 0.80 | 0.80 |
| | | | 输入电压 | 0.70 | 0.80 | 0.80 |
| | | | 输出、输入电压差 | 0.70 | 0.80 | 0.85 |
| | | | 输出电流 | 0.70 | 0.75 | 0.80 |
| | | | 功率 | 0.70 | 0.75 | 0.80 |
| | | | 最高结温/℃ | 80 | 95 | 105 |
| | | 模拟开关 | 电源电压 | 0.70 | 0.80 | 0.85 |
| | | | 输入电压 | 0.80 | 0.85 | 0.90 |
| | | | 输出电流 | 0.75 | 0.80 | 0.85 |
| | | | 功率 | 0.70 | 0.75 | 0.80 |
| | | | 最高结温/℃ | 80 | 95 | 105 |
| | 数字电路 | 双极型电路 | 频率 | 0.80 | 0.90 | 0.90 |
| | | | 输出电流 | 0.80 | 0.90 | 0.90 |
| | | | 最高结温/℃ | 85 | 100 | 115 |
| | | MOS型电路 | 电源电压 | 0.70 | 0.80 | 0.80 |
| | | | 输出电流 | 0.80 | 0.90 | 0.90 |
| | | | 功率 | 0.80 | 0.80 | 0.90 |
| | | | 最高结温/℃ | 85 | 100 | 115 |
| | 混合集成电路 | | 厚膜集成电路（W/cm²） | 7.5 | | |
| | | | 薄膜集成电路（W/cm²） | 6.5 | | |
| | | | 最高结温/℃ | 85 | 100 | 115 |
| | 大规模集成电路 | | 最高结温/℃ | 改进散热方式降低结温 | | |

### 5.4.7 光电元件降额规则

对于光电元件进行降额考核时，以下是一些重要的考核点：

正向平均电流 $I_{FAV}$：正向平均电流 $I_{FAV}$ 是指光电元件在正向电压下的平均工作电流。在降额考核中，需要评估元件的 $I_{FAV}$，以确保其在指定的电流范围内正常工作。超过元件的额定电流范围可能导致过热、损坏或失效。

环境温度 $T_A$：环境温度 $T_A$ 是指光电元件所处的环境温度。光电元件在工作过程中会产生热量，环境温度是导致元件失效的主要因素之一。在降额考核中，需要评估元件的环境温度，以确保其在指定的温度范围内正常工作。超过元件的额定温度范围可能导致热膨胀、热老化、损坏或失效。

电流传输比（CTR）：电流传输比是指光电元件的输入光功率和输出电流之间的比率。在降额考核中，需要评估元件的 CTR，以确保其在额定的光功率下能够产生足够的输出电流。CTR 的降低可能会导致信号失真、响应速度下降或其他性能问题。

此外，还需要考虑其他因素，如响应时间、灵敏度、波长范围、光衰减等。这些因素将影响光电元件的性能和可靠性，需要综合考虑来确定最合适的降额策略和选型，如表 5-9 所示。

表 5-9 光电元件降额因素

| 元件种类 | 降额参数 | | 降额等级 | | |
|---|---|---|---|---|---|
| | | | Ⅰ | Ⅱ | Ⅲ |
| 半导体光电元件 | 电压 | | 0.60 | 0.70 | 0.80 |
| | 电流 | | 0.50 | 0.65 | 0.80 |
| | 最高结温 $T_{jm}/℃$ | 200 | 115 | 140 | 160 |
| | | 175 | 100 | 125 | |
| | | ≤150 | $T_{jm}-65$ | $T_{jm}-40$ | $T_{jm}-20$ |

### 5.4.8 开关降额规则

对于开关元件进行降额考核时，以下是一些重要的考核点：

工作电压：工作电压是指开关元件所能承受的最大电压。在降额考核中，需要评估元件的工作电压，以确保其能够在指定的电压范围内正常工作。超过元件的额定工作电压范围可能导致电弧、电压击穿、损坏或失效。

工作电流：工作电流是指开关元件在正常工作状态下所能承受的最大电流。在降额考核中，需要评估元件的工作电流，以确保其能够在指定的电流范围内正常工作。超过元件的额定工作电流范围可能导致过载、过热、损坏或失效。

最小功率：最小功率是指开关元件在正常工作状态下所能承受的最小功率。在降额考核中，需要评估元件的最小功率，以确保其能够在指定的功率范围内正常工作。低于元件的额定最小功率可能导致信号失真、不稳定或其他性能问题。

触点功率：触点功率是指开关元件的触点能够承受的最大功率。在降额考核中，需要评估元件的触点功率，以确保其能够在指定的功率范围内正常工作。超过触点的额定功率范围可能导致触点烧损、焊接、氧化或其他触点故障。

电气寿命：电气寿命是指开关元件在正常工作状态下能够保持良好性能的时间。在降额考核中，需要评估元件的电气寿命，以确保其能够在指定的寿命范围内正常工作。超过元件的额定电气寿命可能导致接触电阻增加、触点磨损、接触不可靠或其他电气故障。

此外，还需要考虑其他因素，如开关速度、接触阻抗、环境温度、振动、湿度等。这些因素将影响开关元件的性能和可靠性，需要综合考虑来确定最合适的降额策略和选型，如表 5-10 所示。

表 5-10　开关降额因素

| 元件种类 | 降额参数 | | | 降额等级 | | |
|---|---|---|---|---|---|---|
| | | | | I | II | III |
| 开关 | 连续触点电流 | 小功率负荷（<100mW） | | 不降额 | | |
| | | 阻性负载 | | 0.50 | 0.75 | 0.90 |
| | | 容性负载（电阻额定电流的） | | 0.50 | 0.75 | 0.90 |
| | | 电感负载 | 电感额定电流 | 0.50 | 0.75 | 0.90 |
| | | | 电阻额定电流 | 0.35 | 0.40 | 0.75 |
| | | 电机负载 | 电机额定电流 | 0.50 | 0.75 | 0.90 |
| | | | 电阻额定电流 | 0.15 | 0.20 | 0.35 |
| | | 灯丝负载 | 灯泡额定电流 | 0.50 | 0.75 | 0.90 |
| | | | 电阻额定电流 | 0.07~0.08 | 0.10 | 0.15 |
| | 触点电压 | | | 0.40 | 0.50 | 0.70 |
| | 触点功率 | | | 0.40 | 0.50 | 0.70 |

## 5.4.9　继电器降额规则

对于继电器进行降额考核时，以下是一些重要的考核点：

线圈工作电压：线圈工作电压是指继电器线圈所能承受的最大电压。在降额考核中，需要评估继电器的线圈工作电压，以确保其能够在指定的电压范围内正常工作。超过线圈的额定工作电压范围可能导致线圈过热、损坏或失效。

触点切换电压：触点切换电压是指继电器触点能够承受的最大切换电压。在降额考核中，需要评估继电器的触点切换电压，以确保其能够在指定的电压范围内正常切换。超过触点的额定切换电压范围可能导致触点电弧、电压击穿、损坏或失效。

触点工作电流：触点工作电流是指继电器触点所能承受的最大工作电流。在降额考核中，需要评估继电器的触点工作电流，以确保其能够在指定的电流范围内正常工作。超过触点的额定工作电流范围可能导致触点过载、发热、焊接或其他触点故障。

继电器工作温度或环境温度 $T_a$：继电器工作温度或环境温度 $T_a$ 是指继电器所能承受的最大工作温度或环境温度。在降额考核中，需要评估继电器的工作温度或环境温度，以确保其能够在指定的温度范围内正常工作。超过继电器的额定温度范围可能导致继电器过热、绝缘老化、损坏或失效。

最小负载：最小负载是指继电器能够正常工作的最小负载电流或电压。在降额考核中，需要评估继电器的最小负载要求，以确保其能够在指定的负载条件下正常工作。低于继电器的额定最小负载可能导致继电器无法切换、信号失真或其他性能问题。

此外，还需要考虑其他因素，如操作时间、机械寿命、振动、湿度等。这些因素将影响继电器的性能和可靠性，需要综合考虑来确定最合适的降额策略和选型，如表 5-11 所示。

**表 5-11　继电器降额因素**

| 元件种类 | 降额参数 | | | 降额等级 | | |
|---|---|---|---|---|---|---|
| | | | | I | II | III |
| 继电器 | 连续触点电流 | 小功率负荷（<100mW） | | 不降额 | | |
| | | 阻性负载 | | 0.50 | 0.75 | 0.90 |
| | | 容性负载（最大浪涌电流） | | 0.50 | 0.75 | 0.90 |
| | | 电感负载 | 电感额定电流 | 0.50 | 0.75 | 0.90 |
| | | | 电阻额定电流 | 0.35 | 0.40 | 0.75 |
| | | 电机负载 | 电机额定电流 | 0.50 | 0.75 | 0.90 |
| | | | 电阻额定电流 | 0.15 | 0.20 | 0.35 |
| | | 灯丝负载 | 灯泡额定电流 | 0.50 | 0.75 | 0.90 |
| | | | 电阻额定电流 | 0.07~0.08 | 0.10 | 0.30 |
| | 触点功率（用于舌簧水银式） | | | 0.40 | 0.50 | 0.70 |
| | 线圈吸合电压 | 最小维持电压 | | 0.90 | 0.90 | 0.90 |
| | | 最小线圈电压 | | 1.10 | 1.10 | 1.10 |
| | 线圈释放电压 | 最大允许值 | | 1.10 | 1.10 | 1.10 |
| | | 最小允许值 | | 0.90 | 0.90 | 0.90 |
| | 最高额定环境温度 $T_{AM}$/℃ | | | $T_{AM}-20$ | $T_{AM}-20$ | $T_{AM}-20$ |
| | 振动极限 | | | 0.60 | 0.60 | |
| | 工作寿命（循环次数） | | | 0.50 | | |

### 5.4.10 插接器降额规则

对于插接器元件进行降额考核时,以下是一些重要的考核点:

工作电压:工作电压是指插接器元件所能承受的最大电压。在降额考核中,需要评估插接器的工作电压,以确保其能够在指定的电压范围内正常工作。超过插接器的额定工作电压范围可能导致电弧、电压击穿、损坏或失效。

工作电流:工作电流是指插接器元件在正常工作状态下所能承受的最大电流。在降额考核中,需要评估插接器的工作电流,以确保其能够在指定的电流范围内正常工作。超过插接器的额定工作电流范围可能导致过载、过热、损坏或失效。

触点温度:触点温度是指插接器元件触点的工作温度。在降额考核中,需要评估插接器的触点温度,以确保其能够在指定的温度范围内正常工作。超过触点的额定温度范围可能导致触点过热、烧损、焊接或其他触点故障。

此外,还需要考虑插接器的插拔次数、防护等级、耐腐蚀性能等因素。这些因素将影响插接器的性能和可靠性,需要综合考虑来确定最合适的降额策略和选型,如表 5-12 所示。

表 5-12 插接器降额因素

| 元件种类 | 降额参数 | 降额等级 | | |
|---|---|---|---|---|
| | | I | II | III |
| 插接器 | 工作电压 | | 0.7 | 0.85 |
| | 工作电流 | | 0.7 | 0.85 |
| | 温度/℃ | | $T_{AM}-25$ | $T_{AM}-20$ |

### 5.4.11 PCB 降额规则

当涉及 PCB(印制电路板)元件的降额考核点时,以下是一些重要的因素:
玻璃转化温度（$T_g$）:玻璃转化温度是指 PCB 材料在加热时从固态转变为可塑性的温度。超过玻璃转化温度可能会导致 PCB 材料变软或变形,影响元件的性能和可靠性。因此,在选用 PCB 材料时,需要考虑 $T_g$ 温度,并确保其能够满足特定应用的要求。

分解温度（$T_d$）：分解温度是指 PCB 材料在高温环境下失去其物理和化学性质的温度。超过分解温度可能导致 PCB 材料部分或完全分解，导致失效。因此，在选用 PCB 材料时，需要了解其分解温度，并确保其能够适应特定应用所需的工作温度。

瞬变温度（$\Delta T$）：瞬变温度是指 PCB 元件在由低温到高温或由高温到低温的短时间内所经历的温度变化。大的瞬变温度可能会引起 PCB 材料的热应力，导致破裂、开裂或失效。因此，在设计和使用 PCB 元件时，需要考虑瞬变温度，并采取相应的热管理措施，如散热设计、热沉等。

环境温度：环境温度是指 PCB 元件所处的外部环境温度。高环境温度可能会影响 PCB 元件的性能和寿命。因此，在选型和使用 PCB 元件时，需要考虑环境温度，并选择适合的材料和散热解决方案。

除了上述几个方面，PCB 元件的降额考核还可能涉及其他因素，如阻燃性能、耐热性、耐湿性、耐化学性等。这些考核点的确定需要根据具体的应用需求和要求进行评估和选择，如表 5-13 所示。

**表 5-13　PCB 降额因素**

| 元件种类 | 降额参数 | 降额等级 | | |
|---|---|---|---|---|
| | | I | II | III |
| 印制电路板 | 玻璃转化温度 $T_g$ | $T_g - 15℃$ | | |
| | 分解温度 $T_d$ | $T_d - 25℃$ | | |
| | 瞬变温度 $\Delta T$ | $T_{max} - 20℃$ | | |

## 5.4.12　振荡器和谐振器降额规则

对于振荡器和谐振器进行降额考核时，以下是一些重要的考核点：

工作电压（$V_c$）：工作电压是指振荡器和谐振器所能承受的最大电压。在降额考核中，需要评估振荡器和谐振器的工作电压范围，以确保其能够在指定的电压范围内正常工作。超过工作电压范围可能导致元件损坏、失真或失效。

频率精度（$\Delta F$）：频率精度是指振荡器和谐振器输出信号的频率与理想频率之间的偏差。在降额考核中，需要评估振荡器和谐振器的频率精度要求，以确保其能够在指定的精度范围内正常工作。超过频率精度要求可能导致信号失真、误差或其他性能问题。

输出负载（$L_O$）：输出负载是指振荡器和谐振器所能够驱动的负载电阻或电容。在降额考核中，需要评估振荡器和谐振器的输出负载要求，以确保其能够在指定的负载条件下正常工作。超过输出负载能力可能导致信号失真、波形畸变或其他性能问题。

工作温度（$T_{AU}$）：工作温度是指振荡器和谐振器能够正常工作的温度范围。在降额考核中，需要评估振荡器和谐振器的工作温度要求，以确保其能够在指定的温度范围内正常工作。超过工作温度范围可能导致元件性能下降、失真、损坏或失效。

此外，还需要考虑元件的启动时间、相位噪声、稳定性等因素。这些因素将影响振荡器和谐振器的性能和可靠性，需要综合考虑来确定最合适的降额策略和选型，如表 5-14 所示。

表 5-14　声表面波降额因素

| 元件种类 | 降额参数 | 降额等级 | | |
|---|---|---|---|---|
| | | Ⅰ | Ⅱ | Ⅲ |
| 声表面波元件 | 输入功率（$f > 100MHz$） | 降低 +10dBm | | |
| | 输入功率（$f < 100MHz$） | 降低 +20dBm | | |

## 5.4.13　电位器降额规则

对于电位器进行降额考核时，以下是一些重要的考核点：

工作电压（$V$）：工作电压是指电位器所能承受的最大电压。在降额考核中，需要评估电位器的工作电压范围，以确保其能够在指定的电压范围内正常工作。超过工作电压范围可能导致电位器损坏、过热或失效。

功率（$P$）：功率是指电位器所能承受的最大功率。在降额考核中，需要评估电位器的功率要求，以确保其能够在指定的功率范围内正常工作。超过功率要求可能导致电位器过热、烧毁或失效。

环境温度（$T_{AM}$）：环境温度是指电位器所处的工作环境的温度。在降额考核中，需要评估电位器在指定的环境温度范围内的性能和可靠性。超过环境温度范围可能导致电位器性能下降、过热或损坏。

此外，还需要考虑电位器的精度、线性度、耐久性等因素。这些因素将影响电位器的性能和可靠性，需要综合考虑来确定最合适的降额策略和选型，如表 5-15 所示。

表 5-15　电位器降额因素

| 元件种类 | | | 降额参数 | 降额等级 | | |
|---|---|---|---|---|---|---|
| | | | | I | II | III |
| 电位器 | 非线绕电位器 | 功率 | 电压 | 0.75 | 0.75 | 0.75 |
| | | | 合成、薄膜微调 | 0.30 | 0.45 | 0.60 |
| | | | 精密塑料型 | 不采用 | 0.50 | 0.50 |
| | | 环境温度 | | 按元件负荷特性曲线降额 | | |
| | 线绕电位器 | 功率 | 电压 | 0.75 | 0.75 | 0.75 |
| | | | 普通型 | 0.30 | 0.45 | 0.50 |
| | | | 非密封功率型 | — | — | 0.70 |
| | | | 微调线绕型 | 0.30 | 0.45 | 0.50 |
| | | 环境温度 | | 按元件负荷特性曲线降额 | | |

## 5.4.14　光学元件降额规则

光学元件是指能够处理光信号的元件，例如激光器、光纤、光电探测器等。在光学元件的选型和设计过程中，降额考核点通常包括以下几个方面：

峰值光输出功率：对于激光器等光源元件来说，峰值光输出功率是指其能够输出的最高功率。超过峰值光输出功率可能会导致元件损坏或者引发安全隐患。因此，在选择和使用光源元件时，需要根据应用需求和安全要求考虑峰值光输出功率。

电流：光电元件如光电探测器、光电二极管等在工作过程中需要施加电流。电流过大可能会导致元件过热、寿命缩短甚至损坏。因此，在选型和设计光电元件时，需要考虑工作条件下的电流，并选择合适的元件类型和规格。

结温：光源元件在工作过程中会产生一定的热量，因此需要考虑其结温。过高的结温会影响元件的性能和寿命。因此，在设计和使用光源元件时，需要考虑散热措施和工作条件，以保持适当的结温。

PIN 反向压降：PIN 光电二极管等光电元件在工作过程中需要施加反向电压。反向压降是指在反向电压下，元件产生的电压降。反向压降过大可能会导致元件损坏或者工作不稳定。因此，在选型和使用 PIN 光电元件时，需要考虑反向压降的限制。

除了上述几个方面，光学元件的降额考核还可能涉及其他因素，如光学损耗、波长范围、响应速度等。这些考核点的确定需要根据具体的应用需求和要求进行评估和选择，如表 5-16 所示。

表 5-16　光学元件降额因素

| 元件种类 | 降额参数 | | | 降额等级 | | |
|---|---|---|---|---|---|---|
| | | | | I | II | III |
| 纤维光学元件 | 光纤光源 | 峰值光输出功率 | | 0.50（适用于 ILD） | | |
| | | 电流 | | 0.50（适用于 ILD） | | |
| | | 结温 | | 设法降低 | | |
| | 光纤探测器 | PIN 反向压降 | | 0.60 | | |
| | | 结温 | | 设法降低 | | |
| | 光纤与光缆 | 温度/℃ | | 上限额定值-20；下限额定值+20 | | |
| | | 张力 | 光纤 | 耐拉试验的 0.20 | | |
| | | | 光缆 | 拉伸额定值的 0.50 | | |
| | | 弯曲半径 | | 最小允许值的 0.20 | | |
| | | 核辐射 | | 按产品详细规范降额或加固 | | |

## 5.4.15　导线与电缆降额规则

导线与电缆降额考核点通常包括以下几个方面：

最大施加电压：导线与电缆在工作过程中需要承受电压的作用。最大施加电压是指导线与电缆能够安全承受的最高电压。超过最大施加电压可能会导致电弧放电、绝缘击穿等危险情况发生。因此，在设计和选型导线与电缆时，需要考虑工作条件下的电压，并选择合适的导线与电缆类型和规格。

最大施加电流：导线与电缆在工作过程中还需要承受电流的作用。最大施加电流是指导线与电缆能够安全承受的最高电流。超过最大施加电流可能会导致导线与电缆过热、损坏甚至引发火灾等危险情况。因此，在设计和选型导线与电缆时，需要考虑工作条件下的电流，并选择合适的导线与电缆截面积和额定电流容量。

绝缘性能：导线与电缆的绝缘性能是指其抵抗电流泄漏和电弧放电的能力。绝缘性能直接关系到导线与电缆的安全性和可靠性。因此，在设计和选型导线与电缆时，需要考虑绝缘材料的质量和厚度，以确保其具有良好的绝缘性能。

耐久性：导线与电缆在长期使用过程中需要经受各种环境因素和机械应力的影响。耐久性是指导线与电缆能够在这些环境因素和机械应力下保持良好的性能和可靠性。因此，在设计和选型导线与电缆时，需要考虑其耐久性，选择合适的材料和结构设计。

除了上述几个方面，导线与电缆元件的降额考核还可能涉及其他因素，如导线与电缆的耐火性、抗干扰性、抗电磁辐射性等。这些考核点的确定需要根据具体的应用场景和要求进行评估和选择，如表 5-17 所示。

表 5-17　导线与电缆降额因素

| 元件种类 | 降额参数 | | 降额等级 | | |
|---|---|---|---|---|---|
| | | | I | II | III |
| 导线与电缆 | 最大施加电压 | | 最大绝缘电压额定值的 0.50 | | |
| | 最大施加电流/A | 线规 AVG | 30/28/26/24/22/20/18/16 | | |
| | | 单根导线电流 $I_{sv}$ | 1.3/1.8/2.5/3.3/4.5/6.5/9.2/13.0 | | |
| | | 线规 AVG | 4/12/10/8/64 | | |
| | | 单根导线电流 $I_{sv}$ | 17.0/23.0/33.0/44.0/60.0/81.0 | | |

## 5.4.16　电机降额规则

电机降额考核点通常包括以下几个方面：

最高工作温度：电机在工作过程中会产生一定的热量，因此需要考虑其最高工作温度。超过最高工作温度可能会导致电机过热，损坏甚至引发火灾等危险情况。因此，对于电机来说，最高工作温度是一个关键的考核点。

最低极限温度：最低极限温度是指电机能够在最低温度下继续工作的能力。低于最低极限温度可能会导致电机的冷却效果不佳，从而影响电机的性能。因此，降额考核时需要确定电机在低温环境下的工作能力。

轴承负荷额定值：电机中的轴承承受着转动部件的负荷。轴承负荷额定值是指轴承能够承受的最大负荷。超过轴承负荷额定值可能会导致轴承损坏、运转不畅甚至锁死。因此，在设计和选型电机时，需要考虑工作条件下的轴承负荷，并选择合适的轴承类型和规格。

除了上述几个方面，电机的降额考核还可能涉及其他因素，如电机的耐振性、耐腐蚀性、绝缘性能等。这些考核点的确定需要根据具体的应用场景和要求进行评估和选择，如表 5-18 所示。

表 5-18　电机降额因素

| 元件种类 | 降额参数 | 降额等级 | | |
|---|---|---|---|---|
| | | I | II | III |
| 电机 | 最高工作温度/℃ | $T-40$ | $T-20$ | $T-15$ |
| | 最低极限温度/℃ | 0 | 0 | 0 |
| | 轴承负荷额定值 | 0.75 | 0.90 | 0.90 |

## 5.4.17　灯泡降额规则

灯泡是一种常见的照明元件，用于将电能转换为光能。在选型和设计灯泡时，需要考虑以下降额考核点：

工作电压：工作电压是指灯泡所需的电源电压。对于不同类型的灯泡，其工作电压需求可能不同。超过工作电压限制可能导致灯泡过载、烧毁或工作不稳定。因此，在选型和使用灯泡时，需要根据电源电压和灯泡的工作电压要求进行匹配。

灯泡降额考核点通常包括以下几个方面：

工作电流：工作电流是指灯泡在正常工作时所需的电流。超过工作电流限制可能会导致灯泡过载、发热过大或损坏。因此，在选型和设计时，需要根据灯泡的工作电流要求选择合适的电源和电流限制元件。

寿命：灯泡的寿命是指其能够正常工作的时间。寿命受到多种因素的影响，包括使用环境、工作温度、使用频率等。在选型和使用灯泡时，需要考虑寿命要求，并选择具有较长寿命的灯泡。

光通量：光通量是指灯泡所发出的光的总功率。光通量直接影响照明效果。在选型和设计时，需要根据照明需求和光通量要求选择合适的灯泡。

此外，还有其他降额考核点，如色温、显色指数、启动时间、灯泡尺寸等。这些考核点的确定需要根据具体的照明应用需求和要求进行评估和选择，灯泡降额因素如表 5-19 所示。

表 5-19　灯泡降额因素

| 元件种类 | | 降额参数 | 降额等级 | | |
| --- | --- | --- | --- | --- | --- |
| | | | Ⅰ | Ⅱ | Ⅲ |
| 灯泡 | 白炽灯 | 工作电压（如可行） | 0.94 | 0.94 | 0.94 |
| | 氖/氩灯 | 工作电压（如可行） | 0.94 | 0.94 | 0.94 |

LED 是一种常见的光电元件，用于将电能转换成光能。在选型和设计 LED 元件时，需要考虑以下降额考核点：

工作电压：工作电压是指 LED 元件所需的电源电压。不同类型的 LED 元件会有不同的工作电压要求。超过工作电压限制可能导致 LED 元件过载、烧毁或工作不稳定。因此，在选型和使用 LED 元件时，需要根据电源电压和 LED 元件的工作电压要求进行匹配。

工作电流：工作电流是指 LED 元件在正常工作时所需的电流。超过工作电流限制可能会导致 LED 元件过载、发热过大或损坏。因此，在选型和设计时，需要根据 LED 元件的工作电流要求选择合适的电源和电流限制元件。

光衰：LED 元件的光衰是指随着使用时间的增加，其发光效果逐渐减弱。光衰可能会导致照明不均匀或亮度下降。在选型和使用 LED 元件时，需要考虑其光衰特性，并选择具有较小光衰的 LED 元件。

寿命：寿命是指 LED 元件能够正常工作的时间。寿命受到多种因素的影响，包括使用环境、工作温度、电流驱动等。在选型和使用 LED 元件时，需要考虑寿命要求，并选择具有较长寿命的 LED 元件。

除了上述几个方面，LED 元件的降额考核还可能涉及其他因素，如发光效率、色温、显色指数、尺寸、防尘防水等。这些考核点的确定需要根据具体的照明应用需求和要求进行评估和选择。

结温：结温是指 LED 元件在正常工作时的温度。LED 元件在工作时会产生热量，如果不能有效地散热，结温就会升高。高结温可能会影响 LED 元件的性能和寿命。因此，在选型和设计 LED 元件时，需要考虑结温要求，并采取散热措施，如散热片、散热器或风扇等，以保持 LED 元件的结温在合理范围内。

环境温度：环境温度是指 LED 元件所处的外部环境温度。高环境温度会导致 LED 元件散热困难，进一步提高了结温。因此，在选型和使用 LED 元件时，需要考虑环境温度，并选择适合的 LED 元件和散热解决方案。

热阻：热阻是指 LED 元件在传导热量方面的阻力。热阻越大，LED 元件的散热效果越差。因此，在选型和设计时，需要考虑 LED 元件的热阻，并选择具有较低热阻的 LED 元件。

## 5.4.18 断路器和熔断器降额规则

断路器和熔断器是常见的电气保护元件，用于保护电路免受过载和短路等故障的影响。在选型和设计断路器和熔断器时，需要考虑降额考核点，其中包括：

电流额定值：断路器和熔断器具有额定电流值，表示其能够安全承受的最大电流。超过电流额定值可能导致断路器和熔断器无法正常工作，甚至损坏。因此，在选型和设计时，需要根据电路的负载情况和故障电流的预测，选择合适的电流额定值。

最高额定环境温度 $T_{AM}$：最高额定环境温度是指断路器和熔断器能够正常工作的最高环境温度。超过该温度可能会导致断路器和熔断器过热，影响其性能和寿命。因此，在选型和设计时，需要根据实际使用环境的最高温度，选择具有适当最高额定环境温度的断路器和熔断器。

工频耐受电压：工频耐受电压是指断路器和熔断器能够安全承受的最高电压。超过该电压可能导致断路器和熔断器绝缘击穿，引发火灾等危险情况。因此，在选型和设计时，需要根据电路的工作电压，选择具有适当工频耐受电压的断路器和熔断器。

断开能力：断开能力是指断路器和熔断器能够安全切断故障电流的能力。断开能力与电路的故障电流有关，过高的故障电流可能超出元件的断开能力，造成元件无法正常切断故障电流。因此，在选型和设计时，需要根据电路的故障电流，选择具有适当断开能力的断路器和熔断器。

除了上述几个方面，断路器和熔断器的降额考核还可能涉及其他因素，如短时额定电流、动稳定性、过载保护特性等。这些考核点的确定需要根据具体的电路设计和保护要求进行评估和选择，如表5-20所示。

表5-20 断路器和熔断器降额因素

| 元件种类 | 降额参数 | | 降额等级 | | |
|---|---|---|---|---|---|
| | | | I | II | III |
| 断路器 | 电流 | 阻性负载 | 0.75 | 0.75 | 0.90 |
| | | 容性负载 | 0.75 | 0.75 | 0.90 |
| | | 感性负载 | 0.40 | 0.40 | 0.50 |
| | | 电机负载 | 0.20 | 0.20 | 0.35 |
| | | 灯丝负载 | 0.10 | 0.10 | 0.15 |
| | 最高额定环境温度 $T_{AM}$/℃ | | $T_{AM}-20$ | | |
| 熔断器 | 电流额定值 | >0.5A | 0.45~0.5 | 0.45~0.5 | 0.45~0.5 |
| | | ≤0.5A | 0.2~0.4 | 0.2~0.4 | 0.2~0.4 |
| | $T$>25℃时，增加降额 1/℃ | | 0.005 | 0.005 | 0.005 |

## 5.4.19 微波管降额规则

微波管是一种常见的微波放大器元件，用于放大微波信号。在选型和设计微波管时，需要考虑以下降额考核点：

最高额定环境温度：最高额定环境温度是指微波管能够正常工作的最高环境温度。超过该温度可能导致微波管过热，影响其稳定性和寿命。因此，在选型和设计时，需要根据实际使用环境的最高温度，选择具有适当最高额定环境温度的微波管。

输出功率：输出功率是指微波管能够提供的最大输出功率。超过输出功率限制可能会导致微波管过载或损坏。因此，在选型和使用时，需要根据应用需求和安全要求考虑输出功率的限制。

反射功率：反射功率是指微波管对于输入信号的反射能量。过高的反射功率可能会导致信号反射损失、干扰或损坏微波管。因此，在设计和使用微波管时，需要考虑控制反射功率，例如通过合适的匹配网络或负荷元件。

占空比：占空比是指微波管输入信号的高电平时间与周期时间之比。占空比的限制会影响微波管的工作稳定性和效率。因此，在选型和设计时，需要考虑应用需求和微波管的占空比要求。

除了上述几个方面，微波管的降额考核还可能涉及其他因素，如工作频率范围、电流范围、噪声系数、线性度、失真等。这些考核点的确定需要根据具体的微波应用需求和要求进行评估和选择，如表 5-21 所示。

表 5-21　微波管降额因素

| 元件种类 | 降额参数 | 降额等级 | | |
|---|---|---|---|---|
| | | I | II | III |
| 晶体 | 最低温度/℃ | $T_L+10$ | $T_L+10$ | $T_L+10$ |
| | 最高温度/℃ | $T_U-10$ | $T_U-10$ | $T_U-10$ |
| 微波管 | 最高额定环境温度/℃ | $T_{AM}-20$ | $T_{AM}-20$ | $T_{AM}-20$ |
| | 输出功率 | 0.80 | 0.80 | 0.80 |
| | 反射功率 | 0.50 | 0.50 | 0.50 |
| | 占空比 | 0.75 | 0.75 | 0.75 |

## 5.5　降额参考资源

在进行降额时，可以从多个来源获取降额资源参考数据。以下是常见的降额资源来源：

数据手册和降额指南：元件供应商通常在其数据手册中提供降额指南，其中包含了元件在不同工作条件下的性能降低情况和相应的限制。这些指南对于设计工程师来说是非常有用的参考资源。

标准和规范：一些组织和行业标准也提供了降额资源的指导。例如，SMC-S-010 是美国空军空间和导弹系统的标准，该标准提供了关于元件降额的详细说明和要求。类似地，NASA 的 EEE-INST-002 标准也提供了关于元件选型、筛选、认证和降额的指导。

IPC 标准：IPC-9592 是一个关于电源转换元件性能参数的标准，该标准提供了有关元件性能和降额的详细信息。这对于设计和选择电源转换器元件的工程师来说是一个重要的参考资源。

MIL-HDBK-338：MIL-HDBK-338 是一本军用手册，提供了关于电子鲁棒性设计的详细指南。该手册中包含了关于元件的降额和鲁棒性方面的建议和要求。

《GJB/Z 35—1993》元器件降额准则：《GJB/Z 35—1993》元器件降额准则是中国军用标准，旨在规定元件的降额要求和方法。该准则适用于军用电子设备的设计、生产和使用过程，旨在确保设备在各种不利条件下的可靠性和性能。

CQC（中国质量认证中心）：CQC 是中国的一个质量认证机构，提供了关于元件性能降额的相关指导和认证。

这些降额资源可以帮助设计工程师了解元件在不同条件下的性能变化，并根据系统要求进行适当的选择和降额。通过使用这些资源，可以确保元件在设计中能够可靠地工作并满足系统的性能要求。

每个降额指南都会针对特定的应用领域提供特定的指导。这是因为不同的应用领域对元件的要求和性能降低的容忍度可能不同。

例如，IPC-9592 标准专注于电源转换元件，因为在这些元件中，稳定性、电流限制和功率效率等特性对于正确的操作至关重要。该标准提供了一些关于电源转换元件的性能参数和降额要求的指导，以确保这些元件在各种工作条件下能够可靠地工作。

通过这样的降额文档，设计工程师可以了解在满足产品要求的前提下，选择和降低元件的性能的可行性。内部降额文档通常是由公司的工程团队根据其产品需求和经验编制的，以确保产品在设计和制造过程中能够满足预期的性能和鲁棒性要求。这些文档可能包含特定元件的性能参数、鲁棒性数据、工作条件和降低要求等信息。通过使用这样的内部降额文档，设计工程师可以更好地理解哪些元件适合他们的应用，并根据产品需求进行适当的选择和降低。这可以帮助他们在保证产品质量和性能的同时，提高设计效率和降低成本。

## 5.6 降额过程

降额指南通常是与电子元件的信息一起提供的，但这个概念也适用于机械元件。在机械系统中，研究人员通常使用安全系数或裕量准则来考虑元件性能的降低，而不是直接使用降额准则。

对于机械系统，采用安全系数是一种常用的方法，通过将元件的额定性能与实际要求进行比较，以确保系统在各种工作条件下都能够安全运行。例如，在选取材料时，工程师可能会应用安全系数来考虑材料的强度和耐久性，以确保它们能够承受系统中的应力和负荷。

对于电子元件，降额指南提供了关于元件在不同工作条件下性能降低的具体指导。这些指南通常由元件供应商提供，例如 Kemet 提供了电容器系列的电压和温度降额指南。这些指南可以帮助设计工程师了解元件在不同工作条件下的鲁棒性和性能限制，并在设计过程中进行适当的选择和降低。

标准机构、空间机构和军事组织也都有相关的降额准则。这些准则通常是根据特定的应用需求和安全要求制定的，以确保系统能够在极端条件下仍然可靠地工作。这些准则提供了对于元件性能、鲁棒性和降低要求的详细说明，以确保系统的设计和使用符合相应的标准和要求。

降额过程的关键是有一套记录在案的准则，并且严格执行这些准则的例行使用。这确保了设计和选择过程中的一致性和可重复性，以及系统的整体性能和鲁棒性。通过建立和遵循降额准则，可以减少潜在的风险和故障，并确保系统在各种工作条件下都能够安全运行。

## 5.7 降额使用方法

降额是一种常用的工程实践，用于在设计和使用电子元件时确保它们在鲁棒性和性能方面的正常运行。以下是降额使用的一些方法：

额定值选择：在选购元件时，选择额定电压、电流和功率等参数高于实际应用中所需的数值。这样可以确保元件在承受应力时具有一定的余量，并减少失效的风险。

降低电压应力：对于电容器、电阻器和其他电子元件，降低施加在它们上面的电压。这可以通过选择额定电压高于实际施加电压的元件来实现，或者通过使用电压分压电路来将电压分配到多个元件上。

降低电流应力：对于电阻器、电感器和其他可承受电流的元件，降低施加在它们上面的电流。这可以通过选择额定电流高于实际施加电流的元件来实现，或者通过使用电流分流电路将电流分配到多个元件上。

温度控制：降低元件的工作温度，因为高温会加速元件的老化和失效。这可以通过设计良好的散热系统、使用低功耗元件、控制环境温度等方法来实现。

负载均衡：在设计电路时，合理分配电流和功率负荷，避免某些元件承受过大的负荷而导致失效。这可以通过使用并联或串联的元件来平衡负荷，或者使用功率管理技术来实现。

鲁棒性测试：在产品开发和生产过程中进行鲁棒性测试，以评估元件在实际工作条件下的鲁棒性和性能。这可以帮助发现潜在的问题，并采取必要的改进措施。

引入冗余：在关键系统中引入冗余元件或电路，以提高系统的鲁棒性和容错性。当一个元件失效时，冗余元件可以接管工作，保持系统的正常运行。

需要注意的是，降额并不是简单地降低元件的工作参数，而是在整个设计和应用过程中综合考虑元件的鲁棒性、性能和安全性。合理的降额策略可以提高系统的稳定性和鲁棒性，延长元件的寿命，并减少故障和损坏的风险。

在电路中使用厚膜电容器，并希望在其上施加标称 5V 电压的情况下，以下是一个考虑降额的示例：

寻找额定电压为 5V 的电容器供应商。这样，在使用 5V 应用时，电容器将承受额定值 100% 的电压应力。然而，这高于降额准则，应该避免。为了降低电容器的电压应力，研究人员需要找到一个额定电压足够高的电容器，使施加的 5V 电压为额定值的 80% 或更低。假设将 5V 除以 0.8（准则为 80%），得到 6.25V。这意味着研究人员需要找到一个额定电压为至少 6.25V 的电容器，以满足降额准则。供应商可能无法提供额定电压正好为 6.25V 的电容器解决方案，但这并不是问题。只要额定电压高于 6.25V，就能满足准则的最低额定值要求。

假设研究人员找到一个额定电压为 10V 的电容器。那么，5V 的施加电压除以 10V 的额定值，结果为 50%。这意味着研究人员处于 50% 的降额状态，远低于允许的最大值。同样的过程也适用于考虑电容器的电流和功率。每个元件的不同参数可能需要考虑降额。因此，在选择元件时，应确保所选元件满足降额准则的每个方面。应用降额准则的最佳方法是在元件选型阶段。如果某些元件可能违反降额准则，或者只是接近建议的最大值，那么这是了解所涉及风险的提示。在这种情况下，有必要评估潜在的风险，并根据系统要求和鲁棒性需求做出明智的决策。

## 5.8 降额和鲁棒性

降额和鲁棒性之间存在密切的关系。降额是一种策略，通过在元件的使用中减少电压、电流或其他参数，以提高元件的可靠性和寿命。而鲁棒性是指产品在各种环境下的稳定性和可靠性。

在选择不符合降额准则的元件时，需要进行讨论和理解涉及的风险。有时，即使元件接近或严格符合准则，也需要进一步审议。这意味着即使元件符合一些标准，也可能需要考虑其他因素。

降额准则或超出降额准则的要素通常没有太多余量。它们可能是有效的，并且适用于特定的应用。然而，这些元件的余量较小，可能无法承受施加应力、制造、运输和储存、安装、环境和使用等方面的变化。

例如，如果选择一个接近降额准则的元件，但该元件无法承受额外的应力或环境变化，那么它在实际使用中可能会失效。因此，需要对选择不符合准则的元件进行风险评估，并考虑它们在特定应用中的鲁棒性。

为了确保产品的鲁棒性，需要在选择元件时综合考虑降额准则和其他因素。这可能包括评估元件的可靠性数据、进行风险评估、进行适当的测试和验证等。通过采取这些措施，可以确保产品具有足够的鲁棒性，能够在各种环境和使用条件下可靠地工作。

在产品中，每个元件都会经历广泛的应力变化。这些应力可能来自于电压、温度、湿度、机械振动等因素的变化。拥有充足的余量可以帮助系统在这些应力变化下以更少的失效运行。

元件的额定值通常是基于一定的工作条件和使用寿命来确定的。然而，在实际应用中，这些条件和寿命可能会有一些变化。因此，为了确保产品的可靠性和寿命，需要在元件的设计和选型中考虑一定的余量。

充足的余量可以带来以下几个好处：

提高可靠性：通过选择额定值较高的元件，可以使系统能够承受更大的应力和变化。这样，即使在面对一些异常或不确定的情况下，元件仍能够正常工作，从而提高产品的可靠性。

延长寿命：充足的余量可以降低元件的工作负荷，减少其疲劳和老化的程度。这样可以延长元件的使用寿命，减少因元件失效而导致的系统停机和修复成本。

提高稳定性：充足的余量可以使系统更加稳定，不容易受到外部变化的干扰。当系统面对一些突发情况或负荷波动时，具有充足的余量的元件能够更好地适应和应对，从而保持系统的稳定性。

减少故障率：通过选择额定值较高的元件，可以降低元件的故障率。这意味着系统在运行过程中出现故障的概率较低，减少了维修和更换元件的成本和时间。

因此，拥有充足的余量对于产品的可靠性和寿命至关重要。在元件的选择和设计中，需要考虑系统可能面临的应力变化，并选择具有足够余量的元件来确保产品能够以更少的失效运行。这需要仔细的分析、测试和验证，以确保系统具备足够的鲁棒性和可靠性。

## 5.9 考虑降额指南的不同方式

电子工程师在选择元件时通常从电路的功能要求开始考虑。除了功能要求，考虑元件的额定值也是一个重要的因素。

降额指南提供了比较元件额定值以选择应力或条件的信息。这些指南可以帮助工程团队了解不同元件在各种条件下的性能限制和鲁棒性要求。通过比较元件的额定值，工程师可以选择适合特定应用的元件，确保它们在系统中运行的时间长度合适。

鲁棒性在这里指的是，所选的元件能够在合适的时间长度内保持正常运行。这意味着元件能够承受电路中的应力和工作条件，而不会过早地失效或降低性能。通过选择足够强大的元件，工程团队可以确保电路在预期的时间范围内稳定运行。

降额指南为工程师提供了有关元件额定值和性能降低的信息，以帮助他们在设计过程中做出明智的选择。这些指南通常由元件供应商或相关标准机构提供，基于测试数据和经验知识。依据这些指南来选择元件，工程师可以确保所选的元件足够强大，能够满足电路的要求，并在合适的时间范围内保持稳定运行。

## 5.9.1　供应商降额指南

不同供应商提供的降额指南通常会侧重于不同性能指标的考量，因为每个供应商的产品特点和优势都有所不同。举例来说，对于专注于高性能计算元件的供应商，其降额指南可能会以处理器的热设计功耗（TDP）和最大工作频率为基础，考虑在持续高负载下元件的性能和散热需求。这些指南会提供有关在高负载条件下元件性能降低的信息，以及在系统设计时应该考虑的散热解决方案和性能保留建议。而对于提供电源管理解决方案的供应商，降额指南会重点考虑电源元件在不同负载和电压条件下的稳定性和效率。此外，还会关注元件在长期运行中的可靠性和寿命。降额指南会提供相关的测试数据和建议，帮助工程师选择适合特定电源应用的高效、稳定元件。在无线通信元件领域，供应商的降额指南会侧重于元件在不同频率、信号强度和电磁干扰环境下的性能表现。这些指南会提供有关无线元件在复杂电磁环境下的性能限制和抗干扰要求的详细信息，以确保通信设备在多变的使用场景下能够保持稳定的连接和性能。此外，还有其他专注于特定技术领域的供应商，如传感器、存储解决方案、接口技术等，它们都有各自的降额指南，以满足其产品在特定应用场景中的性能和可靠性需求。这些指南会根据最新的技术进展、行业标准和市场需求进行定期的更新和调整，以确保元件能够在广泛的应用中达到预期的性能和耐用性。供应商降额指南是为了满足不同应用场景对元件性能的特定需求而制定的，通过提供关于元件在特定工作条件下性能表现的信息，帮助工程师在产品开发过程中做出明智的选择，并确保最终系统的高效和稳定运行。

## 5.9.2　行业降额指南

不同行业的降额指南通常会侧重于不同类型的应用，因为每个行业的需求和要求都有所不同。

举例来说，在航空航天行业，降额指南通常会以极端环境条件为基础，考虑到航空器在高温、低温、高压、低压等极端条件下的运行。这些指南会提供有关元件在这些条件下性能降低的信息，以及选取元件时应该考虑的安全系数和鲁棒性要求。

　　而在汽车行业，降额指南会重点考虑到汽车在不同地理环境下的运行，如高温、低温、高湿度等。此外，汽车行业还会关注元件的振动、冲击和耐久性等方面的性能要求。降额指南会提供相关的测试数据和建议，以帮助工程师选择适合汽车应用的稳健元件。

　　在医疗行业，降额指南会侧重于元件的鲁棒性和安全性，因为医疗设备的运行对患者的生命和健康至关重要。这些指南会提供有关元件在医疗环境下的性能限制和鲁棒性要求的详细信息，以确保设备在正常使用时能够稳定运行。

　　此外，还有其他行业如能源、通信、工业控制等，它们都有各自的降额指南，以满足其特定领域的要求和需求。这些指南会根据行业标准、行业实践和技术发展进行更新和调整，以确保元件能够在特定行业的应用中达到预期的性能和鲁棒性。

　　行业降额指南是为了满足各个行业的特定需求而制定的，通过提供关于元件在特定应用条件下性能降低的信息，以帮助工程师在设计过程中选择合适的元件并确保系统的稳定运行。

## 5.9.3　过降额或欠降额的影响

　　供应商和行业指南提供了一种选择适合特定应用的元件的方法。然而，这些指南可能不提供关于选择元件对失效率或预期失效时间值的具体影响的信息。因此，在选择元件时，需要更深入地了解其性能特征和耐久性测试的结果。

　　一般而言，如果对元件施加的应力较小，它的运行时间可能会更长。因此，使用高于元件额定值的操作称为升额，应该谨慎使用。

　　以 Kemet 数据表为例，其中包括了一些性能特性，如耐久性测试结果。数据表列出了电容器在 105℃ 和额定电压下的耐久性能，达到 2000 小时。在 125℃和 2/3 额定电压下，它将再次运行 2000 小时。根据这些数据，如果电容器持续工作，2000 小时大约是 3 个月的时间。这并不是非常长的寿命。

　　幸运的是，实际应用中研究人员通常不会以额定电压或温度使用电容器。通过降低电压并在较低温度下运行，可以增加元件的预期耐用性。然而，数据表和降额指南可能没有明确提及如何提高耐久性。

　　因此，在选择符合降额指南的元件时，需要评估其能否满足特定耐久性要求。这可能需要进一步的测试和分析，以确保所选元件在预期的应力条件下具备足够的耐久性。

## 5.9.4　电压与失效时间的关系

　　对于电容器类型，失效时间通常是额定电压与实际施加电压之间的函数。

当实际施加电压低于额定电压时，电容器的电压应力较低，这有助于减少电介质的损坏并延长电容器的失效时间。

电容器的额定电压是制造商指定的电容器可以承受的最大电压。如果实际施加电压超过额定电压，电容器的电压应力将增加，可能导致电介质损坏，使电容器失效。

因此，降低电容器内的电压应力，如使用低于额定电压的电容器，可以延长电容器的失效时间。这是因为较低的电压应力减少了电介质的受损风险，使电容器能够更长时间地正常工作。

然而，需要注意的是，过低的施加电压可能导致电容器无法正常工作或提供所需的电容值。因此，在选择电容器时，需要在满足设计要求的前提下平衡施加电压和失效时间之间的关系。失效时间是额定电压与施加电压的函数：

$$\frac{t_1}{t_2} = \left(\frac{V_2}{V_1}\right)^{\eta}$$

式中，$t_1$ 是电容器在其应用中的失效时间（特征寿命）；$t_2$ 是电容器在额定电压下使用时的预期失效时间；$V_1$ 是应用或施加的电压；$V_2$ 是最大额定电压；$\eta$ 是根据加速寿命测试数据确定的，描述了电压降额与失效时间之间的关系。

如果研究人员将电压降额 60% 并假设最大额定电压为 DC 35V 时的预期寿命为 2000 小时，再加上 18.5 的 $\eta$ 值，可以计算出电容器的预期寿命为

$$t_1 = t_2 \left(\frac{V_2}{V_1}\right)^{\eta} = 2000 \times \left(\frac{35}{0.6 \times 35}\right)^{18.5} = 2.54 \times 10^7 \text{h}$$

研究人员的期望电压为 DC 24V，而不是在 DC 21V 下运行额定电压为 DC 35V 的元件。使用相同的公式，研究人员可以估计略高于推荐 60% 降额的运行寿命为

$$t_1 = t_2 \left(\frac{V_2}{V_1}\right)^{\eta} = 2000 \times \left(\frac{35}{24}\right)^{18.5} = 2.15 \times 10^6 \text{h}$$

由此可见，在仅高于推荐值 3V 的电压下运行时，预期寿命大约会减少一个数量级。

### 5.9.5 另一种绘制降额信息的方法

上面仅针对两个电压值的计算，下面考虑将施加的电压、最大额定电压和预期寿命之间的关系可视化。

使用 60% 降额作为基线，即 $V_{\text{applied}} = 0.6 \times V_{\text{rated}}$，可以通过将额定电压（$V_{\text{rated}}$）除以实际电压（$V_{\text{applied}}$）的失效时间乘数来计算寿命 $L_{\text{applied}}$（即 $t_1$）的变化。

这意味着当研究人员选择具有与所施加电压匹配的降额值的元件时，失效时间乘数为 1。当施加的电压高于推荐的降额电压（上例中为 DC 24V 而不是 DC 21V）时，研究人员可以计算对鲁棒性的不利影响。如果施加的电压低于推荐的降额电压，研究人员可以确定对鲁棒性的好处。图 5-1 显示了工作电压范围超过最大额定电压的失效时间乘数。

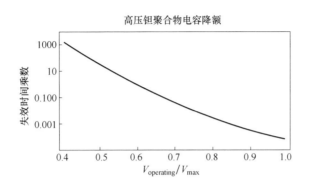

图 5-1　工作电压范围对失效时间乘数的影响

当工作电压超过最大额定电压的 60%（0.6）时，失效时间乘数等于 1。如果有更高的降额值，则乘数小于 1，表示预期耐久性相应降低。在 80% 降额时，计算出的失效时间为 $1.24 \times 10^5$，比 60% 降额值低两个数量级多一些。

图 5-2 是工作温度对失效时间乘数的影响。

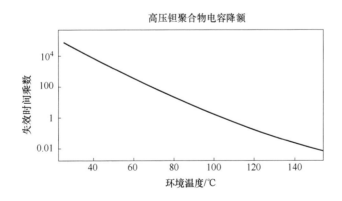

图 5-2　工作温度对失效时间乘数的影响

根据 Kemet 数据表，降额温度为 105℃。在 50℃ 下运行可将预期失效持续时间提高 1280 倍或更多。在 105℃ 下的预期使用寿命为 2000 小时。

## 5.10 总结

随着采用降额准则，产品将变得更加健壮和可靠。采用额定值较高的元件可能会增加成本，但通过减少失效和提供更满意的产品给客户，这是一个充足的投资回报。

遵守降额准则确实需要一定的纪律。然而，通过一些培训和实践，实现它并不需要太多的努力。遵循降额准则有助于识别产品中潜在的较弱元件，并从中获得额外的好处。

首先，采用降额准则可以提高产品的鲁棒性和可靠性。通过选择具有更高额定值的元件，产品能够承受更大的负载和环境应力，从而减少故障的风险。这意味着更少的维修和更可靠的产品性能，从而提高客户的满意度。

其次，使用额定值较高的元件可能会增加一些成本，但这可以通过减少失效和维修成本来节省资金。降低故障率和维修需求可以降低产品的维护成本，并节省公司的时间和资源。这种成本节约可以被视为对采用降额准则的投资的回报。

此外，遵守降额准则还有助于团队更好地识别设计中的鲁棒性风险。通过识别较弱的元件，并采取相应的措施来解决它们，团队可以增强产品的可靠性和性能。这种识别和解决问题的能力是通过培训和实践获得的，可以帮助团队不断提升技术水平和能力。

# 第 6 章

# 最坏情况电路分析

最坏情况电路分析（Worst-Case Circuit Analysis，WCCA）是一种电路评估方法，旨在确保在最坏的条件下，即使电路元件参数发生最大可能的变化和漂移（例如由于初始化、温度、老化、辐射等因素引起的元件参数变化），电路仍能满足性能要求和工况条件（如环境、输入功率、负载变化、输出功率等）。通过最坏情况电路分析，可以保证电路在最坏的情况下仍能满足设计要求，从而降低电路无法满足任务要求的风险，并提高产品的可靠性。

最坏情况电路分析的概念是考虑电路元件参数的极端情况，即在最坏的条件下，以确保电路的性能和功能。这种分析方法对于需要高度可靠性的电路和系统特别重要，例如航空航天、医疗设备、汽车电子等领域。通过考虑元件参数的最大偏差，可以在设计阶段就预先评估和验证电路的性能，并进行必要的调整和优化，以确保在不利条件下仍能满足要求。

最坏情况电路分析涉及对每个元件的参数公差进行最大化处理，以考虑可能的最坏情况。通过对电路中的每个元件进行最坏情况电路分析，可以获得整个电路在最坏情况下的性能指标，如输出电压、电流、功率等。这样可以在设计过程中预测和验证电路的性能，并采取必要的措施来确保其可靠性和稳定性。

最坏情况电路分析是一种保守的方法，它确保了即使在最坏的条件下，电路也能正常工作。然而，这种方法可能会导致资源的过度利用或设计的过度保守。因此，在实际应用中，需要综合考虑成本、性能和可靠性等因素，以找到合适的平衡点。

## 6.1 概述

最坏情况电路分析是一种工程技术手段，用于评估系统或产品在最坏的条件下的性能和可靠性。它通过考虑可能出现的最坏情况，即系统或产品在最坏的环境条件、参数变化或故障情况下的性能，来预测系统的稳定性和可靠性。

最坏情况电路分析的目的是为了确保系统或产品在最不利条件下仍能正常运行或满足设计要求。通过分析最坏情况，工程师可以识别潜在的问题和风险，并采取相应的措施来提高系统的性能和可靠性。

最坏情况电路分析可以在不同的层级进行，如元件参数级、元件级、接口级、系统级等。在元件参数级，最坏情况电路分析关注元件参数的变化范围和不确定性对系统性能的影响。在元件级，最坏情况电路分析考虑元件本身的故障或损坏对系统的影响。在接口级，最坏情况电路分析关注不同组件或子系统之间的接口条件和交互对系统性能的最坏情况影响。在系统级，最坏情况电路分析关注整个系统的综合性能，包括各个子系统、组件以及它们之间的相互作用在极端条件下的影响。系统级分析不仅考虑单个组件或子系统的故障或参数变化，还关注这些因素在整个系统架构中的传播和累积效应，以及对系统整体功能、性能指标（如可靠性、稳定性、精度等）的最终影响。此外，系统级分析还会考虑外部环境因素（如温度、湿度、电磁干扰等）对整个系统的影响，以及不同子系统之间的耦合关系是否会导致不可预见的最坏情况。

最坏情况电路分析在工程设计和可靠性评估中起着重要的作用。它可以帮助工程师预测系统在最坏条件下的性能，识别潜在的故障点和风险，以及确定适当的措施来提高系统的性能和可靠性。通过最坏情况电路分析，工程师可以更好地理解系统的约束和潜力，从而设计出更可靠和稳定的产品。

## 6.1.1　最坏情况电路分析的目的

最坏情况电路分析的目的主要有以下几个方面：

确保可靠性和稳定性：通过进行最坏情况电路分析，工程师可以评估系统或组件在最恶劣条件下的性能。这有助于确保设备在这些条件下仍然能够可靠地运行，并满足其预期的规格要求。通过对最坏情况的考虑，可以设计和验证系统或组件以承受这些条件，从而提高其可靠性和稳定性。

预防故障和风险：最坏情况电路分析有助于识别潜在的故障点和风险因素。通过分析系统或组件在最坏情况下的性能，工程师可以发现潜在的问题，从而采取相应的措施来减少故障风险。通过预防故障和降低风险，可以提高设备的可靠性和持久性。

设计改进和优化：最坏情况电路分析可以为工程师提供有关系统或组件在极端条件下的性能极限的信息。通过了解这些极限，工程师可以评估设计的弱点，并提出改进和优化的建议。这有助于改善系统或组件的性能，并使其能够适应更广泛的工作条件。

符合规范和标准：最坏情况电路分析通常是符合相关行业规范和标准的要求。许多行业和应用领域对系统或组件在极端条件下的性能有特定的规定。通过进行最坏情况电路分析，可以确保系统或组件符合这些规范和标准的要求，从而满足特定应用的需求。

## 6.1.2　最坏情况电路分析的时机

最坏情况电路分析在项目开发的早期阶段进行是比较合适的。具体来说，最坏情况电路分析可以在以下几个阶段进行：

设计初期：在项目的设计初期，当初步电路图或原理图已经给出时，可以开始进行最坏情况电路分析。这可以帮助工程师识别潜在的问题和风险，并在设计中考虑到最坏的条件。

DFMEA 之后：在进行了设计失效模式与影响分析（DFMEA）之后，可以进行最坏情况电路分析。DFMEA 可以帮助识别潜在的设计失效模式和影响，而最坏情况电路分析可以进一步评估这些失效模式在最坏条件下的影响。

电路修改后：当电路经过修改或改进后，可以进行最坏情况电路分析。这是因为电路的修改可能会引入新的参数变化或故障情况，需要重新评估系统的性能和可靠性。

最坏情况电路分析应该与其他工程技术手段和分析方法结合使用，以全面评估系统的性能和可靠性。它可以与设计失效模式与影响分析（DFMEA）、故障树分析（FTA）、可靠性预测等方法结合使用，从不同的角度对系统进行评估和分析。

注意，最坏情况电路分析是一个迭代的过程，可能需要多次进行，以逐步完善设计并提高系统的性能和可靠性。因此，最坏情况电路分析应该是项目开发过程中的一个连续活动，而不是一次性的任务。

## 6.1.3　最坏情况电路分析的程度

最坏情况电路分析是在设计过程中常用的一种方法，用于评估电子系统或组件在最坏的工作条件下的性能和可靠性。具体的分析程度取决于以下几个因素：

设计要求：最坏情况电路分析的程度通常由设计要求所决定。如果要求的性能和可靠性非常高，那么分析的程度可能会更为细致和全面。例如，在高可靠性的航空航天应用中，可能需要进行详尽的分析来确保系统在任何最坏情况下都能正常工作。

失效风险：最坏情况电路分析的程度还取决于潜在的失效风险。如果电子系统或组件的故障可能导致严重后果，如人身伤害、财产损失或环境破坏，那么分析的程度通常会更加深入。在这种情况下，需要对各种可能的最坏情况进行全面的分析和评估。

复杂性和成本：最坏情况电路分析的程度还可能受到系统的复杂性和成本的影响。较为简单和低成本的系统可能只需要进行基本的最坏情况电路分析，而复杂和昂贵的系统可能需要更为详细和全面的分析。这是因为复杂系统中的相互作用和不确定性更多，需要更多的精确建模和分析。

在进行最坏情况电路分析时，需要确定要考虑的输入参数范围，并进行相应的输出响应分析。这可以包括在极端温度、电压或电流条件下的性能评估、故障模式分析以及系统的冗余设计等。通过进行适当的最坏情况电路分析，可以提前识别潜在的问题并采取相应的措施，以确保电子系统或组件在各种最坏情况下都能正常工作。

## 6.1.4 谁应该进行最坏情况电路分析/评审

最坏情况电路分析通常由具备相关专业知识和经验的工程师执行。以下是一些可能负责进行最坏情况电路分析和评审的角色：

设计工程师：设计工程师负责电子系统或组件的设计，他们应该对其操作特性、性能要求和潜在故障模式有深入的了解。设计工程师通常会执行最坏情况电路分析，以评估设计在最坏的工作条件下的可靠性和性能。

可靠性工程师：可靠性工程师专注于评估和提高电子系统或组件的可靠性。他们使用各种可靠性工程技术和方法，包括最坏情况电路分析，以评估故障概率、故障模式和故障影响。可靠性工程师通常会负责进行最坏情况电路分析，并提供改进措施和建议。

系统工程师：系统工程师负责整体系统的设计和集成。他们需要了解各个子系统或组件之间的相互作用，以及整个系统在最坏情况下的性能和可靠性。系统工程师通常会参与最坏情况电路分析，并确保所有子系统和组件在最坏的工作条件下都能正常运行。

评审团队：最坏情况电路分析的结果应由评审团队进行评审。评审团队可以包括其他专业工程师、经验丰富的技术人员和相关的利益相关者。评审团队的目标是确保最坏情况电路分析的准确性和可靠性，并提供反馈和建议。

最坏情况电路分析需要由具有专业知识和经验的工程师执行，并经过评审团队的评审。这样可以确保分析的可靠性，并在设计和开发阶段发现和解决潜在的问题。通过合理的分工和团队协作，最坏情况电路分析可以提供准确的评估和支持，以确保电子系统或组件在最坏的工作条件下的可靠性和性能。

## 6.1.5 利用最坏情况电路分析进行故障分析

最坏情况电路分析在故障分析调查中的应用有助于确定潜在的问题和故障机制，并采取相应的纠正措施。以下是一些关键步骤和用途：

比较实际工作条件与最坏情况：工程师首先将故障时的实际工作条件或参数与在设计阶段执行的最坏情况电路分析进行比较。这有助于确定是否存在任何偏差或差异可能导致故障。

确定故障机制：通过比较分析结果和实际情况，工程师可以确定导致故障的具体机制。例如，最坏情况电路分析可能揭示了一个特定条件下的过载或电压过高问题，而实际故障中可能存在这些条件。

分析故障原因：通过了解故障机制，工程师可以进一步分析导致故障的具体原因。这可能涉及元件的故障、电路设计的缺陷或系统中的不兼容性等问题。

实施纠正措施：一旦确定故障原因，工程师可以制定相应的纠正措施。这可能包括更改设计、改进元件选择、调整工作条件或加强测试和验证等。

预防未来故障：通过使用最坏情况电路分析来识别和纠正潜在的问题，可以预防未来故障的发生。这有助于提高系统的可靠性和性能，并减少停机和维修成本。

最坏情况电路分析可用作故障分析调查的有力工具，帮助工程师识别和理解故障机制，并采取相应的纠正措施。通过与实际情况的比较，可以发现隐藏的问题，并预防未来故障的发生。它在电子组件和系统的设计、开发和维护过程中具有重要的作用，为工程师提供确保可靠性和性能的基础。

## 6.1.6 最坏情况电路分析的降本增效

最坏情况电路分析的几个方面可以节省成本：

避免设计迭代和产品召回：通过在设计阶段执行最坏情况电路分析，可以及早发现潜在的设计或操作问题。这有助于避免在产品开发后发现问题并需要进行昂贵的设计迭代或产品召回。通过在早期阶段解决这些问题，可以节省大量的时间和资源。

优化设计：最坏情况电路分析可以帮助识别潜在的性能瓶颈或故障点，并提供相应的改进建议。通过优化设计，例如调整元件参数、优化电路布局或改进供电系统，可以提高产品的效率、可靠性和性能。这可以减少不必要的成本支出和资源浪费，并提高产品的竞争力。

提高产品质量和可靠性：通过分析最坏情况，可以识别并解决潜在的故障点，从而提高产品的质量和可靠性。这有助于减少维修和保修成本，并增强客户对产品的信任度和满意度。高质量和可靠性的产品通常具有更长的寿命和更低的总拥有成本。

减少故障排查和维修时间：通过在设计阶段进行最坏情况电路分析，可以减少故障排查和维修时间。在产品出现故障时，工程师可以更快地识别问题根源，并采取适当的纠正措施。这可以减少停机时间和维修成本，并提高工作效率。

提升客户满意度：通过优化设计和提高产品质量，最坏情况电路分析可以提升产品的性能和可靠性，从而提高客户的满意度。满意的客户通常会回购并推荐产品，这有助于增加销售和市场份额。

## 6.1.7　最坏情况电路分析的成本和进度安排

最坏情况电路分析的成本和进度可以通过以下几个因素来评估和安排：

复杂性：电子组件或系统的复杂性是影响最坏情况电路分析成本和进度的重要因素。较复杂的组件或系统可能需要更多的时间和资源来进行全面的分析。因此，对于复杂的项目，可能需要更长的时间和更多的专业知识来完成最坏情况电路分析。

分析的详细程度：最坏情况电路分析的详细程度也会对成本和进度产生影响。进行更详细的分析可能需要更多的时间和专业知识。然而，对于一些关键性较低的项目，可以采用较高层级的最坏情况电路分析，以便在较短的时间内获得足够的信息。

资源可用性：进行最坏情况电路分析需要适当的资源，包括专业知识、测试设备和实验室设施等。如果这些资源不可用或有限，可能需要额外的时间和成本来获取所需的资源。因此，在规划最坏情况电路分析时，需要考虑并确保所需资源的可用性。

项目时间表：最坏情况电路分析的成本和进度还受制于项目的时间表。如果项目有严格的时间限制，可能需要在较短时间内完成最坏情况电路分析。这可能需要适当的资源分配、团队合作和有效的计划。

为了控制最坏情况电路分析的成本和进度，可以采取以下措施：

制定详细的计划：制定清晰的最坏情况电路分析计划，包括所需的资源、时间安排和分工。这有助于确保在预定时间内完成所需的分析任务。

优先级管理：对于复杂的项目，可以根据重要性和影响程度制定优先级。这有助于在有限的时间和资源下集中精力解决最关键的问题。

特定任务的外包：对于某些特定的最坏情况电路分析任务，可以考虑外包给专业机构或顾问。这可以节省时间和成本，并获得专业的分析结果。

有效的沟通和团队合作：确保团队成员之间的良好沟通和协作，以便有效地共享信息和资源。这有助于提高工作效率并减少不必要的重复工作。

## 6.1.8　常发问题位置及因素

通过最坏情况电路分析，以下是在电子组件或系统中最常发现问题的位置及因素。

1）电压或电流应力点：电子组件通常会受到电压或电流的应力，特别是在高负载或高功率操作条件下。最坏情况电路分析可以帮助确定电压或电流应力点，并评估元件在这些点上的可靠性和稳定性。这有助于识别潜在的电压降、电流过大或热问题，并采取适当的措施来解决这些问题。

2）热管理：热问题是电子组件或系统中常见的一个挑战。最坏情况电路分析可以帮助评估元件在高温环境下的性能和可靠性，并确定潜在的热点。这有助于设计适当的散热系统、加强热管理，并避免过高的温度对元件造成损害。

3）信号完整性：在高速电路或高频应用中，信号完整性是一个重要的问题。最坏情况电路分析可以帮助评估信号在电路中的传输和接收过程中的稳定性和准确性。这有助于识别潜在的信号抖动、干扰或时序问题，并采取适当的措施来提高信号完整性。

4）电磁兼容性（EMC）：电磁兼容性是指电子设备在电磁环境中正常运行而不会产生干扰或受到干扰的能力。最坏情况电路分析可以帮助评估电子设备的抗干扰能力，并识别潜在的电磁兼容性问题。这有助于采取适当的电磁屏蔽、滤波和接地措施，以确保设备在电磁环境中的稳定性和可靠性。

5）环境因素：环境因素如温度、湿度、振动和尘埃等也可能对电子组件或系统产生影响。最坏情况电路分析可以帮助评估组件在不同环境条件下的性能和可靠性，并确定潜在的环境相关问题。这有助于采取适当的防护措施，以提高系统或组件在恶劣环境下的稳定性和可靠性。

通过在最坏情况电路分析中关注这些领域，工程师可以发现潜在的问题或弱点，并采取相应的措施来减轻风险并提高系统或组件的整体可靠性。这有助于确保产品在各种条件下的稳定运行，并满足客户的要求和期望。

## 6.1.9　电气测试方法和限制

电气测试是最坏情况电路分析中的重要环节，它可以帮助评估电子组件或系统在极端条件下的性能。以下是一些常见的电气测试方法和它们的限制：

高电压测试：高电压测试用于评估电子组件或系统在高电压条件下的耐压能力。这种测试方法可以模拟电气击穿或绝缘破坏的情况。然而，高电压测试存在一些限制，例如测试过程中可能会产生电弧放电，这可能会导致元件损坏或导致不准确的测试结果。此外，测试设备的准确性和可靠性也是需要考虑的因素。

温度循环测试：温度循环测试用于评估电子组件或系统在温度变化条件下的性能。该测试方法通过在不同温度下循环测试设备来模拟实际工作条件。然而，温度循环测试的限制之一是测试设备必须能够准确地控制和测量温度。另外，温度循环测试可能无法完全模拟实际工作条件中的所有温度变化情况。

加速寿命测试：加速寿命测试用于评估电子组件或系统在短时间内的寿命性能。这种测试方法通过提高应力水平或加快寿命损失的速度来模拟实际使用中的长时间运行。然而，加速寿命测试的局限性在于无法完全模拟实际使用条件下的所有因素，如温度变化、湿度、振动等。此外，测试结果的准确性也受测试设备和测试方法的限制。

信号完整性分析：信号完整性分析用于评估信号在电路中的传输和接收过程中的稳定性和准确性。这种测试方法可以帮助识别信号抖动、干扰或时序问题。然而，信号完整性分析的限制之一是测试设备的带宽和采样率要足够高，以捕捉和分析高速信号。另外，测试环境和电磁干扰也可能对测试结果产生影响。

对于电气测试方法的有效应用，以下是一些需要注意的关键点：

测试设备的准确性和校准：确保测试设备的准确性和校准，以获得可靠的测试结果。

验证测试元件的适应性：在进行电气测试之前，验证测试组件是否能够代表实际工作条件，以确保测试结果的可靠性。

合适的测试条件的选择：选择合适的测试条件，以尽可能地模拟实际工作环境和应力。

数据的分析和解释：对测试结果进行仔细的数据分析和解释，以确定潜在的问题或弱点，并采取适当的措施来改进电子组件或系统的可靠性。

## 6.1.10　进行最坏情况电路分析的能力要求

当涉及电子系统或组件的最坏情况电路分析时，电子分析师可能是执行分析和评审的另一个重要角色。电子分析师通常有以下职责和专业知识：

电路分析：电子分析师具备深入的电路分析知识，能够评估电子系统或组件在最坏情况下的电气特性和响应。他们能够分析电路中各种元件的特性，并预测在不利条件下的电流、电压和功率等参数。

故障模式分析：电子分析师能够分析电子系统或组件的故障模式，并评估在最坏情况下可能发生的故障。他们能够识别故障的根本原因，并提供相应的解决方案和改进建议。

电磁兼容性（EMC）分析：电子分析师对于电磁兼容性问题也有深入的了解。他们能够评估电子系统或组件在最坏情况下的抗干扰和抗辐射特性，以确保其在电磁环境中的正常工作。

热分析：电子分析师还能够进行热分析，评估电子系统或组件在最坏情况下的热特性和散热能力。他们能够预测在极端温度条件下的热问题，并提供散热设计和改进建议。

仿真和建模：电子分析师通常具备使用电子设计自动化（EDA）工具进行仿真和建模的能力。他们能够使用这些工具来模拟和分析电子系统或组件在最坏情况下的性能，并进行准确的预测和评估。

电子分析师在最坏情况电路分析中起着关键的作用，他们能够通过深入的电路分析、故障模式分析、EMC 分析、热分析以及仿真和建模等技术，提供准确的评估和解决方案。他们与其他工程师和评审团队密切合作，确保电子系统或组件在最坏的工作条件下的可靠性和性能。

## 6.2　WCCA 方法论

WCCA 是一种用于评估系统或模型在最坏情况下的性能或稳定性的方法。它被广泛应用于电子可靠性设计领域，以确保电路在各种极端条件下的可靠性。

在 WCCA 中，常用的方法包括极值分析法、均方根法和蒙特卡罗分析法。

（1）极值分析法　这是一种基于确定性的方法，通过对电路中各种参数的最差情况进行分析，来评估电路的最坏性能。对于每个参数，极值分析法会考虑参数的最大和最小值，并将其应用于电路模型中进行分析。这样可以找出电路在最坏情况下的性能边界。

（2）均方根法　这是一种基于统计的方法，通过对电路参数的概率分布进行分析，来评估电路的最坏情况。均方根法假设电路参数服从正态分布，在此基础上计算电路的性能指标的方差和标准差。通过分析这些统计量，可以估计电路在最坏情况下的性能范围。

（3）蒙特卡罗分析法　这是一种通过随机抽样的方法，模拟电路在不同参数取值下的性能分布。蒙特卡罗分析法会生成大量的随机样本，并将其应用于电路模型中进行分析。通过观察样本的分布情况，可以得出电路在不同工作条件下的性能范围和可靠性指标。

这些方法在 WCCA 中都扮演重要的角色，可以帮助企业或组织预测和应对潜在的风险和挑战。通过使用这些方法，设计师可以确定电路在最坏的条件下的性能边界，从而提前预防和解决可能导致电路失效的问题。这将有助于提高电路的工作稳定性和可靠性，降低产品的失效率和维修成本。

### 6.2.1　分析方法

分析方法是在过程中用于评估电子系统在极端条件下的性能的工具。以下是一些常见的分析方法。

1）灵敏度分析：灵敏度分析用于评估系统性能对于不同参数变化的敏感程度。通过改变系统中的各个参数，工程师可以确定哪些参数对系统性能的影响最大。这有助于确定在最坏情况下需要关注和优化的关键参数。

2）参数 EVA（极值分析）：参数 EVA 是一种基于统计方法的分析技术，用于估计系统在不同参数值下的性能。它通过确定参数的上下限，并在该范围内进行系统性能评估，以确定系统的最坏情况。这种方法可以帮助工程师确定系统在不同参数范围内的最坏性能响应。

3）RSS（和方根法、均方根法）：RSS 是一种常用的统计方法，用于计算多个不确定性因素的合成不确定性。在 WCCA 中，RSS 方法可以用来合成多个参数的不确定性，以估计系统性能的最坏情况。它考虑了各个参数的方差，并计算其均方根和求和，从而确定系统的最坏情况。

4）蒙特卡罗分析：蒙特卡罗分析是一种基于随机抽样的数值模拟方法，用于评估系统在不确定性条件下的性能。在 WCCA 中，蒙特卡罗分析可以用来模拟系统参数的随机变化，并通过多次模拟运行来估计系统的最坏情况。这种方法可以提供对系统性能的概率分布，帮助工程师确定系统在不同概率水平下的最坏情况。

这些分析方法的选择取决于系统的特点和分析的目的。工程师可以根据具体情况选择适当的方法，以评估系统在最坏情况下的性能，并采取相应的措施来减轻风险并提高系统的可靠性。在应用这些分析方法时，正确的参数设置、准确的数据采集和分析，以及对结果的适当解释和应用都是非常关键的。

## 6.2.2 灵敏度分析

灵敏度分析是一种常用的工程方法，用于评估系统性能对不同参数变化的敏感程度。它可用于确定系统中哪些参数对性能的影响最为显著，从而帮助工程师优化设计和控制。

在灵敏度分析中，首先需要确定系统中的关键参数。这些参数可能是电路中的电阻、电容或电感等元件的值，也可以是系统中的某些工作条件或输入信号的特征。然后，通过改变这些参数的值，并观察系统性能的变化，可以评估参数对系统性能的影响。

常见的灵敏度分析方法包括：

参数变化法：参数变化法是一种直观且简单的灵敏度分析方法。它通过逐个改变系统中的参数，并观察系统性能的变化来评估参数的灵敏度。工程师可以按照一定的步长或比例改变参数的值，然后测量或计算系统性能的变化情况。通过比较不同参数值下的性能变化，可以确定哪些参数对系统性能的影响最大。

数值微分法：数值微分法是一种使用数值方法来计算参数灵敏度的方法。它基于参数对系统性能的偏导数，通过数值计算来估计参数的灵敏度。具体而言，可以使用数值近似方法（如有限差分法）来计算参数的偏导数，并以此来评估参数对系统性能的影响。

解析法：解析法是一种使用解析数学公式来计算参数灵敏度的方法。它通常适用于具有简单和已知数学模型的系统。通过对系统模型进行解析求解，可以得到参数对系统性能的精确影响。这种方法要求系统模型必须能够解析求解，并且参数的影响能够直接从解析公式中得到。

通过灵敏度分析，工程师可以识别出对系统性能有重要影响的关键参数。这有助于优化设计，即通过调整关键参数的值或优化相关控制策略，来改善系统的性能。此外，灵敏度分析还可以用于风险评估和决策制定，以便在设计和运营过程中优化资源分配。

需要注意的是，灵敏度分析的结果取决于所选的参数变化范围和步长，并且仅适用于所考虑的参数范围内。因此，在进行灵敏度分析时，工程师需要仔细选择和设置参数范围，并对结果进行适当解释和应用。

## 6.2.3 参数 EVA、RSS、MCA 分析

在 WCCA 中，EVA（Extreme Value Analysis）、RSS（Root Sum Square）和蒙特卡罗分析（MCA）是常用的统计技术，用于评估系统或模型在最坏情况下的性能或稳定性。

EVA（Extreme Value Analysis）：EVA 是一种用于识别参数的极端值的统计技术。它通过分析历史数据或建立适当的数学模型，来估计和预测系统或模型在可能出现的极端情况下的性能。EVA 可以帮助企业识别和评估潜在的极端风险，并采取相应的措施进行应对。

RSS（Root Sum Square）：RSS 是一种用于计算各个参数变化的综合效果的统计技术。它通过将各个参数的变化的二次方进行求和并开二次方，来计算参数的综合变化。RSS 可以帮助企业理解和评估不同参数对系统或模型性能的整体影响。它是一种常用的方法，用于综合考虑多个参数的变化。

MCA（Monte Carlo Analysis）：MCA 是一种基于概率和统计的模拟技术，用于模拟系统或模型在不同参数和条件组合下的性能。它通过随机抽样和重复模拟的方式，来估计和预测系统或模型在最坏情况下的性能。蒙特卡罗分析可以帮助企业更全面地理解和应对不确定性和风险。

这些统计技术在 WCCA 中可以单独使用，也可以结合使用，根据具体的情况选择合适的技术。它们可以提供不同的视角和工具，帮助企业全面评估和应对最坏情况下的风险和挑战。

## 6.2.4 方法和模板

不同的 WCCA 方法和模板可以用于比较和评估系统性能。工程师需要根据具体情况选择合适的方法，并考虑模板的使用，以确保分析的一致性和准确性。工程师在选择 WCCA 方法和模板时，还需要考虑以下几个方面：

系统复杂性：根据电路的复杂程度和规模，选择适当的方法和模板。对于

简单的电路，基于 WCA 的分析可能已足够；而对于复杂的系统，可能需要结合其他分析方法，如蒙特卡罗仿真或敏感性分析，以获取更全面的性能评估。

设计目标：确定 WCCA 的目标是什么，是为了评估系统的可靠性、性能或其他方面。根据目标选择相应的方法和模板。

可靠性要求：根据系统的可靠性要求，选择适当的分析方法。例如，对于高可靠性系统，可以使用故障树分析来识别潜在的故障模式和对策。

数据可用性：分析所需的数据是否可用，包括电路参数、环境条件和输入特性等。如果数据缺乏或不准确，可能需要进行估计或采用保守的假设。

分析一致性和准确性：使用统一的模板和准则，确保不同工程师之间的分析结果一致性，并尽量减少主观偏差。对于重要的分析，可能需要进行验证和确认。

最重要的是，选择合适的 WCCA 方法和模板应该是一个综合考虑的过程，需要根据具体情况进行权衡和判断，以获得准确、可靠的系统性能评估。

## 6.2.5 公差数据库设置

公差数据库是一个用于记录和管理不同参数的公差信息的数据库。它对于设计和制造过程中的公差管理非常重要。以下是关于公差数据库设置的一些基本步骤：

确定参数：首先，需要明确需要记录和管理的参数。这些参数可以是电子系统中的元件参数（如电阻、电容、电感等），也可以是系统的工作条件或输入信号的特征。确定需要记录的参数是建立公差数据库的第一步。

收集公差数据：一旦确定了需要记录的参数，下一步就是收集和整理相应的公差数据。这可以通过参考相关的标准、规范和制造商的数据手册来进行。公差数据可能包括公差范围、公差等级、公差等信息。这些数据应该准确、全面，并与实际应用相符。

设计数据库结构：根据参数和公差数据的特点，设计公差数据库的结构。数据库可以使用常见的关系型数据库或非关系型数据库进行设计和搭建。数据库结构应该能够满足存储和管理公差数据的需求，并具有良好的可扩展性和性能。

数据录入和管理：将公差数据录入数据库中，并进行适当的管理和维护。这包括确保数据的准确性和一致性，更新和添加新的公差数据，以及进行必要的备份和恢复操作。此外，还可以考虑设置权限和访问控制，以保证数据的安全性和保密性。

数据分析和应用：建立公差数据库的目的是为了应用于实际工程项目中。工程师可以利用公差数据库来确定最坏情况值和评估对系统性能的影响。基于数据库中记录的公差信息，可以进行灵敏度分析、参数 EVA、RSS 等分析，以评估系统在不同公差条件下的性能。

通过建立公差数据库，工程师可以更好地管理和控制公差，减少制造偏差和设计风险。此外，公差数据库还可以提供标准和准则供工程师参考，促进设计和制造的一致性和可重复性。需要注意的是，公差数据库需要定期更新和维护，以保证数据的准确性和及时性。

## 6.2.6　确定关键参数

确定关键参数是重要的工程任务，尤其是在进行 WCCA 时。关键参数是对系统性能影响最大的参数，必须对其进行重点关注和控制。通过分析关键参数的变化，可以预测系统在最坏情况下的性能。

以下是确定关键参数的一些常用方法和步骤：

系统模型分析：首先，需要建立系统的数学模型或电路模型。通过对模型进行分析和求解，可以确定系统性能与哪些参数密切相关。这可以通过数学方法、电路分析方法或系统仿真工具来实现。

灵敏度分析：灵敏度分析是一种常用的方法，用于评估不同参数对系统性能的影响程度。通过对关键参数进行灵敏度分析，可以确定哪些参数对系统性能的影响最为显著。灵敏度分析可以使用数值微分法、解析法或参数变化法等方法进行。

统计分析：在一些情况下，关键参数可能受到随机变化或不确定性的影响。在这种情况下，可以使用统计分析方法来确定关键参数。例如，可以使用概率分布函数、方差分析、可靠性分析等方法来评估参数的重要性。

最坏情况电路分析：最坏情况电路分析是一种基于关键参数的最坏情况估计方法。通过将关键参数设置为其最坏的值，并结合其他固定参数的最坏情况，可以预测系统在最坏情况下的性能。这种方法通常用于确定系统的设计边界和公差要求。

专家经验：在某些情况下，工程师的专业知识和经验可能对确定关键参数有很大帮助。工程师可以根据自己的经验和对系统的理解，初步确定关键参数，并借助其他分析方法进行验证和优化。

确定关键参数是设计和控制过程中的关键步骤，它可以帮助工程师集中精力解决最重要的问题，并进行有效的资源分配和决策制定。因此，在进行 WCCA 或其他工程分析时，确定关键参数非常重要。

## 6.2.7　处理定义不明确的公差

当处理定义不明确的公差时，工程师可以采取以下步骤：

使用专业知识和经验：工程师可以依靠自身的专业知识和经验来估算公差。根据设计要求、材料特性和工艺限制等因素，工程师可以对公差进行初步估算。

参考行业标准：工程师可以参考适用的行业标准来指定公差。行业标准通常包含对不同参数的公差范围或公差等级的规定。通过参考行业标准，工程师可以获得关于公差的一般指导。

与制造商合作：工程师可以与制造商合作，共同讨论和确定公差。制造商通常有更深入的了解和经验，可以提供关于公差设置的建议。通过与制造商合作，工程师可以获得更准确和可行的公差设定。

迭代和优化：在估算或指定公差后，工程师可以进行迭代和优化。通过实际制造和测试，工程师可以评估产品的性能和质量，并根据反馈信息进行公差的调整和优化。

在处理定义不明确的公差时，工程师需要综合考虑多个因素，包括设计要求、制造工艺、材料特性和可行性等。通过合理地估算或指定公差，并进行迭代和优化，工程师可以达到满足产品性能和质量要求的目标。

## 6.2.8  RSS 计算和应用

RSS（Root Sum Square）是一种常用的方法，用于计算多个参数变化的综合效果。它可以帮助工程师确定最坏情况下系统性能的上限，并评估系统的可靠性。

RSS 方法的基本原理是将多个参数的变化效果进行叠加，以获得系统性能的综合影响。它适用于独立变化的参数，即不同参数之间的变化相互独立，且变化的方向和幅度不受其他参数的影响。

以下是应用 RSS 方法进行计算和评估的基本步骤：

确定关键参数：首先，需要确定对系统性能影响最大的关键参数。这些参数可以通过灵敏度分析、统计分析或专家经验来确定。

收集参数变化数据：对于每个关键参数，需要收集和整理其可能的变化范围和分布。这可以通过参考相关标准、规范、数据手册或实验测试来获取。

计算参数变化的效果：对于每个关键参数，计算其变化对系统性能的影响。这可以使用数学模型、电路分析工具或系统仿真工具来实现。计算结果可以是系统性能的变化量、偏差或其他评估指标。

应用 RSS 方法：将各个关键参数的影响效果进行 RSS 计算。即对各个参数的影响效果进行二次方求和，再取均方根。这样可以得到系统性能在最坏情况下的上限。

评估系统可靠性：通过比较 RSS 计算结果与系统性能的指标要求，可以评估系统的可靠性。如果 RSS 计算结果小于或等于性能指标要求，说明系统在最坏情况下仍能满足要求，具有较高的可靠性。

应用 RSS 方法进行计算和评估可以帮助工程师了解系统在不同参数变化下的性能，并为决策和优化提供依据。通过确定最坏情况下的性能上限，工程师可以设置合理的公差要求，并进行设计和制造过程的控制和验证。需要注意的是，RSS 方法的应用需要合理的参数选择和数据准确性，以确保计算结果的可靠性和实用性。

## 6.2.9 WCCA 示例：三端稳压器

如图 6-1 所示，以三端稳压器为例进行 WCCA 分析。通过考虑输入电压变化、负载变化和温度变化等最坏情况条件，工程师可以评估稳压器在极端情况下的性能。

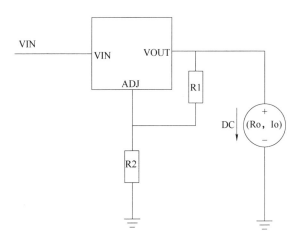

图 6-1 三端稳压器原理

### 1. 输出电压方程

输出电压通过以下方程计算：

$$Vout\_dVo = Vref \cdot K \cdot Io \cdot \frac{Ro \cdot R2}{R1 \cdot C \cdot Iadj \cdot R2}$$

### 2. 创建参数列表

定义参数的条件。

- 参数（Par）：$(R1, R2, Vref, Iadj, Ro, Io)$。
- 额定值（Nom）：$(243, 715, 1.25, 50 \times 10^{-3}, 0.6, 0.007)$。
- 公差（Tol）：$(1.24, 1.24, 4.00, 25, 100, 100)$。

在文档中，"Par"代表参数，后面跟随的字母和数字代表具体的参数名称。以下是对这些参数的解释：

- R1：第一个电阻的值。

- R2：第二个电阻的值。

- Vref：参考电压值。

- Iadj：调整电流的值，通常用于微调输出电压。

- Ro：输出电阻值，表示负载调整率。

- Io：输出电流的值。

在公式中，这些参数被用来计算输出电压 Vout_dVo，进行灵敏度分析，以及进行极值分析，以确定在不同参数值组合下的最坏情况输出电压。每个参数都有一个额定值和一个公差，用于分析在参数值变化时对输出电压的影响。

这是电路设计中使用的一组标准或理想化的参数值。这些值用于计算理论输出或在设计电路时作为起始点。以下是对这些额定值的解释：

- R1：额定值为 243Ω。

- R2：额定值为 715Ω。

- Vref：额定值为 1.25V。

- Iadj：额定值为 50μA，注意这里的"＄10K6"可能是文档中的一个错误或者特定格式的表示，通常微安的表示是"μA"或者"×10^-6A"。

- Ro：额定值为 0.007Ω。

- Io：额定值为 0.6A。

这些额定值是电路设计中的基准点，用于确保电路按照预期工作。在实际制造过程中，由于元件的公差，实际值可能会与这些额定值有所偏差。在文档中，这些额定值被用来计算输出电压的方程，进行灵敏度分析，以及进行极值分析，以评估不同参数变化对电路性能的影响。

文档中提到的"公差（Tol）"是指电路中各个参数可能的偏差范围，这些偏差通常是由于元件制造过程中的不完美导致的。公差是确保电路在实际应用中能够正常工作的关键因素之一，因为它们允许设计者考虑到元件的实际值可能与额定值不同的情况。

以下是对各个参数公差的解释：

1）R1 的公差：\(1.24\)（单位百分比）。

2）R2 的公差：\(1.24\)（单位百分比）。

3）Vref 的公差：\(4.00\)（单位百分比）。

4）Iadj 的公差：\(25\)（单位百分比）。

5）Ro 的公差：\(100\)（单位百分比）。

6）Io 的公差：\(100\)（单位百分比）。

在电路的最坏情况分析中，公差是用来计算不同参数值组合下的极值（最大值和最小值）。通过考虑这些公差，可以确保电路设计在元件值的波动范围内仍能保持预期的性能。这通常涉及使用上文提到的灵敏度分析和极值分析方法来评估参数变化对输出电压的影响。

基于公差的参数列表（PList）：

- 序列 $(Nominal \pm Tolerance)$，Bits：-Split$(i, bits = nops（Nom）)$，其中 $(i = 1 \ldots nops（Nom）)$。

### 3. 灵敏度分析

灵敏度分析的目的是为了识别哪些参数对电路性能的影响最大，从而在设计阶段可以对这些参数进行更严格的控制，以确保电路在规定的工作条件下能够稳定运行。在最坏情况分析中，灵敏度可以帮助工程师了解在参数变化的极端情况下，电路性能会如何受到影响。

在电路分析中，灵敏度是一个重要的概念，它衡量了一个特定参数变化时对电路输出的影响程度。每个参数的灵敏度可以通过以下方程获得：

$$Sensitivity_i = \frac{\partial}{\partial Par_i} V_{out_{dVo}}$$

$$Sensitivity_i = \frac{\partial}{\partial Par_i} Vout\_dVo$$

表达式描述的是 i 个参数对输出电压 Vout_dVo 的灵敏度。

这里的几个关键部分解释如下：

1）$(Sensitivity_i)$：第 $(i)$ 个参数的灵敏度。它表示当参数 $(Par_i)$ 发生变化时，输出电压 $(V_{out_{dVo}})$ 预期会如何变化。

2）$(\frac{\partial}{\partial Par_i})$：偏导数符号，表示对参数 $(Par_i)$ 的局部变化率。在多变量函数中，偏导数提供了一个参数变化时，而其他参数保持不变的情况下，函数值变化的度量。

3）$(V_{out_{dVo}})$：表示电路的输出电压，这里 $(dVo)$ 可能表示输出电压的动态变化或者变化量。

4）$(Par_i)$：代表电路中的第 $(i)$ 个参数，它可以是电阻、电容、电感、电压源、电流源等电路元件的值。

本示例中，通过计算每个参数的灵敏度，可以评估在不同参数值组合下的电路性能，进而找到可能影响输出电压的最坏情况。这对于确保电路设计的鲁棒性和可靠性至关重要。

因此，每个参数的灵敏度如下所示：

- 灵敏度 1$(d_{R1} = K \cdot \frac{I_o \cdot R_o \cdot C \cdot V_{ref} \cdot R_2}{R_1^2})$，计算得到 $(d_{R1} = K \cdot 0.015)$

- 灵敏度 2$(d_{R2} = K \cdot \frac{I_o \cdot R_o \cdot C \cdot V_{ref}}{R_1 \cdot I_{adj}})$，计算得到 $(d_{R2} = 0.005)$

- 灵敏度 3$(d_{Vref} = \frac{C \cdot R_2 \cdot R_1}{1})$，计算得到\

$(d_{Vref} = 3.942)$

- 灵敏度 4 $(d_{Iadj} = \frac{R_2}{1})$，计算得到 $(d_{Iadj} = 715)$
- 灵敏度 5 $(d_{Ro} = K \cdot \frac{I_o}{R_2 \cdot R_1})$，计算得到 $(d_{Ro} = K \cdot 2.365)$
- 灵敏度 6 $(d_{Io} = K \cdot \frac{R_o}{R_2 \cdot R_1})$，计算得到 $(d_{Io} = K \cdot 0.028)$

#### 4. 极值分析

使用所有参数值的模式计算输出电压。

- 结果（Res）：序列 $(eval(V_{out_{dVo}}))$，序列 $(Par_i = PList_j)$，其中 $(i = 1 \ldots nops(Par))$，$(j = 1 \ldots nops(PList))$

在文档中提到的"结果（Res）"部分，涉及对输出电压 $(V_{out_{dVo}})$ 的计算，以及如何通过遍历参数列表 $(PList)$ 来评估不同参数值组合下的输出电压。下面是对这个概念的详细解释：

1）序列 $(eval(V_{out_{dVo}}))$：这指的是计算输出电压 $(V_{out_{dVo}})$ 的一个序列，其中 $(eval)$ 表示对输出电压公式进行求值。

2）序列 $(Par_i = PList_j)$：这表示一个参数 $(Par_i)$ 取自参数列表 $(PList)$ 中的一个特定位置 $(j)$。每个 $(Par_i)$ 代表电路中的一个参数，而 $(PList_j)$ 表示该参数在列表中的一个可能值。

3）$(i = 1 \ldots nops(Par))$：这表示对于电路中的每个参数 $(Par_i)$，从第一个参数 $(i = 1)$ 到参数列表中参数的数量 $(nops(Par))$，都要进行计算。

4）$(j = 1 \ldots nops(PList))$：这表示遍历参数列表 $(PList)$ 中的每个可能的参数值，从第一个值 $(j = 1)$ 到列表中值的总数 $(nops(PList))$。

通过这种方式，可以计算出在所有可能的参数值组合下输出电压 $(V_{out_{dVo}})$ 的值。这些计算结果被收集在结果序列（Res）中，用于进一步分析，比如寻找最大值、最小值，或者评估参数变化对输出电压的整体影响。

在最坏情况分析中，这种方法允许工程师评估在参数公差范围内电路可能遇到的最坏情况，从而确保电路设计能够适应这些极端条件。通过这种方式，可以提高电路的可靠性和鲁棒性。

- 搜索最大/最小值以及在参数值列表中的位置。
- 最大值（maxvalue），最大位置（maxpos）：使用 ListTools：-FindMaximalElement Res，position
- 最小值（minvalue），最小位置（minpos）：使用 ListTools：-FindMinimalElement Res，position
- 额定值（nomvalue）：计算 $(eval(V_{out_{dVo}}))$，序列 $(Par_i = Nom_i)$，其中 $(i = 1 \ldots nops(Par))$

整理结果：

- 最大模式（MaxPattern）：序列 $Par\_i = PList\_{maxpos\_i}$，其中 $i = 1\ldots nops(Par)$

- 额定模式（NomPattern）：序列 $Par\_i = Nom\_i$，其中 $i = 1\ldots nops(Par)$

- 最小模式（MinPattern）：序列 $Par\_i = PList\_{minpos\_i}$，其中 $i = 1\ldots nops(Par)$

最终结果的最大/额定/最小：

- 额定（Nominal）：

- $nomvalue = 4.947$

- $NomPattern = R1 = 243，R2 = 715，Vref = 1.250，Iadj = 5.000\times 10^{-3}，Ro = 0.007, Io = 0.600$

- 最大（Maximum）：

- $maxvalue = 5.266$

- $MaxPattern = R1 = 239.987，R2 = 723.866，Vref = 1.300，Iadj = 6.250\times10^{-3}, Ro = 0., Io = 0.$

- 最小（Minimum）：

- $minvalue = 4.671$

- $MinPattern = R1 = 246.013，R2 = 706.134，Vref = 1.200，Iadj = 3.750\times 10^{-3}, Ro = 0., Io = 0.$

请注意，文档中的一些符号有所简化，例如 $K$ 可能代表某个常数或比例因子，具体取决于应用环境。

## 6.2.10　关联硬件 WCCA 结果

关联硬件 WCCA 结果的过程是硬件设计和验证中的一个重要步骤。可以将实际硬件测试结果与 WCCA 分析结果进行对比和关联，以验证 WCCA 的准确性和有效性。通过比较实际硬件性能与 WCCA 分析的预测结果，可以对分析方法进行验证，并进行必要的调整和改进。以下是该过程的一些关键点：

1）收集实际硬件测试结果：首先，需要对实际硬件进行测试，以收集性能数据。这可能包括测量电压、电流、温度、频率等参数。

2）执行 WCCA 分析：使用 WCCA 方法，根据电路设计和元件的规格书，预测在最坏情况下电路的性能。这通常涉及考虑元件的公差、温度变化、电源波动等因素。

3）对比分析结果与测试结果：将 WCCA 分析的预测结果与实际硬件测试结果进行对比。这可以帮助验证 WCCA 分析的准确性。

4）验证 WCCA 的准确性：如果 WCCA 分析结果与实际测试结果相符，这表明 WCCA 方法有效，可以信赖其预测。如果存在差异，需要进一步分析原因。

5）进行必要的调整和改进：如果 WCCA 分析未能准确预测硬件性能，可能需要对分析方法或硬件设计进行调整。这可能涉及更改元件选择、调整电路布局或改进测试方法。

6）持续迭代：硬件设计和验证是一个持续迭代的过程。随着每次迭代，可以不断改进 WCCA 分析方法，提高其准确性和可靠性。

7）文档记录：在整个过程中，记录所有测试结果和分析数据是非常重要的。这不仅有助于当前的设计验证，也为未来的项目提供宝贵的参考。

通过这种对比和关联，可以确保硬件设计在各种预期和非预期条件下都能可靠地工作，从而提高产品的质量和可靠性。

 **6.3** **最坏情况电路分析的对象与范围**

### 6.3.1 最坏情况电路分析的对象

最坏情况电路分析的对象是系统或产品的性能和可靠性。它主要关注在最坏的环境条件、参数变化或故障情况下系统或产品的性能。最坏情况电路分析的范围可以包括以下方面：

软件：最坏情况电路分析可以涉及软件系统的运行情况，包括软件算法的性能、输入数据的边界情况、异常处理等。软件的最坏情况电路分析通常涉及对软件错误、缺陷和漏洞的分析，以及对软件故障和错误处理的评估。

硬件：最坏情况电路分析可以涉及硬件系统的性能和可靠性，包括电路板、芯片、传感器、执行器等硬件组件的工作情况。这可能包括对元件参数的变化范围和不确定性的分析，以及对硬件故障和损坏的评估。

元件模型库：最坏情况电路分析需要使用元件的参数模型和特性数据。这些模型和数据可以来自元件制造商提供的规格书、手册或数据表。元件模型库的准确性和完整性对于最坏情况电路分析的准确性和可靠性非常重要。

数据支持：最坏情况电路分析需要相关的数据支持，包括元件参数数据、环境条件数据、故障统计数据等。这些数据支持可以通过实验、测试、文献调研等方式获取。

### 6.3.2 最坏情况电路分析的范围

最坏情况电路分析通常被应用于对可靠性和安全性关键的产品进行评估。

这些产品对于正常运行和使用来说至关重要，而最坏情况电路分析可以帮助识别潜在的问题和风险，并采取相应的措施来提高产品的可靠性和安全性。

在工程研制中，对于可靠性和安全性关键产品，应该在任务书或合同中明确规定和要求进行最坏情况电路分析。这可以确保最坏情况电路分析成为项目开发过程中的一项必要活动，并为工程师提供必要的资源和支持来进行分析工作。

### 6.3.3 最坏情况电路分析的层级

最坏情况电路分析是一种常用的分析方法，用于评估系统或产品在最坏的条件下的性能和可靠性。这种分析可以在不同的产品层级进行，包括元件参数级、元件级、单元级和系统级。

元件参数级：在元件参数级进行最坏情况电路分析时，考虑的是元件的参数变化范围和不确定性对系统性能的影响。例如，对于电机，可以考虑电机的额定功率、效率、电阻、电感和电容等参数的变化范围，并分析这些参数变化对电机性能的最坏情况影响。

元件级：在元件级进行最坏情况电路分析时，考虑的是元件的失效或故障对系统性能的影响。例如，对于电机中的轴承，可以考虑轴承的磨损、损坏或故障，分析这些情况对电机的最坏影响。

单元级：在单元级进行最坏情况电路分析时，考虑的是不同元件在组合成单元时的最坏情况。例如，对于电机元件，可以考虑电机的驱动器、控制器和传感器等元件之间的协同工作和最坏情况的影响。

系统级：在系统级进行最坏情况电路分析时，考虑的是整个系统各个单元的最坏情况的组合对系统性能和可靠性的影响。例如，对于一个复杂的电机系统，可以考虑电机、电源、控制系统、传感器和通信系统等各个单元之间的相互作用和最坏情况的综合影响。

通过在不同的产品层级进行最坏情况电路分析，可以全面评估系统或产品在各种不利条件下的性能和可靠性。这有助于发现潜在的问题和风险，并采取相应的措施来提高系统的性能和可靠性。

接口级是最坏情况电路分析的另一个重要层级。在接口级进行最坏情况电路分析时，考虑的是不同组件或子系统之间的接口条件和交互对系统性能的最坏情况影响。

接口级最坏情况电路分析通常包括以下方面：

输入输出接口：考虑不同组件或子系统之间的输入输出接口条件的最坏情况。这包括输入信号的最坏值和最坏时间偏移，以及输出信号的最坏值和最坏时间延迟。通过分析这些最坏情况，可以评估接口的正确性和性能要求是否能够满足。

通信接口：对于涉及通信的系统或产品，考虑不同组件或子系统之间的通信接口的最坏情况。这包括通信信道的最坏条件（如噪声、干扰等），以及通信协议的最坏情况下的处理延迟和错误率等。通过分析这些最坏情况，可以评估通信接口的可靠性和性能要求是否能够满足。

电源接口：对于需要能源供应的系统或产品，考虑不同组件或子系统之间的能源接口的最坏情况。这包括能源供应的最坏条件（如电压波动、电流浪涌等），以及能源传输的最坏情况下的损耗和效率等。通过分析这些最坏情况，可以评估能源接口的稳定性和性能要求是否能够满足。

通过在接口级进行最坏情况电路分析，可以确保不同组件或子系统之间的接口条件和交互在最坏情况下仍然能够满足系统的性能和可靠性要求。这有助于减少由于接口问题引起的故障和不良效果，提高系统的整体性能和可靠性。

 **6.4** **最坏情况电路分析的设计流程**

最坏情况分析用于证明电子电路中所有运行条件都有足够的运行裕量。WCCA 的工作流程图如图 6-2 所示。

### 6.4.1 最坏情况电路分析准备工作

最坏情况电路分析（WCCA）是一种在电路设计和验证阶段非常重要的分析方法，它旨在确保电路在最坏的条件下也能正常工作。以下是 WCCA 中三个关键步骤的详细介绍：

**1. 需求评审**

在开始 WCCA 之前，首先需要对项目的需求进行彻底的评审。这一步的目的是确保所有设计需求都被准确理解，并能够被转化为具体的电路性能指标。

- 功能需求：确定电路需要实现的功能和性能指标。
- 环境要求：考虑电路将要工作的环境条件，如温度、湿度、振动等。
- 安全标准：确保电路设计满足所有相关的安全标准和法规要求。
- 可靠性目标：设定电路的可靠性目标，包括预期寿命和故障率。

**2. 元件数据库评审**

元件是电路设计的基础，因此对元件数据库的评审是 WCCA 中的关键步骤。

- 元件规格：审查元件的规格书，包括标称值、公差、最大额定值等。
- 供应商信息：确认元件供应商的可靠性和元件的可获得性。

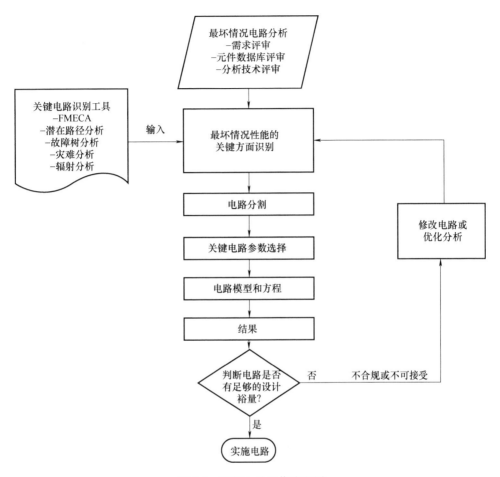

图 6-2　WCCA 的工作流程图

- 质量控制：评估元件的质量控制流程，确保元件质量满足设计要求。
- 替代元件：考虑元件的替代选项，以应对供应链风险或性能优化。

**3. 分析技术评审**

选择合适的分析技术对于 WCCA 的成功至关重要。

- 分析方法：选择适合项目需求的分析方法，如极值分析、灵敏度分析、蒙特卡罗模拟等。
- 工具和软件：评估所需的分析工具和软件，确保它们能够支持所选的分析方法。
- 专业知识：确保设计团队具备执行 WCCA 所需的专业知识和经验。
- 流程标准化：制定标准化的分析流程，以确保一致性和可重复性。

## 6.4.2 关键电路识别工具

关键电路识别工具是用于确定电路设计中潜在的薄弱环节和风险区域的方法。以下是一些常用的关键电路识别工具的介绍：

**1. FMECA**

FMECA 包括故障模式及影响分析（FMEA）和危害性分析（CA）。

FMECA 是一种系统的方法，用于识别电路中的潜在故障模式，分析这些故障模式对系统性能的影响，并评估其严重性。

它通常包括对每个组件或子系统进行详细的故障模式分析，并确定这些故障对整个系统的影响。

**2. 潜在路径分析**（Sneak Path Analysis）

这种方法关注于识别可能导致系统失效的潜在路径或故障链。

通过分析电路的信号流和能量路径，可以确定哪些路径可能导致性能下降或系统失效。

**3. 故障树分析**（Fault Tree Analysis，FTA）

FTA 是一种图形化的方法，用于识别和展示导致特定系统失效（称为顶事件）的所有可能原因。

通过构建故障树，可以识别关键的故障条件和事件，从而采取预防措施。

**4. 灾难分析**（Hazard Analysis）

灾难分析专注于识别可能导致灾难性后果的故障模式。

这种方法通常用于安全关键系统，如航空航天或核能领域，以确保即使在极端情况下系统也能保持安全。

**5. 辐射分析**（Radiation Analysis）

辐射分析主要用于评估辐射对电子系统的影响，特别是在辐射环境（如太空或高辐射区域）中工作的电路。

它包括对电路进行辐射抗扰度测试，以确保它们能够在辐射环境下正常工作。

如何使用这些工具：

1）数据收集：收集有关电路设计、元件规格和工作环境的数据。

2）风险评估：使用这些工具评估电路中不同部分的风险和潜在影响。

3）设计改进：基于分析结果，对电路设计进行改进，以减少风险和提高可靠性。

4）测试和验证：进行测试以验证改进措施的有效性，并确保电路在最坏情况下的性能。

5）文档记录：记录分析过程和结果，为未来的审查和改进提供参考。

通过使用这些关键电路识别工具，工程师可以更全面地理解电路的潜在弱点，并采取适当的措施来提高电路的可靠性和安全性。

## 6.4.3 确定待分析电路

确定待分析的电路时，可以考虑以下几个方面：

严重影响产品安全性的电路：这些电路可能涉及产品的安全性能，如防火、防爆等，对于产品的正常运行和用户的安全具有重要影响。

严重影响任务完成的电流：某些电路可能涉及任务的完成和效率，如果电流不稳定或无法满足需求，可能会影响任务的顺利完成。

昂贵的电路：一些电路可能设计复杂，所需的元件价格昂贵，如果这些电路出现问题，可能对成本产生较大的影响。

外购或自制困难的电路：某些电路所需的元件可能比较特殊或者是定制的，如果外购或自制困难，可能会对项目的进展产生影响。

需要特殊保护的电路：一些电路可能对环境或外界干扰非常敏感，需要特殊的保护措施，以确保其正常工作和可靠性。

在确定待分析的电路时，以上几个因素可作为参考，以确保对最重要或最关键的电路进行优先分析和处理。

## 6.4.4 明确电路设计的基本参数

明确电路设计的基本参数是为了确保电路能够满足特定的功能和性能要求。

被分析电路的功能和使用寿命：确定电路的主要功能和预期的使用寿命，这有助于确定电路的性能和可靠性要求。

电路性能参数及偏差要求：确定电路的性能参数，如增益、带宽、响应速度等，以及允许的偏差范围。这有助于确保电路在正常工作条件下能够稳定运行。

电路使用环境应力条件：了解电路使用环境的温度、湿度、振动等应力条件，以便选择合适的元件和采取适当的保护措施。

元件参数的标称值、偏差值和分布：确定电路中所使用的元件的标称值、允许的偏差范围和分布情况，以确保电路可以在元件的规定范围内正常工作。

电源和信号源的额定值和偏差值：确定电路所需的电源和信号源的额定值和允许的偏差范围，以确保电路可以正常工作。

电路接口参数：确定电路与其他电路或系统的接口参数，如电压、电流、阻抗等，以确保电路能够与其他部分正常通信和协作。

参数随时间的漂移量：了解电路参数随时间的变化情况，如温度、老化等因素对电路性能的影响，以做出相应的偏移或校正措施。

电路负载的变动：确定电路在不同负载条件下的性能要求，以确保电路在负载变动时仍能够稳定工作。

以上这些基本参数是电路设计过程中的重要考虑因素，可以帮助工程师设计出满足要求的电路。

## 6.4.5 电路分割

电路分割是电路设计中的一种常用方法，它将整个电路按照功能模块进行分割，每个功能模块单独进行设计和分析。这种分割的好处是可以方便地对各个功能模块进行最坏情况电路分析，以提高电路的可靠性和性能。

在电路设计中，每个功能模块具有独立的功能和任务，因此可以将其单独分割出来进行设计和分析。这样做可以简化设计和分析的复杂性，同时也有利于发现和解决问题。当遇到较为复杂的电路时，可以进一步将功能块分割成更小的子块，以便更方便地进行最坏情况电路分析。

通过将电路分割为功能模块和子块，可以更好地控制和管理电路设计的复杂性。每个功能模块的设计和分析都可以独立进行，不会相互干扰。同时，这也有利于设计改进和故障排除。如果某个功能模块或子模块出现问题，只需要对该部分进行分析和改进，而不需要对整个电路进行调整。

## 6.4.6 最坏情况电路分析的作用

通过最坏情况电路分析，可以确定电路在最坏的工作条件下的性能范围，并找出对电路性能影响较大的参数，以便对这些参数进行控制和优化。这有助于确保电路在各种工作条件下都能够稳定运行，并满足设计要求。需要注意的是，最坏情况电路分析是一种理论分析方法，它假设电路中的参数值都处于其允许的最坏范围内。在实际应用中，还需考虑组件的工艺变化、温度变化等因素，以及对电路参数的实际测量和测试。

1）最坏情况电路分析是一种分析方法，旨在确定电路在最坏的工作条件下的性能范围，并找出对电路性能影响较大的参数。以下展开每个步骤的内容：

根据待分析电路的具体要求和条件选择分析方法：根据已明确的电路设计要求和条件，选择适合的最坏情况电路分析方法。常用的方法包括传递函数法、极值法、蒙特卡罗法等。选择合适的方法是为了更准确地分析电路的最坏情况。

2）按选定的方法对电路进行最坏情况电路分析：根据已明确的电路设计参数，按照选定的最坏情况电路分析方法，对电路进行分析。这包括确定电路输出性能参数的偏差范围，即在最坏情况下，电路输出性能的最大值和最小值。

3）找出对电路敏感度影响较大的参数并进行控制：在最坏情况电路分析中，通过分析电路参数对输出性能的影响程度，可以找出对电路敏感度影响较大的参数。然后，对这些参数进行控制，以保证电路在最坏情况下仍能满足要求。

### 6.4.7　分析结果判别

在进行最坏情况电路分析后，需要对分析结果进行判别，以确定电路是否满足设计要求。

（1）符合要求，分析结束　如果在最坏情况电路分析中，得到的电路性能参数的偏差范围完全满足设计要求，则可以判定电路符合要求。在这种情况下，分析可以结束，电路设计可以进入下一个阶段。

（2）不符合要求，需修改设计　如果在最坏情况电路分析中，得到的电路性能参数的偏差范围不满足设计要求，则需要进行电路设计的修改。在这种情况下，需要仔细分析导致不满足要求的原因，并对设计进行相应的改进。

1）修改后重新进行最坏情况电路分析：在对电路设计进行修改后，需要重新进行最坏情况电路分析。这是为了验证设计的改进是否能够满足要求，以及新的电路参数在最坏情况下的性能范围是否满足设计要求。

2）重复修改和分析直到满足要求：如果修改后的电路仍然不满足设计要求，就需要反复进行设计修改和最坏情况电路分析的过程，直到所求得的电路性能参数的偏差范围完全满足要求为止。

通过以上判别和改进的过程，可以逐步优化电路设计，确保电路能够满足各种工作条件下的性能要求。这种迭代的方法可以帮助设计人员不断改进设计，提高电路的可靠性和性能。

需要注意的是，修改设计和重新进行最坏情况电路分析可能需要耗费时间和资源。因此，在进行分析之前，设计人员应该尽可能全面地考虑各种工作条件和要求，以减少后续设计修改的次数。同时，还应该合理评估和权衡设计的复杂性与性能要求之间的关系，以找到最优的设计方案。

## 6.5　WCCA 分析方法比较

最坏情况电路分析（WCCA）可以使用三种不同的方法进行：极值分析（EVA）、均方根（RSS）分析和蒙特卡罗分析（MCA）。本节将对每种方法进行研究，并讨论其优缺点。表 6-1 是一个交叉参考指南，可以用来帮助确定一个适当的分析方法。

表 6-1　WCCA 分析方法比较

| 方法 | 优点 | 缺点 |
| --- | --- | --- |
| 极值分析（EVA） | 最容易获得的最坏情况性能估计（最佳初始 WCCA 方法）<br><br>不需要电路参数的统计输入（不需要统计输入，最容易应用）<br><br>数据库只需要提供元件参数变化的极端值（通过简单的分析，最容易实现）<br><br>如果电路通过 EVA，它将始终正常工作（对关键应用具有很高的置信度） | 对电路最坏情况性能的过于悲观<br><br>如果电路故障，则没有足够的数据来评估风险（修改电路以满足 EVA 要求，或应用 RSS 或 MCA 以减少保守性）<br><br>产生不必要的过度设计 |
| 均方根（RSS）分析 | 比 EVA 更真实地估计最坏的情况下的性能<br><br>不需要了解元件参数概率密度函数（PDF）<br><br>提供有限程度的风险评估（单元通过或不通过的百分比） | 要求了解元件参数的标准差<br><br>假设电路灵敏度在参数可变性范围内保持不变<br><br>假设参数的高斯分布<br><br>假设电路性能的可变性遵循正态分布 |
| 蒙特卡罗分析（MCA） | 提供最坏情况性能的最现实估计<br><br>输出包括电路行为的概率信息，以支持电路/产品风险评估 | 需要使用计算机及先进的 EDA 工具<br>消耗大量计算机时间<br>需要了解元件参数的概率密度函数<br>需要重要的元件采购控制（如来源和规范控制图），以确保结果的长期有效性 |

## 6.6　最坏情况电路分析的前期数据准备工作

最坏情况电路分析是一种用于确定电路性能的最坏情况或边界情况的分析方法。在进行最坏情况电路分析之前，需要进行一些前期数据准备工作。下面介绍这些准备工作的详细内容：

1）电路的性能指标、环境条件要求：确定电路的性能指标，例如输出电压、频率响应等，以及相应的环境条件要求，例如工作温度范围、电源电压等。

2）电路原理图、框图及接口连接线路图：获取并理解电路的原理图、框图以及接口连接线路图，以便于了解电路的功能和结构。

3）运行原理：了解电路的运行原理，包括各个元件的功能和作用，以及信号的传输路径和处理过程。

4）元件清单、降额要求及参数值：收集电路中使用的元件清单，并确定每个元件的降额要求和参数值。这包括元件的标称值、公差范围、最坏情况极值、统计分布以及分布参数等。

5）电路接口参数：确定电路的接口参数，包括输入和输出的电压、电流、电阻等。这些参数在最坏情况电路分析中可能会影响电路性能的最坏情况。

6）影响最坏情况电路分析的有关分析结果：收集并分析可能影响最坏情况电路分析的其他分析结果，如电磁兼容性（EMC）分析、热分析等。这些结果可能提供关于电路性能最坏情况的有用信息。

7）输入条件等：确定最坏情况电路分析的输入条件，包括输入信号的幅值、频率等。这些条件对于确定电路的最坏情况性能非常重要。

8）元件数据手册：收集并研究每个元件的数据手册。数据手册提供了有关元件的详细规格和特性，包括温度特性、静态和动态参数等。这些信息对于准确评估最坏情况下的电路性能非常重要。

9）不确定性分析：对于那些具有不确定性的元件参数，进行不确定性分析是必要的。这可以包括考虑元件参数的偏差、温度变化等因素，并使用统计方法进行分析。

10）电磁兼容性（EMC）分析：如果电路所处的环境中存在电磁干扰或电磁辐射等问题，进行 EMC 分析是必要的。这可以帮助确定电路在最坏情况下的EMC 性能，以确保电路的稳定性和可靠性。

11）热分析：对于高功率电路或存在热问题的电路，进行热分析是重要的。这可以帮助确定电路在最坏情况下的热特性，以确保电路在预定的温度范围内正常工作。

12）电路测试数据：如果有可用的电路测试数据，可以使用这些数据作为参考，验证最坏情况电路分析的准确性。测试数据可以用于验证电路模型和参数设定的准确性，并提供实际电路性能的依据。

13）分析工具和软件：选择适当的电路分析工具和软件，以支持最坏情况电路分析。这些工具可以帮助进行电路仿真、参数分析和统计分析等，提供准确的最坏情况结果。

通过充分准备和考虑这些方面，可以确保最坏情况电路分析的准确性和可靠性。这有助于设计人员更好地了解电路的性能特征，并在设计阶段采取适当的措施来满足性能要求。

# 6.7　建立分析模型

建立分析模型是最坏情况电路分析的关键步骤之一。通过建立模型，可以建立电路性能参数与组成电路元件参数、各输入量之间的数学关系，以便进行最坏情况电路分析。对于多节点的电路，由于没有简单的数学关系，通常需要借助 EDA 软件来建立模型。以下是对这两个步骤的详细说明：

建立电路性能参数与元件参数之间的数学关系：在最坏情况电路分析中，需要将电路的性能参数与组成电路元件的参数建立数学关系。这可以通过电路分析方法，例如电路方程、网络等效电路等来实现。根据电路的运行原理和组成元件的特性，可以使用电路方程、电路理论和数学模型来建立这些关系。例如，对于一个放大器电路，可以使用放大器的增益参数和输入信号的幅度来计算输出信号的幅度。

使用 EDA 软件建立模型：对于具有多个节点的复杂电路，往往不容易通过简单的数学关系建立模型。在这种情况下，可以使用电子设计自动化（EDA）软件来建立模型。EDA 软件提供了丰富的工具和功能，可以帮助建立电路的模型。通过在软件中创建电路原理图，并定义元件的参数和连接关系，可以生成电路的数学模型。该模型可以包括元件的行为模型、信号传输路径和电路响应等。通过使用 EDA 软件进行模拟和分析，可以得到电路的最坏情况性能预测结果。

建立分析模型是最坏情况电路分析中的关键步骤，对于理解电路的性能特点和评估最坏情况下的性能至关重要。通过建立准确的模型，可以更好地预测电路的行为，并为设计人员提供有关电路稳定性和可靠性的重要指导。

 **6.8 出具最坏情况电路分析报告**

最坏情况电路分析报告是对最坏情况电路分析的总结和归纳，应该包含以下内容：

产品描述：首先需要对产品进行描述，包括产品的功能、用途和关键特性等。这有助于读者了解产品的基本信息和所涉及的电路。

所考虑的电路性能：明确报告所关注的电路性能参数，例如电压、电流、功率等。这有助于确定进行最坏情况电路分析的重点。

所考虑的影响因素：列出影响电路性能参数的主要因素，包括输入、元件参数以及环境因素。这可以帮助读者理解分析的范围和考虑的因素。

分析的假设和判据：说明进行最坏情况电路分析时所做的假设和使用的判据。这有助于读者理解分析的前提条件和分析方法的可靠性。

分析方法和过程：详细描述用于进行最坏情况电路分析的方法和过程。可以包括使用的工具、建立的模型和采用的分析技术等。这使读者能够了解分析的方法和步骤。

分析结果和对比分析：总结最坏情况电路分析的结果，并与产品的指标要求进行对比分析。这可以帮助读者评估电路在最坏情况下的性能和符合性。

分析结论和建议：根据分析的结果，提出结论和相应的措施建议。这可以作为产品设计评审的参考，帮助决策者做出相应的决策和改进。

最坏情况电路分析报告应该清晰、详细地呈现分析的内容和结果，以便读者能够理解和参考。报告的结论和建议应该具有可操作性和实用性，以帮助改进产品设计和确保电路的稳定性和可靠性。